21世紀の若者たちへ／1

現代日本政治

「知力革命」の時代

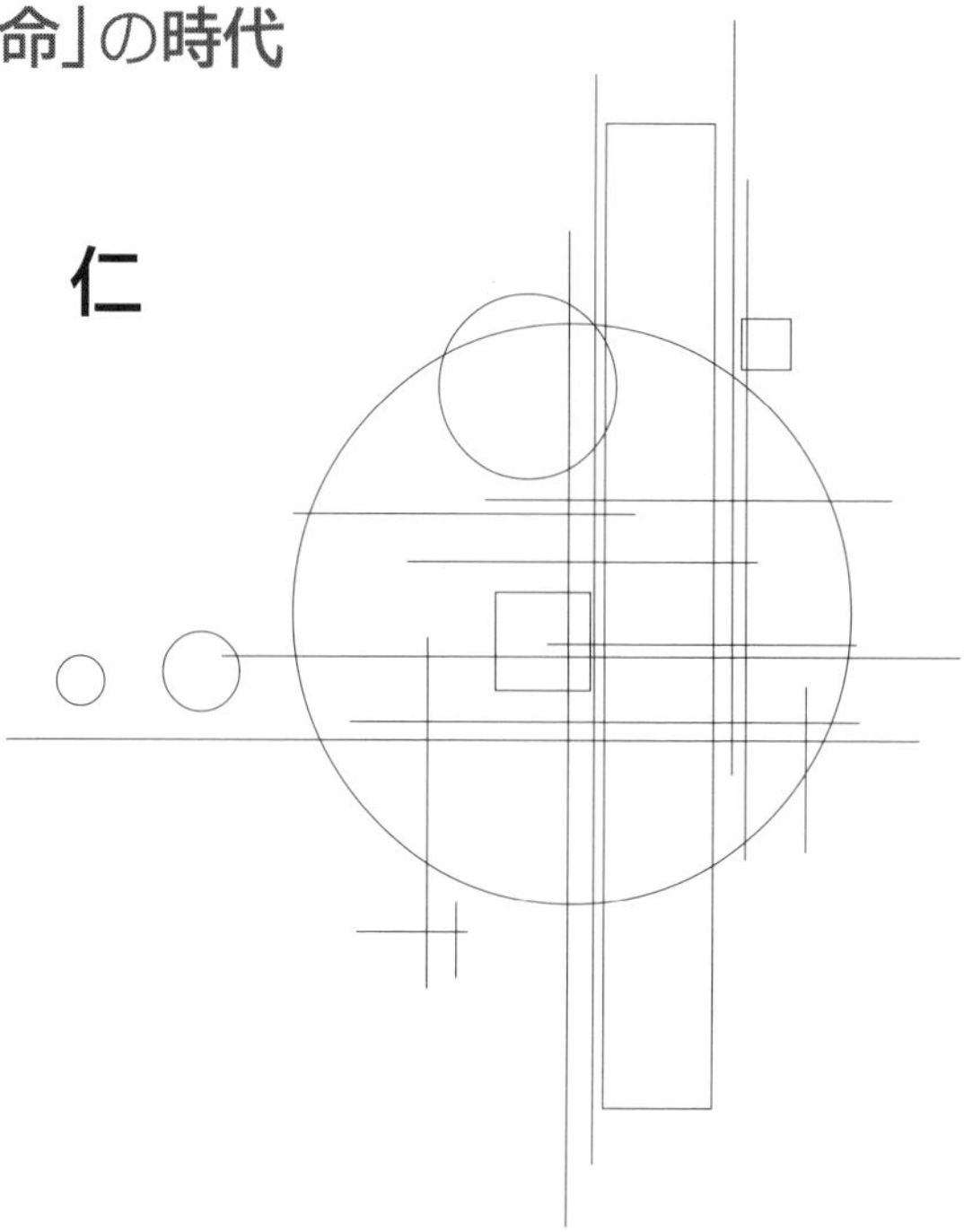

IGARASHI Jin

五十嵐　仁

八朔社

はしがき

この本は、高校生から大学生くらいの読者を対象にした現代日本政治についての入門的テキストです。同時に、政治に対して広く関心を持ち、少しでも日本の政治を理解し、よりよいものにしたいと考えている市民の方にも役立つことを意図しています。

入門的テキストですから、できるだけ平易で分かりやすい叙述に心がけたいと思います。政治学特有の専門的な用語や概念については、用語解説を付けるとともに、できるだけ目で見て分かるように図示することにしました。解説を施した用語は、全部で一〇二項目に及んでいます。また、文中に挿入されている図や表は、抽象的な内容を具体的に示しており、皆さんの理解の役に立つことでしょう。

本書で扱われる内容は、大きく五つに分かれています。

最初の序章は、政治とは何かということについて解説したものです。いささか抽象的な内容になりますが、ここを読めば、私が政治という社会的な現象をどのように見ているか、理解していただけるものと思います。

第一章は、政治と民主主義についての基礎理論の解説です。これも比較的抽象度の高いものですが、その後に続く日本政治についての具体的な記述を理解する上で欠かすことができません。ただし、その内容は日本政治の現状を理解する上で、必要最少限のものに限られています。

第二章は、日本政治の仕組みを解説したもので、これも必要最少限のものに限られています。ここでは、憲法、国会、内閣、政策形成、予算、族議員、政党、派閥、国会議員などについて解説されています。ここを読むことで、日本の政治の特徴、その仕組みや構造などを理解していただけると思います。

第三章は、日本の政治はどのような問題を抱えているのか、政治をよりよいものにするために、何を、どうしなければならないのかなどについて検討しています。今後、政治を改革するために取り組まなければならない課題を明らかにし、その実現の方向を読者の皆さんと一緒に考えてみたいと思います。

終章は、このような政治の変革に向けての条件と可能性について検討しています。ここでは、少数派から多数派へ、辺境《へんきょう》から中枢《ちゅうすう》へ、という変革の方向性が示されます。そして、変革のあり方としての「知力《ちりょく》革命」を提唱しています。

「知力革命」？

聞き慣れない言葉だと思います。私が作ったものですから、それは当然です。これは何でしょうか。どのような意味なのでしょうか。興味を持たれた方は、本書をお読み下さい。本書は「知力革命」のための手引書でもありますから……。

そして、最後に補論が付いています。これは付録のようなもので、これまでの世界と日本の政治研究の大まかな流れを説明しています。政治はどのように研究されてきたのか、政治についてどのような議論があったのか、その概略が明らかにされています。

最後に強調しておきたいことは、本書の対象はあくまでも「現代日本政治」だということです。理論や歴史を扱うに際しても、それが「現代日本政治」の問題や課題とどう関わっているのか、という視点を貫くことを心がけたいと思います。

本書を読むことによって、「現代日本政治」に対する皆さんの理解が深まり、問題点が把握され、よりよい政治の実現に向けての展望が開かれるようになってほしいと願っています。本書が、少しでも日本の政治を良いものに変えていきたいと考えている方々のお役に立てれば幸いです。

目次

第Ⅱ章　日本の政治制度と政治過程　55

第Ⅲ章　現代日本政治の課題と展望　129

序章　政治とは何か

†政治とはどのようなものか。どのような役割と機能を持っているのか

政治とは何でしょうか。それはどのようなもので、どのような役割や機能（はたらき）を持っているのでしょうか。

政治学の先生にこう質問すると、「ひとことで言うことはできない」とか、「政治の定義は政治学者の数ほどある」という答えが返ってくるのが普通です。以前は、私もそう答えていました。しかし、今では、別の答えがあり得ると思っています。

「政治とは何か」という問いに対しては、「ひとこと」で答えることができます。漢字一字で示せば、政治とは「決」です。同様に、「経済とは何か」を漢字一字で示すとすれば、それは「産」です。「社会とは何か」を一字で示す漢字は、「関」であると思います。

政治とは物事を決めることであり、経済とは物やサービスを産み出すことです。経済が産み出した物やサービスを、どのように配分あるいは再配分するかを決めるのが政治です。それが政治や経済の役割であり機能です。同様に、社会とは人と人との関わりによって成り立っています。だから、社会は「関」だというのが、私の意見です。

「政治とは決定である」あるいは「政治とは決断である」といっても、自分に関することを自分で決めるのは、政治でも何でもありません。複数の人々に関わる共通の物事を決めるのが政治です。

最も少ない複数は二人です。恋人同士がデートする時にも、どこに行くのか、食事はどうするのか、誰が支払うのか、などについて決めなければなりません。二人の意見が同じであれば、ことは簡単です。でも、異なった場合にはどちらかに決めるか、あるいは、全く違った妥協案を考えなければなりません。決めるための話し合いや交渉が必要になります。すでに端緒的にではあれ、ここに政治という現象が生まれています。

二人が結婚して家族ができます。夕食のおかずや休日の過ごし方、家族旅行や将来の計画など、家族で話し合って決めなければならない場面は数多くあります。これも広く捉えれば政治です。最後には、一定の結論が下されるからです。

家族が集まって地域社会が形成されます。地域社会がまとまって地方となり、それは国の一部となります。国は国際社会を形成し、地球規模でのまとまりができてきます。これらの部分社会から全体社会に至るまで、複数の人々にとって大事な事柄を決める場面は、数多く存在しています。

地域社会には町内会があり、地方には市町村や都道府県などの地方自治体の議会があります。国には国会があり、国が集まって作られている**国際連合(国連)**には総会があります。すべて、物事を決めるための場所です。国際社会では、首脳同士の話し合いも行われますが、そこで出される宣言や共同声明なども「決定」の一つです。

このように、人間の社会には、複数の人々に関わる大事な事柄を決めなければならない場面は多くあり、そのためのルールや仕組みが作られることになります。このように、物事を決めるという役割と機能が政治です。それは議会などが生まれる前からあります。議会など物事を相談して決めるための仕組みは、政治を行うための制度(政治制度)として人々によって生み出されてきたものです。

日本国憲法では、「国会は国権の最高機関」とされていますが、それはここで国の最も大切な事柄が決められ、それが国民すべてを拘束するからです。アメリカがイラクに対する戦争を始めるに際して、国連決議があるかどうかが問題になったのは、国際社会に関わる大切な事柄が国連で決められているからです。ただし、国会での決定は国民すべてを拘束する強制力を持っていますが、国連での決定は必ずしも各国に強制されるわけではないという違いがありますが……。

「政治とは決定である」ということですから、「政治好き」とは、政治の話が好きだということのほか、決定に関与したがることを言います。また、「政治力がある」とは、重要な決定を左右する力があることを意味します。したがって、政治に関わるプロ、すなわち政治家にとって最も重要な資質は物事を正しく判断して決めることができる能力であり、ひとことでいえば〝決断力〟です。

国際連合(国連、United Nations、UN)　第二次世界大戦後、国際連盟に代わって新たに設立された国際平和機構。国際平和と安全の維持、経済・社会・文化面の国際協力の達成などを目的とする。総会、安全保障理事会、経済社会理事会、信託統治理事会、国際司法裁判所、事務局が主要な機関。設立当時の加盟国は五一ヵ国で二〇〇六年六月現在の加盟は一九二ヵ国。本部はニューヨーク。

†「よい政治」とは何か。それをどのようにして実現するのか

政治とは物事を決めることであり、それは人々の活動領域の一部にすぎません。しかし、何がどのように決められるかということは、人々の生活や社会のあり方を左右する可能性があります。政治には、人間の運命や社会の進路を決定づけるある種の〝恐ろしさ〟が秘められていると言えるでしょう。どのような誤った戦争でも、政治が決定すれば戦わざるをえません。問題を武力によって解決するか、交渉によって解決するかを決めるのも政治です。人類の歴史において、政治によって人々の運命が翻弄《ほんろう》された例は数限りなくあります。

このような〝恐ろしさ〟を避けるためには、「よい政治」の実現がめざされなければなりません。ただし、よい政治とは、欠点のない悪くならない政治のことではありません。欠点があり悪くなっても是正できる政治がよい政治です。常に修正可能であるという点が大切です。

このような政治の捉え方の背後には、人間についての特定の考え方(人間観)があります。政治は人間が行うものであり、どのような人間観に立脚しているかによって、政治についての考え方も異なるからです。

人間観については、古来、性善説《せいぜんせつ》と性悪説《せいあくせつ》があることは良く知られています。人間は生まれながらにして善であるという楽観的な人間観が性善説であり、生まれながらにして悪であるという悲観的な人間観が性悪説です。

私は、このどちらも採りません。人間は、時には善であり、時には悪である。この両側面を持っているのが人間というものの特性なのではないでしょうか。人間は神ではなく、悪魔でもありません。

だから、人間なのです。

人間は神ではありませんから、時には誤りを犯すことがあります。失敗もあります。間違ったり失敗したりしたら、是正すればよいのです。悪魔ではありませんから、正しいことができないわけではありません。是正不可能だというわけではないのです。

悪くない、正しい政治についても、何が正しいのかということについては、いろいろな考え方があります。それこそ、正義観や価値観によって様々でしょう。特定の考え方に従って正義を押し売りするということになれば、そのこと自体が反発を生むこともあり得ます。したがって、正しい政治は一義的には確定できません。

何が正しいかがはっきりせず、間違うことが避けられないとすれば、間違うことを前提とする以外にありません。間違いを正すことができるような仕組みをあらかじめ作っておくことの方が大切だということになります。

よい政治とは間違わない政治ではなく、間違っても被害を最小限にとどめ、できるだけ速やかに方向転換して是正できるような仕組みが組み込まれた政治のことです。これまでの人類の歴史の中で、様々な曲折を経ながら、このような仕組みが工夫され開発されてきました。それが、主権在民の民主主義という仕組みです。

その社会の構成員全てが主権者としての権利を持ち、代表を選んで政治を任せ、失敗したらその代表者を取り替える。これが民主主義です。もちろん、取り替えようという合意がなければ取り替えなくても良いわけです。その結果生ずる問題や不利益は、そのように決定した主権者自身が引き受けることになります。

これについては、他の国の構成員がとやかく言うことではありません。行くも退くも、当該社会の構成員自身が自ら決定すればよいことです。それが主権者であるということの意味です。自らの運命を自ら決定することができるのが主権者であり、その結果、天国に上ろうと地獄に堕《お》ちようと、本来、それは問題ではありません。決定や選択を誤っても、その責任は自らが引き受けるというところが重要な点です。

そうはいっても、国同士の結びつきが強まり、国際社会の一員としての意味が強まってきている今日、一国の運命は一国だけで完結しなくなってきています。近隣諸国や国際社会への影響にも大きなものがあります。他国の運命は自国の進路にも密接な関わりを持つと考える国もあるでしょう。

このような点からすれば、国際社会と近隣諸国は限定的な発言権を持っているということができます。しかし、このような発言権によっても内政干渉を行うことまでは許されず、フセイン政権の打倒を目指して米英軍がイラクに戦争を仕掛けたような軍事的介入は認められません。いかなる国であっても、そこまで他国に介入する権利はないと言うべきでしょう。

†政治の科学とは何か。政治の哲学とは何か。それをどう統一するのか

どのようにしたら「よい政治」が実現できるのか。そのためにはどうすればよいのか。これが、政治を学ぶ意味であり、その目的でもあります。そのためには、決定が社会的なレベルで幅広く実行されるようになった段階での政治が問題とされる必要があります。つまり、社会現象としての政治の研

究です。

このような社会現象としての政治には、二つの側面があります。一つは、「科学」としての政治、つまり「政治の科学」という面であり、もう一つは、「哲学」としての政治、つまり「政治の哲学」という面です。

「政治の科学」とは、「政治はどうなっているか」を明らかにするということです。政治の実体を事実に即して正確に把握するのが、政治の科学の目的です。そのためには、できるだけ主観を排し、客観的な事実認識が必要になります。これが政治理論における実証理論としての側面です。

これに対して、「政治の哲学」とは、「政治はどうあらねばならないか」ということです。どのような政治が理想とされるべきなのか、どのようにしてそれに接近していくのか、その道筋を構想するのが政治の哲学の目的です。そのためには、政治における価値や**規範**《きはん》の役割も重要です。これが政治理論における規範理論としての側面です。

古来より、政治に関する学や政治理論は、この実証理論と規範理論の両側面を持ってきました。この両側面を統一し、政治の現実を正しく認識してよりよい政治を実現することは、今も変わらず、政治学の目的です。

規範　人々の判断や評価、行動のよりどころとなるもので、社会で認められた一定の価値観にしたがって行動を規制するルール。ここに示された「……すべきである」という当為に従って人々は善悪を判断し、行動を選択する。社会規範は道徳、慣習や法などとして示され、誇りや恥の感情から賞賛や非難、物理的強制などによってそれへの同調が図られる。

「価値判断の優越」が警戒されるのは、それによって現実認識の目が曇らされ、ひいては、政治の理想が実現されなくなってしまうからです。客観的な事実認識のみにとどまっていたのでは、それが何のために必要なのかが、分からなくなってしまいます。政治とは、決定をめぐる能動的な行為であり、そのような行為には必ず価値判断が付随《ふずい》するからです。

このように言うと、でも、マックス・ウェーバーは「価値判断の停止」を主張したではないかと反論されそうです。しかし、これは、ウェーバーの誤読です。ウェーバーは**『プロテスタンティズムの倫理と資本主義の精神』**という本を書いて、資本主義の発展にとってプロテスタンティズムの倫理がいかに大きな役割を果たしたかを解明しています。したがって、彼自身、倫理や規範、価値観の問題を無視しているわけではありません。

ウェーバーは、価値判断の優越によって現実認識の目が曇ってしまうことをいさめたのであり、価値判断の問題を学問研究から追放しようとしたわけではありません。それは不可能です。そもそも価値判断の停止ということ自体、ある種の価値判断に基づくものなのですから……。

しかし、このような政治の科学と政治の哲学の統一は、言うのは簡単ですが、実際には大変難しいことです。普通の人にはできないから、優れた哲学者が理想の政治を実現するべきだと考えた人もいました。それがプラトンの唱えた**「哲人《てつじん》政治」**です。

これは一種のエリートによる政治の構想であり、今日の民主政治ではモデルになりません。もし、プラトンの理想を現代に生かすとすれば、主権者が「哲人」たるにふさわしい知性・教養・判断力を身につけるようにするということになるでしょう。このような能力を備えた人々は、現代的な言い方では「市民」（これについては、後ほど説明します）にほかなりません。このような「市民」によって担われる「市民政治」こそが、プラトンのいう「哲人政治」の民主化された姿だということになります。

そのためには、賢くなければなりません。政治についての豊かな知識を持つだけでなく、常識を踏まえた適切な判断力と精力的な行動力を持つことも必要でしょう。二一世紀におけるこのような「市民」は、性や年齢、人種、民族的な偏見や差別意識から自由で、「地球市民」としての国際的な視野を持つ人でなければなりません。

普通の人（ノン・エリート）の普通の感覚を持ちながら、自分の生活だけにとらわれず、地域社会や公共の問題にも関心を寄せる人であって欲しいと思います。理想の政治は、主権者が決定権や発言権を持つだけでなく、その主権者自体が、よりすぐれた能力と資質を備えた人々へと成長していくものでなければなりません。

プロテスタンティズムの倫理と資本主義の精神　ドイツの社会学者マックス・ウェーバーが一九〇五年に発表した論文。近代資本主義の経営、生産、労働の特殊な精神的傾向（エートス）は、神による救済への強い希求とそれを実現するための禁欲的な性向というプロテスタンティズムの宗教倫理に由来し、近代の合理主義の精神構造を形成したと論じた。

哲人政治　プラトンの考えた理想国家の政治形態。その著『国家』の中で、プラトンは、善のイデアをわがものとした哲学者たちが王になるか、現に王である者が哲学者にならない限り、この世から不幸はなくならないとして、哲人王による統治こそがのぞましいと論じた。この教えに従ってアリストテレスが家庭教師として教えたのが、若き日のアレキサンダー大王である。

しかし、どのようなノン・エリートも代表として選ばれた途端にエリートになってしまうという面があります。これは民主主義に内在する矛盾です。このような矛盾を緩和《かんわ》するためには、選出母体と代表との距離をできるだけ縮める工夫と努力が必要です。

そのためには、代表(議員)を「先生」などとは呼ばず、名誉職的なものとせず、一定の任期を設けて交代させ、任期途中であっても問題があれば解任できるようにするべきです。代表には、議会活動についての報告と定期的な広報、可能な限りの情報公開を求めるべきでしょう。このようにして、選ぶものと選ばれるものとをいつでも交代可能にしておくことで、両者の距離を縮め、代表のエリート化を防ぐことが可能になります。

このようにして、より高い民度《みんど》を備えた「市民」が自らに関わる問題の決定に日常的に参加する姿こそが、民主政治にふさわしいものだと言えるでしょう。本書が、そのような民度の高い日本社会の形成に役立つことを願っています。

第Ⅰ章　現代政治と民主主義

この章では、現代における政治と民主主義に関する一般的な基礎理論を扱います。政治という社会現象はどのような特徴を持っているのか、政治を理解する上で必要な用語や概念(考え方)にはどのような意味があるのか、主権者たる国民はどう政治に関わったらよいのかなどの点について説明することにしましょう。

†正統性とは何か。それはどのようにして獲得されるのか

政治と政治学において最も重要な概念(考え方)は、正統(正当)性です。このように中心になる概念を示す言葉をキータームと言います。正統性は、政治や政治学におけるキータームでもあります。

正統性というのは、物事の正しさを意味しています。「政治とは決定である」と言いましたが、この決定は誰によっても、無条件に従われるようなものでなければなりません。そのためには、決め方や決まった事柄が「正しいもの」として納得され、受け入れられる必要があります。その根拠が「正統性」です。

二〇世紀の初めにワイマール共和国(ドイツ)で活躍した政治社会学者マックス・ウェーバーは、支

配の正統性には、伝統的正統性、カリスマ的正統性、合法的正統性の三つの型があると言いました。私は、それにもう一つ加えて、民主主義的正統性を挙げたいと思います。今日の民主社会において一般的な正統性は、この第四の型だと思います。この四つの正統性について、私なりの解釈を加えて説明すれば、次のようになります。

　第一の伝統的正統性は、過去からの伝統や習慣、血縁に基づくもので、主に古代や中世などの前近代社会によく見られるものです。日常的で永続的な性格を持っていて、世襲などによって王政が長く続けば続くほど、その正統性は強まります。

　これは時代遅れの正統性ですが、残念ながら、完全に過去のものとなっているわけではありません。政治家や官僚などの二世、三世が、生まれの良さや血筋の力で政治リーダーとしての信用を得られるのは、このような伝統的正統性が完全にはなくなっていないからです。

　第二のカリスマ的正統性は、**カリスマ**的な個人の非凡な才能や人間的魅力に基づくもので、主に時代の変動期によく見られるものです。非日常的で非永続的な性格を持っており、カリスマが死んでしまえば、その正統性も消滅します。

　時代の激動期には、「この人のためなら」と思わせる英雄や豪傑が登場し、自らの持つ才能や魅力によって新しい時代を切り拓《ひら》きます。現代でも、人々を惹《ひ》きつけるカリスマ性のある政治リーダーが大衆的な人気を集めることがあります。政治家がマスコミなどを用いて自らの「虚像」を作り上げようとするのは、このようなカリスマ性を手に入れたいがためです。

　第三の合法的正統性は、手続きや一般的なルールに基づくもので、近代社会において見られるものです。きちんとした手続きを経ているということが、人々を納得させる根拠になります。これも日常的で永続的な性格を持っています。

ただし、手続きが正しければ正しい結果が得られるかと言えば、必ずしもそうではありません。ここでの手続きは形式的なもので、その中身が問われていないからです。ナチス・ドイツを作り上げたヒトラーは、法・制度的には正しい手続きを踏んで「独裁者」になりました。合法的正統性は、このような「独裁」を生み出し正当化するために利用される危険性もあります。

このような限界や危険性を避けるためには、第四の民主主義的正統性が必要になります。これは、手続きが正しいだけでなく、その中身や結果についても正しさが問われるもので、国民主権に基づく現代国家における正統性の一般的な型にほかなりません。

この民主主義的正統性は、合法的正統性と民主主義が結合されたものです。これは、正当に選挙された国民の代表が民主主義的な手続きによってルールを定め、そのルールに従って正統性が付与されるという形で制度化されます。

しかも、一度確立された支配は、主権者たる国民によって可能な限り日常的に監視され、点検されなければなりません。マスコミや世論などによって国民の納得と同意を得ているかどうかを日常的に点検する作業を通じて、常に支配の正統性が検証され、国民主権の実質が確保される必要があります。

カリスマ　奇跡を起こし預言をおこなう神から授かった特殊な能力（恩寵の賜物）。ギリシア語に由来し、特定の人物に宿っているとみなされる非日常的な天与の資質を指す。この超自然的・超人間的な非凡の才能を発揮するカリスマ的指導者の典型例は、宗教的教祖、軍事的英雄、政治的指導者などである。

このような正統性を背景に、異議なく受け入れられ、自発的な服従を生み出す力が権威です。権威を持っているということは、疑われることがないということです。それだけの信用があるということになります。そのような信用や納得に基づく権威を生み出す根拠になるものが正統性です。

もちろん、自発的でなくても従わせることはできます。強い力があれば、むりやり受け入れさせることができるからです。しかし、そのためには、他を強制し服従させることができるような力を用いなければなりません。このような力を権力と言い、警察力や軍事力などによって行使されます。

権威も権力も、服従させるという点では共通しています。しかし、自発的に従ってもらう方が、むりやり従わせるよりずっと楽で効率も良く、コストがかからないことは明らかでしょう。実際の政治的支配は権威と権力とが結合することによって行使されますが、権威が高ければ高いほど、正統性が強ければ強いほど、支配は安定します。

†権力とは何か。権力はどのように行使されるのか

権力とは他の主体の行動を左右することのできる力であり、その主体が自ら望んでいないような行動をとらせる力のことです。このような力には影響力という言い方もありますが、これは権力よりも幅の広い捉え方になります。

「政治とは決定である」という本書の立場からすれば、このような決定に影響を与え、それを左右できるような力が権力です。したがって、政治は権力の獲得・配分・行使の過程と深く関わっており、権力は政治現象の中心に位置しています。

権力は複数の主体の間に成立する社会的関係を前提にしています。働きかける側Ⓐと働きかけられる側Ⓑがあるからです。このような権力関係を含んだ最も単純な政治現象のモデルは、図1で示されるようなものです。

この図では、働きかける側である行動主体Ⓐが、働きかけられる側の行動主体Ⓑに対して、権力Pを行使することによって、もともと意図されていた行動Ⓒではなく、新しい行動Ⓓを選択させたことが示されています。ここにおいて、働きかける側Ⓐに着目した権力観が権力の実体説（実体概念）であり、働きかけられる側Ⓑに着目した権力観が権力の関係説（関係概念）です。

権力の実体説というのは、他者の行動を左右できる力は、働きかける側Ⓐの背後にある何らかの実体によって生み出されるという考え方です。Ⓐが何かを持っているから、Ⓑが従うのだというわけです。

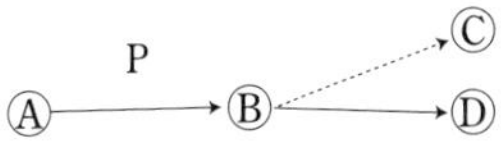

図1　政治現象のモデル

権力の関係説というのは、他者の行動を左右できる力は、働きかける側Ⓐと働きかけられる側Ⓑとの相互関係によって生ずるという考え方です。Ⓑが自ら進んで従うから、Ⓐが何かを持っているように見えるというわけです。

この二つの考え方は、どちらが正しいかということではなく、権力の持っている二つの側面を説明したものだと、私は思います。権力には、この両方の側面があるからです。

他者の行動を左右するには、無理強いすることもあれば、納得を得て協力してもらうこともあります。どちらになるかは、時と場合によって異なりますが、権力関係が安定している場合には後者（自発的な服従）が、不安定な場合には前者（力による強制）が前面に出る場合が多いと言えるでしょう。

権力関係が必ずしもⒶからⒷに対する一方的なものではないということも強調しておきたいと思います。実体説で重視されるのはⒶの持つ軍事力や警察力などの強制力ですが、このような制裁手段の持つ効果や威力はⒷの側の受け取り方によって大きく変化するからです。

死をも恐れぬ者に対して死の制裁によって服従を強制することはできず、金銭的価値に魅力を感じない人をお金で買収することはできません。名誉や地位もそれを欲しない者にとっては無価値です。Ⓐが何らかの実体を持っているからといって、それがどれくらいの大きさで、どれほどの効果を持つかは、Ⓑの側の受け取り方によって左右されます。

何故、このようなことが生ずるのでしょうか。それは、働きかけられる側Ⓑが人間だからです。人にはそれぞれの価値観があり、大切だと思う事柄も異なっています。したがって、権力の大きさや強さは、それによって支配される側の主観的なイメージや価値観によって増えたり減ったりします。強い力があれば、何でもできるというわけではありません。この点に権力の限界があり、それを核とする政治現象の難しさも面白さもあると言えるでしょう。

恋人と一緒に映画を見に行くとき、何を見るかでもめたとします。相手に嫌われたくないあなたは、結局、自分の主張を引っ込めます。これが権力の関係説です。相手によって自らの行動が左右されたように見えます。

あなたが嫌われたくないと思ったのは、相手がすごい美男あるいは美女だったからです。つまり、相手はあなたの判断を左右するだけの美貌《びぼう》を持っていたことになります。これが権力の実体説です。

相手が持っている何かによって行動が左右されたわけです。

しかし、その美貌は、あなたがそう思っているだけかもしれません。あなたの主観的なイメージや価値観によってそう思いこんでしまっている可能性もあります。古来から言うではありませんか。恋は人を盲目にし、アバタもエクボになるって……。

†民主主義とは何か。政治にとって民主主義はどのような意味を持っているか

民主主義とは、ひとことで言えば人民の権力・支配という意味です。それは、全人民の主体的な政治参加、あるいは全人民による自主的な秩序やルールの作成ということになります。ある社会で、その社会を構成する全ての人々が、その社会に関わるルール作りに参加するのが民主主義です。「政治とは決定である」と言いました。この決定に全ての関係者の参加を保障するのが民主主義です。そのような社会のあり方の実現を求める運動が民主主義運動であり、それを制度として具体化した社会が民主主義体制だということになります。

しかし、ここで直ちにいくつかの問題が出てきます。一つは、社会の規模の問題があります。参加者が多くなればなるほど、皆が決定に関与することは事実上不可能になっていきます。それに、知恵も知識もある少人数で相談した方が効率的に決めることができるという事情もあるでしょう。参加者の規模と決定の効率性などから少数の代表を選んだ方が良いということになり、選挙によって代表を選んで発言権を付託《ふたく》する間接民主制が生まれます。

もう一つは、全ての関係者に同等の発言権を認めるかどうかという問題です。社会は年齢、性別、

資産や能力などが異なる多様な人々によって構成されており、社会に対する貢献度や責任のあり方が異なるのではないかという考え方もあるからです。そのために所得や性別によって代表を選ぶ権利（選挙権）や選ばれる権利（被選挙権）が制限され、選挙権や被選挙権が男性の資産家に限られた時期がありました。

現在では、このような制限はなくなっています。**自然権**思想を背景にした、全ての人間は生まれながらにして平等であるという考え方から、性別や所得を問わず、全ての人に選挙権・被選挙権が与えられるようになりました。

しかし、今でもまだ残っている制限があります。それは年齢です。子どもには、社会全体のことをまともに判断する能力がないと考えられているからです。これは議論の分かれるところでしょう。もっと議論が分かれるのは、このような判断力がいつから備わると考えられるのかという点です。先進国の多くは一八歳を一つの目安にしており、世界全体でも一八歳までに選挙権を与えているのは一六二カ国にものぼっています。アメリカでは、一六歳という州まであります。

しかし、日本では選挙権が与えられるのは二〇歳からです。他の先進国に比べて、日本の青年は社会的成熟が遅いとでもいうのでしょうか。日本の青年がこのような差異に異議を唱え、一八歳選挙権を要求しているのは当然です。

選挙によって選ばれた代表は、選んだ人々（主権者）に代わって決定を下します。この決定を下すときの決め方も、民主主義と密接な関わりがあります。「民主主義は多数決である」とさえいう人がいるほどです。実際には、多数決は民主主義的な決定のあり方を意味しています。

ここで注意しなければならないことは、多数であることと正しいこととは、まったく関係がないということです。少数意見の方が正しいこともあります。でも、それは往々にして決定の時点では分からず、事後的に検証され、やがて多数意見になります。こうして、決定の誤りが正されます。

したがって、少数意見の尊重とは、正しいかもしれない選択肢の一つを尊重するということであり、多数意見の誤りが是正される可能性を保障するということを意味しています。少数意見の尊重は、正しいかもしれない少数者のためだけでなく、誤っているかもしれない多数者のためにも必要なことなのだという点が重要でしょう。

多数決によって多数者の意見に従うのは、少数者の意見に従うよりも参加者の納得が得られるからです。支持者の多い意見を採用する方が支持者の少ない意見を採用するよりも多くの人々の納得が得られるのは明らかです。

問題は、満場一致は民主的なのかという点です。多数決の結果として全員が賛成し、満場一致になるのであれば問題ありません。問題が生ずるのは、満場一致が決定の条件とされたときです。そうなれば、一人の反対でもあれば決まらなくなり、たった一人の意見で決定を左右することもできるようになります。したがって、満場一致を条件にするのは、民主的ではありません。

自然権　人が生まれながらにして持っている、絶対かつ不可侵とされる権利。自己保存の権利や抵抗権、平等権、私的所有権や財産権などを指す。人は生まれながらに自由・平等であり、何者によっても奪われない権利を持つとする基本的人権もその一種。

†主権在民の意味は何か。主権者は政治にどのように関わるのか

主権在民とは、権力が国民によって所持されているということで、国民主権と同じことを意味しています。これは、基本的人権の保障や平和主義と並ぶ、日本国憲法の三つの基本原理のうちの一つです。憲法前文は、「主権が国民に存することを宣言」し、「そもそも国政は、国民の厳粛《げんしゅく》な信託によるものであって、その権威は国民に由来《ゆらい》し、その権力は国民の代表者がこれを行使し、その福利は国民がこれを享受《きょうじゅ》する」と明記することで、戦前の天皇主権からの転換をはっきりと示しています。

国民は自ら所持する権力をその代表者にゆだね、代表者は主権者である国民の信託に基づいてその権力を行使します。この代表者を選ぶのが選挙であり、「国民は、正当に選挙された国会における代表者を通じて行動」（以上の引用は憲法前文）することになります。

したがって、主権者である国民が政治に関わる最も基本的な手段は選挙です。制度上、参議院よりも衆議院が上に位置づけられていますから、参議院議員を選ぶ選挙よりも衆議院議員を選ぶ選挙の方が重視されます。

ここで「正当に選挙された」というのは、不正な手段で選挙されてはならないという意味だけでなく、国民が「国会における代表者を通じて行動」するにふさわしい選挙制度でなければならないということをも意味しています。「正当」な制度による選挙でなければならないということです。

後に第Ⅱ章で詳しく見るように、選挙制度については、国民の意見分布を正確に国会に反映させるという考え方と、意見分布の増幅によって政権選択を明確にして政権交代を促すという考え方があります。前者が比例代表制、後者が小選挙区制に結びつく考え方です。

政権交代を実現するために、小選挙区制を支持する意見も少なくありません。なかなか政権交代が起きない日本の現状への苛立《いらだ》ちと焦りからこのような意見が出てくるのは理解できますが、しかしそれは憲法の言う「正当に選挙された」議員という要請に反するものです。どのような理由であれ、選挙制度によって主権者の選択が歪《ゆが》むことがあってはならないのですから……。

表1　政治に関する直接請求制度

国政に関する直接請求

1	憲法改正	国会が各議院の総議員数の3分の2以上の賛成で発議し，国民投票の過半数の賛成で承認される　（憲法96条）
2	最高裁判所裁判官の国民審査	任命後最初の総選挙と，その後10年を経た後，初の総選挙時に行われる　（憲法79条）

地方自治に関する直接請求（主なもの）

1	条令の制定・改廃	住民の50分の1以上の署名で首長に請求。議会で可否を採決　（地方自治法74条）
2	議会の解散	住民の3分の1以上の署名で選挙管理委員会に請求。住民の投票による過半数の賛成が必要（地方自治法76～79条）
3	首長・議員・主要公務員の解職	首長と主要公務員は住民の3分の1以上，議員は選挙区民の3分の1以上の署名で請求　（地方自治法80～88条）
4	事務監査	住民の50分の1以上の署名で監査委員に請求。監査委員は議会と首長に監査結果を報告　（地方自治法75条）

もちろん、主権者である国民が政治に関わる方法や手段は選挙だけではありません。政治に対する直接請求のための制度も保障されています。表1のように、国政に対する直接請求としては、憲法改正に対する国民投票（憲法第九六条）と最高裁判所裁判官の国民審査（憲法第七九条）が憲法で定められています。地方自治に関する直接請求としては、条例の制定・改廃、議会の解散、首長・議員・主要公務員の解職（リコール）、事務監査などが地方自治法に定められています。

このほか、政治家や政党への直接的な働きかけ、圧力団体や労働組合などの様々な大衆団体を通じての社会運動、行政への陳情、住民投票、集会やデモ、署名活動、街頭でのビラ配布、Eメールや新聞への投書による意見表明など、多様な方法があります。街頭インタビューや世論調査への回答などの受け身の行動も世論の表明という形で政治に影響を与えることがあります。

このような活動は法律や制度によって保障されている場合もあれば、国民の自発的行動として実行される場合もあります。このような自発性に基づく政治への働きかけが、できる限り自由でなければならないことは言うまでもありません。

このような多様な働きかけは、一つの目的を持ってなされます。それは特定の政策を実行させる、あるいは特定の政策の実現を阻むという目的です。政策の実現や阻止は決定をめぐっての綱引きであり、この点からも「政治とは決定である」ということができます。したがって、政治活動とは、ある方針や政策を決定させる、あるいは決定させないという目的を持った意識的な行動のことを意味することになります。

†政治家や政党の役割は何か。政党はどのような特徴を持っているのか

政治家とは政治に関わる人々です。一般的には議員や政党の構成員を言い、議員を目指している人々もこれに含まれます。日本には、衆議院議員が四八〇人、参議院議員が二四二人、都道府県会議員が約三〇〇〇人、市区町村議会議員が約六万人で、国会議員と地方議会の議員あわせて六万三七〇〇人ほどの議員がいます。

政党の党員では、それぞれ概数で、自民党員が一一〇万人、民主党員が二〇万人(含むサポーター)、公明党員が四三万人、共産党員が四〇万人、社会民主党員が二万四〇〇〇人います。このほかにも、無所属の議員や議会に議席を持たない小政党の党員などもいます。これらを加味して考えれば、日本で政治に関わっている人々はざっと二三二万人だということになります。

ただし、政党の党員であるからといっても政治家になろうとしない人、通常の市民とそれほど変わらない人もたくさんいます。ですから、これは多めに見積もった数だということになるでしょう。

このような政治家が政策の決定に関与することをめざすとき、仲間を募って集団を構成するのが普通です。民主的な決定制度は多数決であり、多数を獲得するためには、できるだけ多くの仲間がいた方がよいからです。このようにしてできてくるのが、政治グループや政治団体です。

これらの政治グループや政治団体の中で、政治権力を獲得して国政に参画することを目指すものが政党です。政党は、政治権力の獲得を目指している点で他の政治団体と区別され、自主的自発的に結成される点で官僚組織などとは異なり、長期的な目標を掲げて持続的に活動する点で選挙のための母体として結成されるような一時的な団体とは区別されます。

民主社会における政党は、政治権力を獲得するために多数の人々の支持を得なければなりません。そのためには、自己のめざす目標を明らかにした綱領や当面実現すべき政策、公約や**マニフェスト**な

マニフェスト　選挙に当たって明らかにされる政権公約。具体性を欠く選挙スローガンや公約とは異なり、政策の数値目標、実施期限、財源などを明示する。もともとはイギリスの総選挙で主要政党が目標数値や達成期限を明らかにして公表したもの。二〇〇三年の総選挙で二大政党制の実現を狙った民主党が持ち込み、一種のブームとなった。

どを明らかにし、組織の性格やあり方を示す規約を持たなければなりません。今日の政党は秘密結社であってはならず、どのような組織で何をめざしているかを明示し、正々堂々と支持を訴えることが必要でしょう。

現代政治の議会運営にとって、政党は不可欠です。事実上、議員個人ではなく、政党を基礎にした会派が議会運営の主体になっているからです。政党の掲げる政策は、議会で決定されれば公共政策として全国民に対する拘束力を持つことになります。与党であれば、国政や地方政治に直接的な責任を負うことになるでしょう。

このように、政党は、一面では、市民社会の中で自由に結成され消滅する私的団体としての性格を持つとともに、公共政策や政府の形成に関わるという公的性格を持っています。このような二面的な性格を持っているからこそ、政党は市民社会と国家や地方自治体を媒介《ばいかい》することができ、市民社会の中の様々な私的な問題や要求を公的な政策として解決することができるわけです。

現代政治において、政党は次第に公的性格を強めてきています。そのために、**政党の憲法体制への編入**や政党法、公費による政党助成などが課題になります。しかし、国家による補助や法的規制が強すぎると、私的団体としての性格が薄れ、人々と疎遠になり、政党の活力が低下し、堕落や形骸化《けいがいか》をもたらす恐れが出てきます。この点に注意しなければなりません。

政党は党名や構成員よりも、その政策や実際の行動によって判断されなければなりません。党名もそうですが、政策ですら、支持を得たいがために口当たりの良いものを並べる場合があります。政策や公約を掲げていても、それを守らない場合も多くあります。

結局は、その政党がこれまでどのように行動してきたかを見ることが、その政党の本質を判断する上で最良の方法だということになるでしょう。もちろん、政治家を見極める最良の基準もまた、過去の言動であることはいうまでもありません。政党や政治家についての最良のリトマス試験紙は、政党の歴史や政治家の経歴であるということになります。

†野党の役割は何か。その存在意義はどこにあるのか

政党には与党と野党という区別があります。与党は政権を担っている政党であり、野党は政権を担当していない政党です。政権の構成は与党の専権事項であり、野党はこのプロセスから排除されています。

しかし、政権との関わりにおいて野党の役割は皆無かというと、そんなことはありません。次の政権の選択肢を提供するという重要な役割があるからです。現政権が失政を行ったり支持を失ったりした場合、あらかじめ交代できる政権の受け皿を準備するという役割があります。イギリスの「**影の内閣**」などはこれを制度化したものであり、日本の民主党も「次の内閣（ネクスト・キャビネット）」を

政党の憲法体制への編入　政党研究者であるトリーペルに従えば、政党は、国家による敵視、無視、容認の時期を経て、今日、憲法体制への編入が課題とされようになってきている。現代政治において政党は最も重要な政治的組織であり、政党なしに議会政治の運営が不可能になっているからである。

影の内閣(shadow cabinet)　議会討論や政権交代に備え、野党によって準備された閣僚。イギリスでは野党第一党の党首に通常の議員報酬とは別に特別の報酬を支払い、党首は政府の閣僚ポストに対応する政策分野を担当する議員を任命して議会活動を行う。これにならい、日本では民主党が一九九九年九月からネクスト・キャビネットを発足させている。

準備しています。

このような政権の受け皿を準備でき、いつでも与党に代わることができる強力な野党の存在は、将来において意味があるだけではありません。失敗したら直ちに交代できるということは、現政権にとっては大きな脅威になります。与党を牽制し、耐えざる自己点検を必要とさせ、政治運営に緊張感をもたらすという点で、現実の政治運営にとっても大きなプラスがあります。

野党の存在は、政権の受け皿を準備するだけではなく、政策の選択肢を提供するという意味もあります。国民が与党の提起する政策を吟味したり判断したりする基準を提供するという点でも、他の代案を提起するという点でも、野党の役割は重要です。

三権分立の原理からすれば、政府と議会はチェック・アンド・バランス（抑制・均衡《きんこう》）の関係にありますが、政府が議会多数派によって選出される議院内閣制の場合、政府の力が強くなってこのような関係が十分に機能しないという問題が生じがちです。

このような機能不全や行政府優位の関係を是正するためには、議会のチェック機能を高めなければなりません。しかし、政府に幹部議員を派遣している与党にこのような役割を期待することは難しく、行政府に対する議会のチェック機能は、実質的には野党によって担われることになります。このような、議会と政府との抑制・均衡の関係を実質的に機能させるという点で、野党の果たす役割には大きなものがあります。

したがって、野党は、与党との違いを絶えず意識し、国民にその存在意義と役割をアピールすることが必要です。もし、与野党間にたいした違いがなければ、政権交代のメリットは生じません。野党は、与党の政策を批判するだけでなく、それに対する対案を準備して有権者にアピールすることが必要でしょう。

同時に、与野党間の政策が全ての点で異なっていなければならないというわけではありません。与野党間でそれほど見解の異ならない政策もありますし、政権が交代しても継続される部分は存在しています。

実際、国会での審議でも、与党提出法案の全てに野党が反対しているわけではなく、与野党ともに賛成する法案も少なくありません。たとえば、第一五六通常国会の場合、成立した一三二件のうち全会一致での成立は四六件で三五%になっています。

問題は、安全保障や外交問題、経済・金融・産業政策など、機軸《きじく》になる主要な政策での違いを際立たせることとです。政権が交代すればどのような変化が生ずるのか、どのような点でメリットが生まれるのか。これらが納得されなければ、政権交代は生じないでしょう。

なお、社会の多様化・複雑化に対応した多様な選択肢を提起するという点では、野党が一つであるよりも複数存在する方が望ましいように思われます。強力な与党と野党が対峙する二大政党制は、イデオロギー的な二極化を反映した限定的な政党制だという見方も可能です。すでにそのような時代は去りました。今日では、与野党が対峙する二大政党制を理想とする考え方は時代遅れになっているのではないでしょうか。

†圧力団体の役割は何か。政党とはどう違うのか

政党以外にも、政治に関わる社会的な団体は数多く存在しています。このうち、政治家や政党、行政に圧力をかけて何らかの政治目的を達成しようとする団体を圧力団体といいます。圧力をかけることによって決定を左右しようとするからです。

現代日本で最も強力な圧力団体は大企業経営者の団体です。主な経営者の団体としては、**日本経営者団体連合会**(日本経団連)、経済同友会、日本商工会議所などがあります。これらは財界と呼ばれ、個々の業界や企業の利害関係にとらわれず、基本的には総資本の立場から経営者全体の利益を考えて行動します。

電機、自動車、鉄鋼、金融、建設などの業界団体も政治に圧力をかける行動をとり、個々の大企業も政治への働きかけを行います。財界・業界・企業間の利害は大枠では一致していますが、個々の点では異なる場合があります。業界や企業間でも、輸出主導の多国籍企業型と国内市場に依存している内需《ないじゅ》型とでは、利害が異なります。財界は、これらの利害調整を行う役割を演ずることになります。

これらの財界、企業や経営者が圧力をかけるための主な手段は、政党や政治家に対する政治献金です。

これらの政治献金はしばしば政治腐敗の温床となり、国民の批判を招きました。以前、経団連は会員企業や業界団体に献金額を割り当てて自民党中心に年間一〇〇億円前後の献金あっせんを行っていましたが、東京佐川急便事件やゼネコン汚職などが多発したため、一九九三年にこれを中止した経緯があります。

しかし、二〇〇三年になって、日本経団連は政治への圧力を強めるため、**政治献金の再開**を決めました。二〇〇四年から約一〇年ぶりに、税制や年金改革など一〇項目の政策を評価した上で、政党本部への政治献金をあっせんしています。

献金に次ぐ重要な圧力手段は、首相などの有力政治家に対する直接的な接触です。財界人による**小泉首相を囲む会**などのように、政治家を囲む会や親睦会での日常的な接触も、圧力をかける機会として大きな意味を持ちます。

また、日本経団連や経済同友会などは、必要があれば声明や決議の形で意思を表明し、行政などへの申し入れ活動などによって圧力行動を展開します。政策形成に関わる審議会や首相の私的諮問機関などに委員を派遣するという形でも、政策形成に直接関与しています。

財界と同様に、圧力団体として強い力を行使しているのが、医師会や歯科医師会です。自民党に多

日本経営者団体連合会(日本経団連)　経団連と日経連が二〇〇二年五月に統合して発足。日本商工会議所、経済同友会と並ぶ財界三団体の一つで、代表的な企業一三一五社、一三〇団体で構成(〇八年一〇月一四日現在)。会長は御手洗冨士夫キヤノン会長。財界の意見を集約し、政界や労組、行政などに実現を働きかけている。

財界の政治献金再開　旧経団連は一九九三年九月に政治献金のあっせんを停止したが、日本経団連となった二〇〇二年一二月、奥田会長は「政治への影響力が低下した」として、〇四年からの献金再開を表明した。〇三年五月には目標額や企業規模に応じた目安額を定める方針を示し、優先政策事項に基づいて各党を評価して献金を振り分けることになった。

小泉首相を囲む会　財界は、有力政治家への注文を付けるため、「囲む会」をつくる。小泉首相は財界人との関係が薄かったが、二〇〇一年六月一二日、今井敬経団連会長、奥田碩日経連会長、小林陽太郎経済同友会代表幹事、牛尾治朗ウシオ電機会長ら約三〇人で「小泉首相を囲む会」が結成され、その後も定期的に開催されている。

額の政治献金を行うだけでなく、選挙での候補者を供給したり選挙運動に協力するなど、活発な活動を行い、医療保険政策などに強い影響力を行使しています。しかもそのやり方は、医師や歯科医師を自動的に政治団体に加入させ、「特別会費」などの名目で診療報酬から政治献金を天引きするなど強制的なものであり、大きな問題を抱えています。

これに対して、労働組合の圧力活動は数の力によってその効果を発揮しようとします。通常、ストライキや集会、デモなどによって世論に訴えるという間接的な方法が採られます。もちろん、声明や決議をあげて議会や行政への要請活動を行ったり、支持政党や議員に政治献金したりという直接的な手段をとることもあります。最近では、政策・制度要求運動を重視し、財界団体と共に審議会や諮問機関に委員を派遣して、政策形成にも関与するようになってきています。

なお、労働組合は、団結権、団体行動権、団体交渉権が法的に保障されているという点で、他の圧力団体とは異なっています。また、ストライキによる生産の停止という強力かつ効果的な闘争手段を持っているという点でも、他の圧力団体とは異なる特徴を持っていると言えるでしょう。

ＮＰＯは「非営利組織（Non-Profit Organization）」の略で、利益を上げることを目的とせずに社会性の高い事業を行う民間の社会団体です。ＮＧＯは「非政府組織（Non-Governmental Organization）」の略で、政府とは直接関係を持たない市民レベルの国際協力団体のことを指しています。広い意味では、前述の労働組合もＮＰＯなどに含まれると考えることもできますが、狭い意味では、比較的新しい社会団体を指しています。

これらの社会団体が結成され、圧力活動が活発になってきたのは、一面では、社会が複雑化して利害関係が多様化したためであり、他面では、政治の役割が増大して政治や行政抜きにこれらの団体が掲げている要求を実現することができなくなったからです。このため、様々な社会的グループが独自の要求を掲げてその実現をめざし、議会や行政に働きかけることになります。

このような圧力団体の活動には、プラスの面とマイナスの面があります。圧力団体の活動はなくすことはできませんから、可能な限り、マイナス面を抑制してプラス面を強めるように努めなければなりません。

圧力団体は、社会の中に多様に存在している様々な利害関係や解決されるべき問題を機敏に国政の場に持ち込み、政策に反映させるという役割を演じます。また、独自の専門的立場から、技術的知識や情報を収集し、政策に反映させることもあります。さらに、公共政策や行政への監視役、政治に取り残された特殊な少数者の代弁者としても重要です。これらの活動によって、圧力団体は、政党によっては十分に発揮しきれない代表機能を補い、政党政治の不十分さを是正し、政治を活性化することができます。これがプラスの面です。

しかし、他面では、マイナスの面もあります。社会の中の全ての利害関係や解決されるべき問題が全て圧力団体によって代表されることは不可能だからです。どうしても、代表される利害と代表されない利害との差が生じ、「声の大きいものが得をする」ような不平等が生まれます。圧力団体を作って政治に働きかけることができるのは、比較的生活の余裕のある学歴の高い層で、低所得で低学歴の人々や少数者集団ほど組織されにくく、組織されてもその中でリーダシップを取るのは難しいという問題もあります。

もっと大きな問題は、独自利益の追求によって政治の公平性や公正、統一性が阻害《そがい》され、個々の圧力団体と政治家や官僚との特殊な結びつきによって、癒着《ゆちゃく》や汚職などの病理現象が生まれがちだという点です。圧力団体の活動は、政治の歪みや政治腐敗を生み出す可能性もあるということに注意しなければなりません。

このような問題を避けるためには、団体幹部の腐敗や癒着などが生じないよう留意するとともに、圧力団体の社会的・公的責任を絶えず自覚することが重要です。そのためにも、幹部の専横《せんおう》などへの警戒心を強め、団体内部での民主主義を保障し、内部情報の公開性を高めることが必要でしょう。

†議会はどのようにして生まれたのか、それはどのような役割を担っているのか

現代民主国家における政治制度の中心に位置するものは議会です。議会こそ物事を決める場であり、「政治とは決定である」ということを具体的に示しています。

このような議会は、元からあったわけではありません。それは人類の歴史とともに形成されてきたものです。今日のような議会の起源は、中世ヨーロッパにおけるイギリスの**模範議会**やフランスの三部会などの「**身分制議会**」(**等族会議**)に求めることができます。この時代には、王権に対する議会主権の確立、議会内部での平民の発言力の向上が目指されました。

一三〇二年に始まるフランスの三部会は、僧侶・貴族・平民の三つの身分の代表が王によって召集され、課税問題などを討議しました。しかし、議会の決定が無視されることもあり、一六一四年以降は、フランス革命がおこった一七八九年まで一五〇年以上も召集されませんでした。議会の構成員で

ある議員も、任命されたり世襲したりした人々で、選挙で選ばれたわけではありません。

フランス革命によってこのような議会の姿は変わり、革命議会を経て共和制議会(近代議会)が成立します。このとき、議会が政治の中心に位置し、それを構成する代表を選挙で選ぶという方式が成立しました。このような、代表によって構成される議会を中心にした政治のやり方が議会主義であり、この議会主義に基づく政治運営が議会政治です。

ただし、この近代議会は、今日のような現代議会とは二つの点で大きく異なっていました。その一つは主権者の制限であり、もう一つは主権者の同質性です。制限されていたから同じような人々が集まったのであり、この両者は関連しています。

この近代議会を実体的に担ったのは財産と教養を持つ市民で、地方の名望家と、産業ブルジョア

模範議会　イングランド王エドワード一世(Edward I)によって召集された議会で二院制の母体となった。当時のイングランドの身分制社会を模範的に代表していたためこう呼ばれる。当時の王権はそれほど強くなく、貴族(封建領主)との協力関係を必要とし、貴族・聖職者・市民(都市の富裕な商工業者)の代表を集め、彼らに課税の承認を求めた。

身分制議会　中世後期のヨーロッパ諸国に成立した議会。等族会議ともいわれる。特権的諸身分の利害を表現し、フランスの三部会が有名。ドイツ諸邦にも三部会制をとる議会があり、北欧諸国のように上院は高級聖職者と大貴族、下院は下級貴族(騎士身分)と市民から構成される二院型の身分制議会もあった。

等族会議　封建君主の下の家臣会議から発達したもので、のちに僧侶や自由都市からの代表者を別々に召集した会議も行われ三部会ともよばれる。封建君主が課す徴税を承認させるためのもので、君主に対する請願も行われた。絶対君主は同意を必要とせず直接課税したため、一七世紀ころまでには消滅するか勢力を失ったが、イギリスだけは存続した。

ジーを中心とした都市の中産階級でした。女性、地方の農民や都市に居住する労働者は、性別や納税額などによって排除され、議会政治に参加する権利を持ちませんでした。

このように、一部の裕福な人々によって担われ、その代表によって構成された近代議会には根本的な利害対立が存在していません。利害の根本的に異なる人々は選挙権・被選挙権を持たず、議会の外に排除されていたからです。したがって、議会内での討論や交渉による妥協・調停《ちょうてい》が可能でした。

このような議会に選出されてくる**代表**は、一部の地域や特定の利益の代表ではなく国民全体を代表するものであり、単なる**代理**ではないとされました(国民代表の原理)。つまり、代表は全体の利益を考えながら自主的に行動できるとされたわけです。

また、代表の意見表明の機会は平等でなければならず、その発言内容によって処罰されない免責《めんせき》が保障され、討論や交渉のプロセスが公開されなければなりません(討論と公開性の原理)。このような理性的で自由な討論とその公開を通じて、議会における統一的意思の形成が図られることになります。

さらに、議会は意思の形成(立法)だけでなく、その意思の発動(行政)をも監督し、統制しなければならないとされました(行政統制の原理)。このような議会による行政に対する監督や統制は、行政府の人事への関与、財政執行の監督、国政調査などを通じて実行されます。

これらの近代議会政治の原理は、基本的にはその後の現代議会にも受け継がれました。しかし、大きな変化もあります。それは、近代議会の基礎をなしていた市民社会が大衆社会へと変容したことに対応しています。

かつて、政治学でいう「市民」とは、財産と教養のある一部の都市居住者を指すものでした。このような人々によって構成される一九世紀的な近代社会が**「市民社会」**です。それは、その後の工業化と民主化によって拡大され、「無知で貧しい」労働者・農民大衆が発言力を増大させたため、二〇世紀的な**「大衆社会」**へと変貌《へんぼう》しました。このような変貌は工業化と民主化を背景に一九世紀から二〇世紀にかけて生じ、地方の農民と都市の労働者が社会主義政党や労働者農民政党を結成して議会に代表を送るようになります。

こうして、同質性と妥協を特徴とする近代議会は、異質性と対立に彩られた現代議会へと変容しました。利害関係の異なる社会階級を代表する政党が、党議拘束によって結束を固めて激突しあう現代議会が登場することになります。

代表と代理　代表とは選出母体に代わってその意思を表明することであり、代理とは選出母体に代わって物事を処理すること。両者は似ているが、政治学では厳密に区別される。代理は委託者に拘束され、委託の範囲を逸脱すれば解任される。これに対して代表は、選出母体の意思に一致するという前提に立ち、独立性と行動の自由を持つと考えられている。

市民社会　財産と教養のある一部の都市居住者によって構成される近代社会。市民階級が市民革命によって封建的身分制度や土地制度を打倒して実現した。法律の前での万人の自由と平等の保障を基礎としている。ここにいう市民は、基本的人権を保障され、自由・平等な立場で、主権の担い手として国政に参加しているような独立した個人のことである。

大衆社会　市民に独占されていた政治社会に労働者・農民などの無産者が参入した社会。大衆社会への変貌によって、同質性から異質性へ、有名性から匿名性へ、共同社会関係の残存から利益社会関係の優位へ、地域共同体から広域社会へ、自主的・自律的結合から操作・統制可能性へ、意見の相互交通から一方交通へという様々な変化が生まれる。

表2　主要先進国における普通選挙制度の導入

	男　性	女　性
フランス	1848年	1944年
アメリカ	1860	1920
ド　イ　ツ	1871	1919
スウェーデン	1909	1921
イタリア	1913	1946
イギリス	1918	1928
日　　本	1925	1945

このような現代議会政治と民主的な選挙制度とが結びついて生まれたのが、議会制民主主義です。そのためには、国民が主権を持ち、国政の中心に議会があり、性の違いや皮膚の色、財産などによって選挙権が制限されない男女平等の普通選挙制が採用されなければなりません。できるだけ多くの国民が参政権を保障されるということからすれば、年齢制限も可能な限り引き下げられなければならないでしょう。

表2は主要先進国における普通選挙制度（女性への選挙権付与）の導入時期を示したものです。いずれも、二〇世紀に入ってからであり、第一次、第二次世界大戦が契機になっていることが分かります。総力戦体制は女性をも戦争に動員することを必要とし、その結果、女性の社会的発言力が強まり、政治的権利が拡大されたからです。また、両大戦の後に民主主義が拡大したという事情も大きかったでしょう。

†選挙制度にはどのようなものがあるか。それはどのように違うのか

選挙制度には、一選挙区で一人が選ばれる「小選挙区制」と、複数の代表が選ばれる「大選挙区制」があります。日本の衆議院の選挙制度は、長い間、一選挙区の定数が三～五人でしたから、この中間形態だということで便宜的《べんぎてき》に「中選挙区制」と呼ばれました。これらは個人に投票され、得票数の多い順に当選します。このうち、小選挙区制は一番得票の多い候補者一人しか当選できませんから

「多数代表制」であり、大選挙区制は少数であっても定数の枠内に入っていれば当選できますから「少数代表制」ということになります。

ただし、定数が複数であっても、一人の候補者の名前しか書くことのできない「単記制」と、定数と同じ数だけの候補者の名前を書くことができる「連記制」とでは、その意味は大きく異なります。連記制では、自分の支持する政党やグループの候補者名を定数いっぱいに書きますから、結局、有力政党の候補者ばかりが選ばれることになり、小選挙区制と変わらない議席の独占が生じます。定数いっぱいではなく、それより少なくしか書くことができない「制限連記制」なら、少数派にもいくらかのチャンスが生まれます。

これとは別に、得票数に応じて議席を比例配分する「比例代表制」があります。この制度も、多数派と少数派のチャンスは平等ですから、「少数代表制」の一つだということができます。

表3（次頁）は主な国の議会と選挙制度を示したものです。選挙制度としては小選挙区制と比例代表制、およびそれらを組み合わせたものがほとんどです。ドイツの「併用制」は正確に言えば「**小選挙区併用型比例代表制**」であり、基本的には比例代表制での得票に応じて各党への議席配分が行われますので、比例代表制の変形であると見てよいでしょう。

小選挙区併用型比例代表制　小選挙区制と比例代表制が併用されている選挙制度で小選挙区比例代表併用制ともいい、ドイツで採用されている。有権者は二票を投じ、第一投票で各小選挙区（定数は総議席の半数）の候補者に投票し、第二投票で政党を選ぶ。各政党の総議席は第二投票での得票率に応じて比例配分される。議席の半分は第一投票での各選挙区の当選者で確定し、それを差し引いた議席が各党の候補者名簿の登載順に決定される。

表3　主な国の議会と選挙

選挙制度	国名・議院	選出方法	定数	任期	解散	選挙権年齢	被選挙権年齢
小選挙区制	イギリス下院	小選挙区，単記投票	646	5	あり	18	21
	アメリカ下院	小選挙区，各州より人口比で選出	435	2	なし	18	25
	カナダ下院	小選挙区，単記投票	308	5	あり	18	18
	フランス下院	小選挙区，２回投票	577	5	あり	18	23
	オーストラリア下院	小選挙区優先順位付連記投票	150	3	あり	18	18
比例制	ベルギー下院	非拘束名簿式比例代表制	150	4	あり	18	21
	オランダ下院	非拘束名簿式比例代表制	150	4	あり	18	18
並立制	日本　参議院	選挙区（定数２以上）146，比例代表96	242	6	なし	20	30
	日本　衆議院	小選挙区300，拘束名簿式比例代表180	480	4	あり	20	25
	韓国・国会	小選挙区245，比例代表54	299	4	なし	19	25
併用制	ドイツ連邦議会	小選挙区299，比例代表299	598	4	あり	18	18

これらの選挙制度のうち、小選挙区制、複数定数の制限連記制は、多数派にとって極めて有利であり、少数派には不利になります。各選挙区で多数派にならない少数派候補の票は全て「死票《しひょう》」になりますから、極めて無駄の多い、非民主的な制度です。このような不平等は、制度本来の仕組みの中に内在《ないざい》されています。

ここから、少数派を排除しようと考える政党やグループにとっての「魅力」が生まれることになり、多数党の安定した支配や反対グループの排除をめざす場合、このような選挙制度が採用されることになります。逆に言えば、このような選挙制度の背後には、少数派を排除しようとする意図が隠されているということです。労働組合の役員選挙などでこのような選挙制度が採用されるのはこのためです。

これに対して、比例代表選挙や複数定数単記制の場合には、少数派が排除されるということはありません。特に比例代表制の場合、得票数に応じて議席数が比例配分されますから、無駄になる票は最も少なく、民主的な制度だということになります。

この小選挙区制と比例代表制については、その優劣をめぐって様々な議論が繰り返されてきました。私は、小選挙区制に反対し、比例代表制を支持しています。その理由は以下の点にあります。

第一に、小選挙区制は民意を大きく歪め、比例代表制は民意を正確に反映するからです。選挙は主権者に代わる代表を選ぶためのものですから、主権者の意見分布が正確に議会に反映されなければなりません。これは、間接民主制の存立を可能にするための基本的な条件です。主権者が直接決定に参加しなくても決定に影響を及ぼすことができるというのでなければ、間接民主制の存立根拠は失われてしまいます。主権者の意見分布を歪めて議会に反映させる小選挙区制は、間接民主制と代議制に対する信頼を大きく損なう制度だというべきでしょう。

第二に、小選挙区制の優位として政権交代の実現や政権選択が挙げられますが、これは間違いです。ある政党が過半数以下の得票率で過半数以上の議席を占める場合も多く、得票数と得票率が逆転してしまう場合さえあるからです。与党の得票数が過半数以下で獲得議席が過半数以上であれば、政権交代は実現しません。政権交代を望む有権者が野党に多数の票を投じたのに、それが議席数に反映されなければ、この場合にも政権は交代しません。このような壁を打ち破るほどに多くの票が野党に投じられれば政権交代は実現しますが、それはどのような選挙制度でも同じでしょう。

第三に、連立政権となる可能性の高い比例代表制よりも、多数党の単独政権になりやすい小選挙区制の方が政治が安定するという見方も間違いです。比例代表制の方が連立政権になりやすいというのはその通りです。しかしそれは、複雑化し多様化する現代社会における利害関係の政治的反映にすぎず、圧倒的な多数意見が存在しないという主権者の意見分布によるもので、それ自体が問題だということにはなりません。逆に、このような意見分布であるにもかかわらず、相対的に多数である意見だけが政治的に代表され、他の少数意見が切り捨てられる方が問題ではないでしょうか。今や、連立政権は普通のことになっています。イデオロギー的な対立構造が弱まり、政党間の政策的距離も縮小している今日では、連立政権によって政治が不安定化するということはほとんどありません。

第四に、小選挙区制のメリットとして「二大政党制」になりやすい点が挙げられますが、これはメリットではなくデメリットです。小選挙区では二つの政党しか議席を争うことができません。強固な地域政党が存在する場合を除いて、次第に二大政党化していく傾向が生じます。これは、有権者が選ぶことのできる選択肢が二つしかないということを意味します。別の言い方をすれば、野党が一つしかないということです。与党が気に入らないということで野党を選び、その党も幻滅だとなったら、また旧与党を選ばなければなりません。こうして、二つの政党による政権のキャッチボールが始まります。有権者の側から言えば、出口のない閉鎖された空間のなかでの堂々巡《どうどうめぐ》りです。これがどうしてメリットだと言えるのでしょうか。

†政治における教育やマスメディアの役割は何か。マスコミ報道をどう見たらよいのか

議会制民主主義の確立と普通教育の普及には密接な関わりがあります。国民の多くが読み書きでき、必要な情報にアクセスしてその正否を判断する能力は、国民主権の行使や普通選挙制度にとって不可欠だからです。

財産と教養のある一部の市民だけでなく、労働者や農民を含む幅広い人々が政治に関わるようになってきたという事情が、この背後にあります。つまり、市民社会から大衆社会への変化は、教育の普及の持つ意味を一挙に高めることになりました。こうして、国民の多くが自らの運命に関わる決定に関与する能力を持つようになり、国民主権が実質化することになります。

このように、国民が主権を持ち選挙権があるといっても、それを的確に行使できなければなりません。そのためには、公共の問題に関心を持ち、必要な情報を入手し、自ら的確な判断ができるようになる必要があります。そのための条件が普通教育による〝国民〟の育成だと言えるでしょう。

しかし、それだけでは不十分です。それに加えて、主権者となるにふさわしい能力や資質を獲得で

きるような政治教育が必要です。現在の日本では、この点が決定的に欠けています。改正教育基本法第一四条（政治教育）でも、「良識ある公民として必要な政治的教養は、教育尊重されなければならない」とあるにもかかわらず、実際には、このような「政治教育」は十分に行われていません。

義務教育はもとより、高校までの教育では、生徒はなるべく政治問題に関与しないように隔離され、政治的な活動を禁止されています。いわば、「無菌室」で育てられているようなものです。このようにして「純粋培養《ばいよう》」された生徒は、一八歳で大学に入ったり就職して社会に出たりしたら、一挙に政治に直面させられます。そして、その二年後の二〇歳からは一人前の主権者として選挙することを求められるわけです。

しかし、十分な政治教育を受けることができず、政治的にも訓練されていない若者の多くは判断に躊躇《ちゅうちょ》し、選択に惑い、結局は棄権してしまいます。本来、政治によって最も大きな影響を受けるはずの若者の政治的関心が薄く、投票率が低いということは由々《ゆゆ》しき問題ですが、その背後には、それまで受けてきた政治教育や訓練の貧困があるのではないでしょうか。高校まではできるだけ政治に関心を持たせないようにしながら、大学生になった途端、政治に関心がないと非難されるのでは可哀想です。

主権者になるための政治教育や訓練という点では、マスメディアの役割は極めて大きいといわなければなりません。もちろん、主権者の判断の材料となる政治情報の提供という点でも、マスメディアは大きな役割を担っています。

一般の人々は、新聞や週刊誌、テレビやラジオなどによって政治情報を入手し、政治についてのイメージを形成します。新聞は系統的でまとまった政治情報を提供するという点で最も優れたメディアです。情報量が多いというメリットもありますが、記事がどのように割り付けられ配置されているかによって、情報の重要性や意味を判断することができます。一面トップにあれば、それが最も重要な情報だということが分かるからです。

週刊誌やテレビ、ラジオなどの報道でも、そのニュースがトップで報じられれば、一番重要だということが分かります。記事やニュースの配列、順番、分量や長さは、その情報の意味や重要度を判断する上で大きな助けになります。

週刊誌も新聞と同じ文字情報ですが、独特のセンセーショナリズムを持っています。暴露記事や調査報道などが多く、政局を揺るがすスクープや特ダネを放つこともありますが、裁判沙汰になるような問題記事もあり、全体としては玉石混交だと言わざるを得ません。

テレビやラジオは速報性に優れ、臨場感あふれる報道を行い、感性に訴えて強い印象を残します。それだけに、感情的に流れ理性的な判断を狂わせる危険性があることに注意しなければなりません。テレビカメラによって現実の一部が切り取られ、それが繰り返し流されることで歪んだイメージが作り出される危険性もあります。

なお、最近ではインターネットによって政治情報やニュースにアクセスする例も増えています。インターネットは文字情報という点で新聞や週刊誌の特性を持ち、動画や音声も送ることができて速報性に優れているという点でテレビやラジオと似ています。しかし、その情報伝達は一過性である場合が多く、保存や一覧性に劣るという点で、新聞に取って代わることはできないでしょう。

このように、一口にマスコミとは言っても、それぞれの情報手段には特性があり、長所と短所があります。政治情報の入手に当たっては、どれか一つに頼るというのではなく、これらのメディアや情報手段を組み合わせ、それぞれの長所をうまく生かすようにすることが大切でしょう。少なくとも、新聞に目を通す習慣が必要です。それも一紙ではなく、複数紙に目を通すことをおすすめします。

なお、最後に指摘しておかなければならないのは、私たちが入手する政治の像は、あくまでも私たちの意識に投影されたイメージであるということです。同じ情報に接しても、その受け取り方は各人で異なります。実際の政治の像(環境)と私たちが抱く政治の像(擬似《ぎじ》環境)は、まったく異なっているわけではありませんが、まったく同じだというわけでもありません。

つまり、私たちが抱く政治の像は、実際の政治とはズレており、個々人の価値観や情報量によっていくらかの誤差をもっているということになります。このようにして結ばれたイメージや擬似環境をもとに、私たちは判断を下し、環境に働きかけます。

このような誤差が生まれることは避けられません。しかも、政治家や政党などの政治的行動主体(アクター)は、このような誤差を拡大し、自らに都合の良いイメージを植え付けようと意識的な努力を行います。このような中で私たちにできることは、この誤差をできる限り小さなものにし、意識内の擬似環境と実際の環境とのズレを是正することです。

そのためには、正確な情報を入手するように努め、複数の情報を付き合わせて正確な像を結ぶための手法に習熟しなければなりません。メディアを利用するための基本的な能力(メディア・リテラシー)だけでなく、何が正しいかを判断できる能力を養う必要もあります。政治や政治学について学ぶことは、そのために必要不可欠な作業だといえるでしょう。

第Ⅱ章　日本の政治制度と政治過程

この章では、日本の政治制度と政治過程の実態が対象になります。これらの具体的な制度やその運用のあり方において、どのような特徴を持っているのか、それは何故なのか、そこにはどのような問題があるのかなど、現実の政治を素材に、その背景や原因を考えてみることにします。

†日本国憲法にはどのような特徴があるのか。改憲が問題になるのは何故か

日本の国の基本法は憲法です。それは、日本という「国のかたち」を決めるものです。日本の「国のかたち」は、日本国憲法の前文によって示されています。

憲法前文は、「主権が国民に存することを宣言し」て、国民主権の原則を明らかにしています。また、「恒久の平和を念願し」、「平和を愛する諸国民の公正と信義に信頼して、われらの安全と生存を保持しようと決意した」ことを宣言し、「平和のうちに生存する権利を有することを確認」しています。これは「恒久《こうきゅう》平和主義」の原則であり、「平和的生存権」の保障です。

この国民主権、恒久平和主義に基本的人権の保障を加えたのが、「憲法三原理」と言われるものです。これに、議会制民主主義と地方自治をあわせて「憲法五原則」とする考え方もあります。

表1　旧憲法と現憲法の比較

	大日本帝国憲法	日本国憲法
主権者	天皇	国民
平和主義	規定なし	戦争放棄，軍備不保持
基本的人権の保障	若干の自由権のみで法律により制限	自由権，参政権，社会権など，基本的人権の不可侵性を認める
天皇の地位	神聖にして犯すべからず	日本国の象徴であり，日本国民統合の象徴
憲法改正	天皇が発議し，帝国議会で決定	国会が発議し，国民投票で決定
国会の地位	天皇の立法を協賛するだけ	国権の最高機関，唯一の立法機関
国会の構成	貴族院(非公選)と衆議院	衆議院と参議院
法律の成立	議会の協賛と天皇の裁可が必要	国会の議決だけで成立
内閣と国会	帝室内閣制。内閣は天皇に対して責任を負う	議院内閣制。内閣は国会に対して責任を負う
内閣の地位	天皇の補弼機関	行政権を持つ
内閣の不信任	議会に権限なし	衆議院による不信任権あり
内閣総理大臣	天皇が任命	国会が指名。天皇はそれに基づいて形式的に任命
首相と大臣	首相は同輩中の筆頭で首班	首相は内閣の首長。大臣の任免権限あり
国務大臣	天皇が任命	内閣総理大臣が任命
裁判所の地位	司法権は天皇に所属	司法権は独立
違憲立法審査権	なし	あり
国民審査	なし	あり
地方自治	規定なし	規定を新設
自治体の条例制定権	なし	あり

表1は、大日本帝国憲法(旧憲法)と日本国憲法(現憲法)との主な違いを比較したものです。旧憲法とは異なる現憲法の原理や原則によって示される日本という「国のかたち」は、ここに住む全ての人が人として尊重される民主的で平和な国です。一言で言えば、「平和・民主国家」日本の姿です。

憲法は国の基本法ですから、あらゆる法律や制度はこの憲法に基づくものでなければなりません。憲法第九八条によって憲法に反する法律は許されず、裁判などでも判断の最終的な基準は憲法におかれます。天皇や**摂政**《せっしょう》、大臣や国会議員、公務員は、憲法第九九条の憲法尊重擁護義務によって、この憲法を守ることが義務づけられています。

しかし、現実には、憲法の規定が厳守されず、様々な面で例外や矛盾が生じてきました。大臣や国会議員の多くが、この憲法の原理や原則を守り尊重するという意思を持たなかったのが、その最大の原因です。このような議員を国民の代表として選び続けてきた有権者にも大きな責任があります。

憲法における矛盾の代表的な例の一つが天皇制です。戦後の天皇制は、**絶対主義的天皇制**とは異なる象徴天皇制です。その「地位」は「主権の存する日本国民の総意に基づく」もので、天皇の国事行為は憲法によって厳格に規定されています。これがそのまま守られていれば憲法違反だということに

摂政　君主に代わって政務を行うこと、またはそのような人。天皇が成年に達しないとき、精神や肉体における重大な疾患また事故を負ったために政務を執ることができないとき、成年の皇族が任ぜられる。

絶対主義的天皇制　古代や封建時代とは異なる、明治以降、敗戦まで存続した近代天皇制のこと。天皇は唯一絶対の権力者とされ、「神」としての権威を持ち、軍部・官僚・資本家・地主階級の頂点に立った。大日本帝国憲法によって制度的に完成し、国内では民主主義抑圧の専制的権力、対外的にはアジア侵略のための軍国主義・帝国主義の権力となった。

はなりません。問題は、天皇の行為がそれだけに限られず、あたかも「元首《げんしゅ》」であるかのような色彩が強まっているという点にあります。

もう一つ指摘しておかなければならないことは、天皇一家には基本的人権が保障されていないということです。天皇一家には、憲法第三章に規定されている法の下の平等、思想の自由、信教の自由、居住・移転・職業選択の自由、外国移住・国籍離脱の自由、婚姻の自由などが認められていません。

また、世襲《せしゅうせい》制という問題もあります。天皇は世襲で、天皇家に生まれた長男は皇太子や天皇となることを拒否できません。現行の規定では、女性が天皇となることも認められません。このような不自由や性差別が「日本国の象徴」と結びついていることを、無視するわけにはいかないでしょう。天皇制と天皇家は、憲法に空いた「ほころび」であるということができます。

憲法と矛盾する存在の二つ目が、自衛隊です。恒久平和主義に基づいて、第九条では「国際紛争を解決する手段」としての戦争を放棄し、この「目的を達するため、陸海空軍その他の戦力は、これを保持しない」と書かれています。日本は「戦争をしない国」であり、軍隊も持たないというわけです。しかし、現実には自衛隊という軍隊が存在しています。〇六年の日本の軍事費は、アメリカ、イギリス、フランス、中国に次いで世界第五位ですから、もはや立派な軍事大国です。

自衛隊は一九五〇年の朝鮮戦争を契機に、警察予備隊として誕生しました。戦争の余波が日本に及んだら危ないというわけです。当時は、世界が東側陣営と西側陣営に分かれて厳しく対立していましたから、東側から攻められるかもしれないという恐れもあったでしょう。このような国民の不安感を背景に、憲法第九条の規定は自分の国を自分で守る「個別的自衛権」を否定しているわけではなく自衛のための軍隊であれば保持できるという解釈によって、自衛隊への成長が正当化されました。これを「解釈改憲」と言います。「解釈」によって憲法の内容を読み変えてしまうやり方です。そのために、憲法上の規定と現実との違いが拡大し続けることになりました。

三つ目が**日米安全保障条約（安保条約）**の存在です。日本は一九五一年にサンフランシスコ条約を結び、翌五二年四月二八日に「独立」しました。これによって連合国軍による占領は終わり、占領軍の中心であったアメリカ軍も撤退するはずでした。しかし、東側陣営に対する極東の防波堤として日本を利用しようとしたアメリカは引き続きアメリカ軍が駐留することを望み、ソ連など東側から攻められることを恐れた日本政府もそれを受け入れました。これが、安保条約です。この条約は一九六〇年に改定され、相互防衛条約的な色彩が強まります。こうして、「戦争をしない国」のはずなのに、世界最大の軍事大国アメリカの軍隊と基地が存在し、そのための法律や制度（安保法体系）が張りめぐらされるという矛盾が生じました。

元首　国家を代表しうる地位にある最高の国家機関。条約締結や外交使節の派遣・接受などの対外的機能だけでなく、対内的にも一定の行政的権能を有する。本来、君主を指したが、今日では大統領だけでなく合議体やその議長の元首も存在する。現行憲法には明記されておらず、内閣または総理大臣説が一般的だが、天皇の元首化の動きも強まっている。

日米安全保障条約　日米同盟の基礎となる軍事条約。一九五一年にサンフランシスコ講和条約と一緒に結ばれたのが旧安保条約で、一九六〇年に改定されたのが新安保条約。旧条約によって米軍の駐留と基地の自由使用が可能になり、その後の改定によって、米軍による日本本土防衛義務、経済協力条項、防衛範囲の極東への拡大などが加わった。

このようなほころびや矛盾は、歴代の政府が憲法を厳密に守っていれば基本的には生じなかったはずのものです。しかし、憲法を無視したり解釈を変えたりしながら、政府は憲法と現実との矛盾を拡大させてきました。最高裁判所は、法律や制度が憲法に違反していないかどうかを審査する権利を持ちます（違憲立法審査権）が、政府の行為は統治のために高度の政治的判断を要するという理屈（統治行為論）によって、この権利を放棄してしまいました。

そのうえ、日本は一人前の軍事国家となったため、アメリカや財界からの期待と要求が強まってきました。自衛隊でありながら、「自衛」のためではない外国での活動が期待され、集団的自衛権に基づくアメリカとの共同作戦の要求も高まっています。こうして、憲法と実態との矛盾はもはや解釈で言い逃れできないレベルにまでなってきました。

日本国憲法の条文、特に第九条を変えようという意見が強まってきたのは、そのためです。解釈の変更（解釈改憲）や個別の立法（立法改憲）では対応できなくなったから、憲法の条文そのものを変えよう（明文改憲）というわけです。

憲法は国の基本法であり、「国のかたち」を決めるものです。憲法を変えれば、当然、「国のかたち」も変わります。もしそうなれば、戦後の出発点において日本がめざした「平和・民主国家」という姿も、大きく変容することになるでしょう。憲法を変える必要があるのかどうか。もし変えるとすれば、それをどのように変えるのか。改憲の是非とその方向をめぐって、国民的な論議が必要な理由がここにあります。

†日本の議会のあり方はどうなっているか。衆議院と参議院はどう違うのか

日本における最初の議会は、一八八九(明治二二)年に開設された帝国議会です。したがって、日本における近代議会制度には百年以上の歴史があることになります。

戦前の帝国議会は、立法権を持っていて衆議院議員が選挙によって選ばれるなど戦後の議会(国会)との共通点もありますが、それ以外の点では大きく異なっています。衆議院とともに帝国議会を構成した貴族院は皇族・**華族**《かぞく》・**勅撰議員**《ちょくせんぎいん》などによって構成され、基本的には衆議院と対等でした。しかし、議会の開会式は貴族院で行われ、天皇の「**御座**《ござ》(**玉座**《ぎょくざ》)」も貴族院にしかありません。戦後、衆議院が優越するとされたにもかかわらず国会の開会式が参議院で行われているのは、この貴族院の議場を引き継いだからです。

また、帝国議会を通過した法案はそのまま法律になったわけではありません。明治維新の元勲や閣

華族　戦前に存在した特権的身分制度で、一八八四年の華族令によって法的身分として定められた。旧公家・大名家のほか、勲功者が取り立てられ、公爵・侯爵・伯爵・子爵・男爵の五等爵から構成される。貴族院議員に任ぜられ、皇室の藩屛(守り防ぐための垣根)としての役割を果たすものとされた。

勅選議員　勅選とは天皇自らが選ぶことであり、明治憲法下で天皇によって選ばれた一部の貴族院議員。国家に勲功があり、または学識ある三〇歳以上の男性から選ばれ、任期は終身。実際には内閣の推薦によって選出され、一九〇五年の貴族院令改正で一二五人以内と定められた。当初は官僚出身者が多かったが、次第に政党出身者や財界人も増えた。

御座(玉座)　国会の開会式が行われるとき天皇が座る椅子。参議院の議長席の後方に一段高く椅子が置かれ、上部には菊の紋章を中心として鳳凰と唐草の透かし彫りが施されている。衆議院の議場にも、議長席の上に張り出したバルコニーのような「御座所」が設けられているが、一度も使われたことはない。

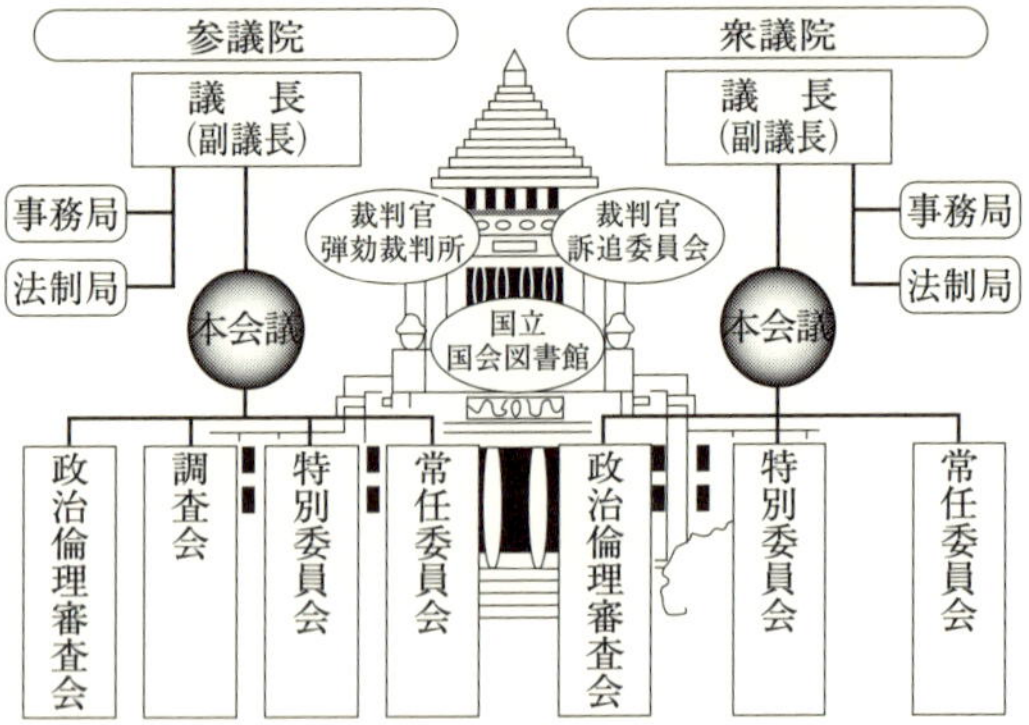

図１　国会の構造

僚などによって構成された枢密院《すうみついん》（天皇の最高諮問機関）で審議され、天皇の裁可《さいか》を受ける必要がありました。天皇は軍に対する指揮権である統帥権《とうすいけん》を持ち、緊急勅令《ちょくれい》や独立命令を出す権限もあり、首相の任免も議会ではなく天皇の大権によって行われました。したがって、帝国議会は近代議会の形をなしていたとはいえ内実は大きく異なり、その権限には大きな制約がありました。

第二次世界大戦後、日本国憲法の下で日本における議会のあり方も大きく変わりました。帝国議会は国会となり、貴族院は参議院に変わりました。憲法制定過程でのマッカーサー草案では一院制が提案されていましたが、日本側の強い要請で二院制が採用されました。こうしてできあがった国会は、図１のような構造になっています。

二院制は中世イギリスの身分制議会が始まりですが、第二次世界大戦後の新興国や人口の少ない国では一院制を採用する国も増えています。二院制の利点としては、多様な意見の反映、慎重な審議、二院間のチェック・アンド・バランス（抑制と均《きん》衡《こう》）、一方が機能停止した場合でも他方で審議することができ

表２　衆議院と参議院の比較

	衆議院	参議院
議員数	480人	242人
任期	４年（解散すれば任期中に解任）	６年（３年ごとに半数ずつ選挙）
解散	あり	なし
被選挙権	25歳以上	30歳以上
選挙制度	小選挙区300，比例代表180 拘束名簿式	選挙区146，比例代表96 非拘束名簿式

るなどの点が挙げられます。参議院の場合、解散がなく任期も長くされ、長期的な視野から「良識の府」といわれるような審議を行うことが期待されています。

このような二院制の趣旨からいえば、それぞれの院に選出される議員は異なった性格を持つものでなければなりません。同じであれば、二つある意味がなくなるからです。実際には、政党化が進み、両方の選挙制度が似かよったものになってきたため、両院の議員の差異はほとんどなくなってきています。また、衆議院が解散されているときの審議可能性の保障という点からすれば、両院から議員がいなくなってしまう衆参同時選挙は好ましいものではありません。なお、表２は衆議院と参議院を比較したものです。両者の違いを確認しておいて下さい。

後に詳しく見るように、日本も三権（立法・行政・司法）分立をとり、三権の間の相互のチェック・アンド・バランスを原則にしています。しかし、このことは、三権が平等な力を持っていることを意味しません。憲法で、「国会は国権の最高機関であり、国の唯一の立法機関である」（第四一条）と規定されているからです。つまり、国会は行政や司法という他の二権に優越する地位を持っていることになります。

さらに、国会の中では、衆議院だけが予算の先議権と内閣信任・不信任決議権を持ち、予算と条約の承認、総理大臣の指名、会期の決定と延長、会計検査官の任命などの問題で参議院に優越した権限を認められています。法案は両院で可決されれば法律になりますが、衆議院が三分の二以上で再可決すれば参議院が反対しても押し切ることができます。

このように、衆議院と参議院は平等ではありません。内閣によって解散される可能性があり、参議院より任期が短い衆議院は、より忠実に民意を反映できるということで、このような優越的な地位が認められているからです。つまり、衆議院に求められていることは民意を忠実に反映することであり、その趣旨に添った代表選出の方法(選挙制度)が採用されなければならないということになります。

なお、衆議院の任期は四年ですから、解散がなければ「任期満了」で選挙ということになります。しかし、表3に示されるように、第二次世界大戦後これまで二三回の総選挙がありましたが、任期満了での選挙は一度しかありません。一九七六年一二月、三木武夫《みきたけお》内閣の時だけです。

これ以外の二二回は任期途中での解散・総選挙になりますが、そのうちの四回は内閣不信任案の可決・成立による解散です。これは、憲法第六九条の規定に基づくもので、六九条解散と呼ばれます。衆議院が内閣不信任案を可決するか、信任案を否決した場合、一〇日以内に衆議院を解散するか、内閣総辞職するか、いずれかを選ばなければなりません。これまでは、いずれも衆議院を解散し、総選挙が実施されました。

憲法には、もう一つ、第七条「天皇の国事行為」の三項に「衆議院を解散する」という項目があります。ここでの「国事行為」は、「内閣の助言と承認」によって行われるものですから、解散を決めるのは内閣だという解釈が成り立ちます。これは七条解散と呼ばれます。戦後の解散・総選挙の大半

表3　戦後の解散・総選挙一覧

解散日	投票日	内　閣	トピック
1945　12／18	翌4／10	幣原内閣	女性参政権が実現
☆1947　3／31	4／25	吉田内閣Ⅰ	片山内閣成立
★1948　12／23	翌1／23	〃　Ⅱ	「なれあい解散」
☆1952　8／28	10／1	〃　Ⅲ	7条解散
★1953　3／14	4／19	〃　Ⅳ	バカヤロー解散
☆1955　1／24	2／27	鳩山内閣	この後，保守合同
☆1958　4／25	5／22	岸内閣	55年体制初
☆1960　10／24	11／20	池田内閣Ⅰ	安保闘争の総括
☆1963　10／23	11／21	〃　Ⅱ	池田氏の総裁任期切れ
☆1966　12／27	翌1／29	佐藤内閣Ⅰ	黒い霧解散
☆1969　12／2	12／27	〃　Ⅱ	沖縄返還合意で自民圧勝
☆1972　11／13	12／10	田中内閣	インフレで社・共が好調
◇1976　任期満了	12／5	三木内閣	ロッキード事件で自民過半数割れ
☆1979　9／7	10／7	大平内閣Ⅰ	自民，安定多数確保に失敗
★1980　5／19	6／22	〃　Ⅱ	ハプニング解散
☆1983　11／28	12／18	中曽根内閣Ⅰ	田中判決解散
☆1986　6／2	7／6	〃　Ⅱ	死んだふり解散
☆1990　1／24	2／18	海部内閣	自民党安定多数確保
★1993　6／18	7／18	宮沢内閣	非自民連立細川内閣発足
☆1996　9／27	10／20	橋本内閣	初の小選挙区比例代表並立制
☆2000　6／2	6／25	森内閣	世論，党内支持を失っての解散
☆2003　10／10	11／9	小泉内閣Ⅰ	マニフェストで「2大政党」化
☆2005　8／8	9／11	〃　Ⅱ	郵政民営化を争点に自民圧勝

★＝69条解散…衆議院による内閣不信任決議　☆＝7条解散…首相による政治判断
◇＝任期満了による総選挙
〔出所〕 福岡政行編著『手にとるように政治のことがわかる本〔第3版〕』かんき出版，2002年，に一部追加。

がこれに当たります。

このように、厳密にいえば、首相の解散権は憲法に規定されていません。しかし、この七条は実質的に解散権を首相の政治的裁量《さいりょう》にゆだねているものと解釈され、解散時期と公定歩合については正直に答えなくても良いとさえ言う人がいるほどです。とはいえ、解散は衆議院議員の「首を切る」ものですから、濫用されてはならず、慎重な判断が必要でしょう。

†国会の種類にはどのようなものがあるか

国会には、大きく分けて三つの種類があります。通常国会と臨時国会、特別国会です。これに参議院の緊急集会を含めた国会の種類とその内容は、表4に示したとおりです。

このうち、通常国会は毎年一月に開かれ、国会法によって会期は一五〇日と決められています。前半の重点は予算審議にあてられ、予算案が通過した後は通常の法案審議に重点が移ります。予算案が採決されるのは三月末から四月上旬、対決法案の採決が問題になるのは五月から六月にかけてですから、このころに通常国会での審議が山場を迎えます。

通常国会では会期を一回だけ延長することができます。会期内にできるだけ法案を成立させたい与党と、反対する法案の採決を阻みたい野党は、会期延長の幅でも対立します。会期は土俵のようなものですから、勝負の山場になってから土俵が広くなれば、与党に有利になります。したがって、通常、会期の延長について与党は長く、野党は短くしようとします。

臨時国会は、内閣が必要と認めた場合、あるいは衆参どちらかの議員の四分の一以上の要求があった場合に開催されます。「臨時」という名称ですが、ほとんど毎年秋に開かれています。できるだけ法律を通したい与党からすれば、法案審議の機会を多くしようとします。ここから一年中国会を開こうという「通年国会」の主張が出てきます。毎年秋に決まって臨時国会が開かれ、その会期が長くなれば、事実上の「通年国会」を意味することになるでしょう。

臨時国会で審議されるのは法律案ですが、時には補正予算案が審議されることもあります。会期は二回まで延長することができます。通常国会と同様、会期末には対決法案の採決をめぐって与野党間

表4　国会の種類と内容

種　類	回数	召　集	会　期	主な議題	延長
通常国会（常会）	毎年１回	１月中に召集	150日間	次年度予算と関連法案の審議	１回まで
臨時国会（臨時会）	不定	①必要に応じて ②いずれかの院の総議員の４分の１以上の要求 ③衆院の任期満了選挙後30日以内 ④参院の通常選挙後30日以内	両議院一致の議決。不一致の場合衆院が優先	補正予算，外交その他緊急に必要な議事	２回まで
特別国会（特別会）	不定	衆院解散の総選挙から30日以内	両議院一致の議決。不一致の場合衆院が優先	内閣総理大臣の指名など	２回まで
緊急集会（参議院）	不定	衆院解散中に緊急事態が生じたとき，内閣が要請	なし。案件を処理し終われば閉会	緊急の案件。次の国会開会後10日以内に衆院の同意が必要	なし

の対立が強まり、会期延長問題も浮上します。与党側ができるだけ会期を長くしようとし、野党側が短くしようとするのは、通常国会と同様です。

特別国会は、衆議院の総選挙が実施されてから三〇日以内に召集されるものです。新しく成立した衆議院の構成や人事などについて決定します。これは、総選挙があったときにしか開かれません。短期間で終わるのが普通ですが、法案審議などをやれば長期化することもあり、二回まで会期を延長することができます。

参議院の緊急集会は、衆議院の解散中、国政上緊急の必要性が生じたとき、内閣によって召集されます。次の国会開会後、一〇日以内に衆議院の同意が必要とされています。実際にはこれまでに二回開かれたことがあります。

表5（次頁）は、二一世紀に入って以降、四年間の国会開催実績を示したものです。通算して、国会は一年のうちの三分の二ほどの期間開かれていることが分かります。それぞれの会期は独立しており、その会期に提出された法案が成立しなければ、継続審議の手続きをとらない限り、廃案となります。

表5　21世紀に入って以降4年間の国会開催実績

2000年	第147通常国会(1.20～6.2)衆院解散のため135日間(3.17予算成立) 第148特別国会(7.4～7.6) 3日間(総理大臣を選出) 第149臨時国会(7.28～8.9)13日間 第150臨時国会(9.21～12.1)72日間
	合計開催日数　223日間
2001年	第151通常国会(1.31～6.29)150日間(3.26予算成立) 第152臨時国会(8.7～8.10) 4日間(参院選挙後の院の構成を決定) 第153臨時国会(9.27～12.7)72日間
	合計開催日数　226日間
2002年	第154通常国会(1.21～6.19)150日間(3.27予算成立) 第155臨時国会(10.18～12.13)57日間
	合計開催日数　207日間
2003年	第156通常国会(1.20～7.28)6.18に40日間延長し190日間(3.28予算成立) 第157臨時国会(9.26～10.10)衆院解散のため15日間 第158特別国会(11.19～11.27) 9日間(総理大臣を選出)
	合計開催日数　214日間
	平均開催日数　217.5日間(1年の60%)

審議未了・廃案となった議案は、会期不継続の原則によって次の国会で一から始めなければなりません。

このように、日本の国会は厳密な「会期制」を採っています。しかし、イギリス、アメリカ、ドイツなどにはこのような「会期」はなく、議会は年間を通じて開かれています。日本では、政権を握る与党・多数党が数の力でどのような法案も通してしまうことのないように、このような制度が採られており、それは野党にとっては重要な抵抗の手段になっています。

したがって、会期日数と会期の延長、本会議での議事の順番や質問時間、審議のスケジュールなどは法案の審議や成立に密接に関わってきます。これは各党の代表が集まる正式の国会運営機関である議院運営委員会で話し合って決められます。与野党の対立が激化して審議が混乱したり、議事が膠着《こうちゃく》状態に陥って正規の機関で打開できない場合、非公式の国会対策委員会（国対）で協議されます。国対は国会運営のための影の窓口とされてきましたが、その協議の過程や内容ははっきりせず、「密室政治」の弊害も指摘されてきました。

†国会の権限、機能と役割はどのようなものか

図2は、イギリスの下院と日本の衆議院の本会議場を図示して比較したものです。イギリスの議会はテーブルを挟んで与野党が向き合い、首相や野党党首はテーブルに近づいて発言します。ヒラ議員は特定の演壇がありませんので、その場で立ち上がって発言します。二大政党による討論に適した構造になっていると言えるでしょう。

これに対して日本の議会はフランスなどに近い構造になっており、慣例上、議席の多い順に議長席から見て右から左へと割り振られます。右翼や左翼という言い方は、フランス革命の国民議会で議長席から見て右側に穏健派（ジロンド派）が、左側に急進派（ジャコバン派）が席を占めたことに由来しますが、日本の議会での並び方は

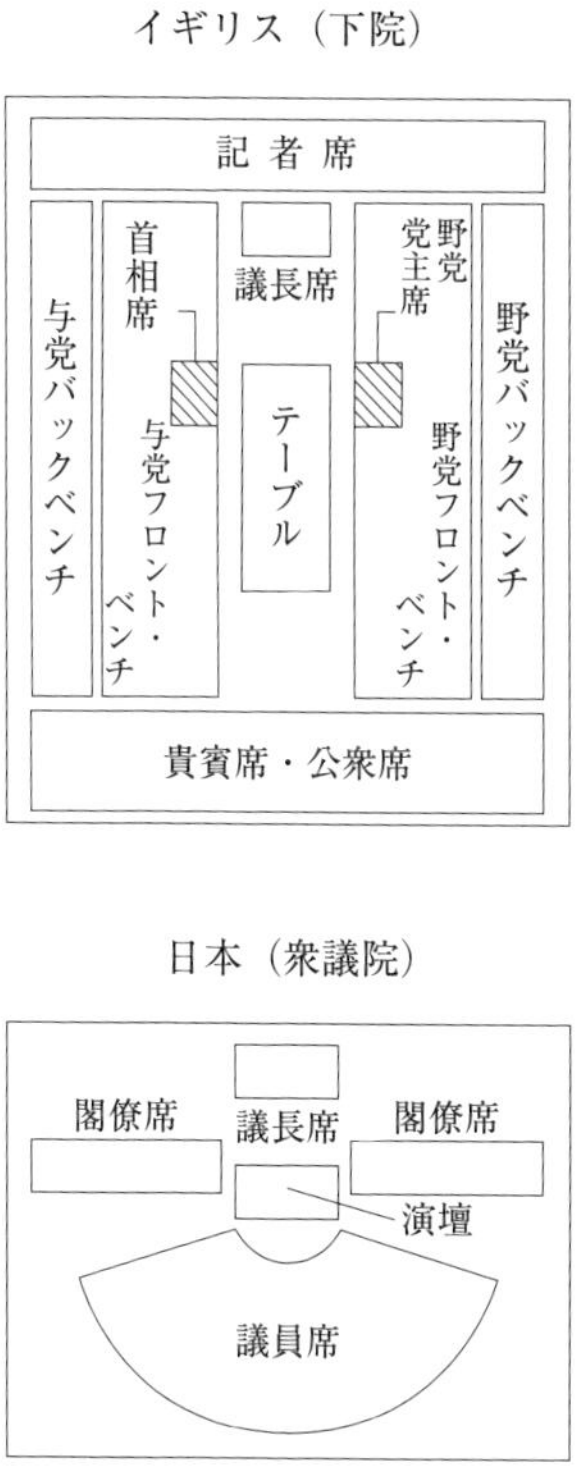

図2　イギリスと日本の本会議場

必ずしもそうなっていません。イギリスの議会に比べて、討論には不向きな構造だと言えるでしょう。

なお、議員の経歴と座り方は、イギリスと日本では逆になっています。イギリスでは大臣や「影の内閣」の閣僚、経歴の長い幹部議員たちは前の方に座り、経験の浅いヒラ議員(バックベンチャー)は後ろの方に座ります。日本の場合は新人議員が最前列で、当選回数が増えるに従って後ろの方に移っていきます。

さて、このような日本の国会の権限、機能と役割は、どのようなものなのでしょうか。憲法で規定されている国会の権限は、表6で示されているとおりです。しかし、国会が担っている実際の機能や役割は、ここに示されて

表6　国会の権限

権　　限	該当する憲法の条文
法律の制定	第41条，第59条
条約の承認	第61条，第73条
憲法改正の発議	第96条
内閣総理大臣の指名	第6条，第67条
内閣の報告を求める権利	第72条，第91条
国政調査	第62条
財政の監督・処理	第83条
課税に対する議決	第84条
予算の議決	第86条
決算の審査	第90条
財政状況の報告処理	第91条
弾劾裁判所の設置	第64条
皇室財産授受の議決	第8条

いる以上のものがあり、文字通り、国会は現代日本政治の中心に位置しています。

国会の機能と役割の第一は、予算を決め、決算を承認することです。そもそもの議会は国王による課税について審議・決定することから始まりました。税金の額や徴収について審議し、その使い道を監視・監督することは今も議会の重要な仕事になっています。一月に始まる通常国会の前半部分はほとんどこの予算案の審議にあてられ、予算委員会がその舞台になります。憲法には、財政の監督と財政の処理、課税に対する議決と予算の議決、決算の審査、財政状況の報告処理についての規定があり

ます。

第二は、法律を作り、条約を承認することです。国会は唯一の立法機関ですから、法の制定は国会の中心的機能であるといえるでしょう。裁判所による判例や省庁の規則・条例なども法的機能を持ちますが、違反者を罰したり国庫の支出を必要とするような措置は、国会で制定された法律によるというのが議会政治の原則です。国と国との約束や取り決めである条約は内閣が結び、国会が承認します。

第三は、政府を形成し、その活動を統制することです。内閣総理大臣の指名、各種人事に対する国会の承認などによる政府の形成と内閣不信任決議案の採択なども、議院内閣制をとっている日本の国会の大きな特徴です。また、議院内閣制でなくても、財政統制や国政調査権を通じて、国民に代わって議会が行政府の活動を統制することは、すでに第一章で述べたとおりです。また国会は、罷免《ひめん》の訴《そ》追《つい》を受けた裁判官を裁判するための弾劾《だんがい》裁判所を設置する権限も与えられています。

第四は、国政に関する情報公開と国民の政治教育です。国会での議事は公開を原則とし、討論の内容や結果は官報やケーブルテレビ、インターネットなどによって、直接・間接に国民に知らされます。この点では、テレビや新聞などのマスメディアも大きな役割を演じます。それによって有権者は、政策や争点、意見対立の状況を知るだけでなく、各政党や政治家についての政治教育を受け、次の選挙での投票の参考にすることができます。最近では、このような業績評価投票が増えており、国会審議による教育効果の意味も高まっていると言えるでしょう。

第五は、政治指導者の訓練と補充です。国会での審議を通じて、議員は政治家として経験を積み、訓練され、鍛《きた》えられていきます。議院内閣制をとる日本では、国会議員としてのキャリアを積むことが、大臣となって行政府の構成メンバーになっていくための有力なキャリア・パス（昇進経路）を形成しています。大臣への登用にあたって当選回数が問題になるのは、それが国会内での訓練期間を判断する一つの方法になっているからです。

†日本の内閣制度はどうなっているか。省庁の編成はどうなっているか

日本では、内閣制度が成立したのも戦前のことでした。「王政復古」の大号令を出した明治政府は、当初、律令制時代にならった太政官制という古くさい制度を採用しました。しかし、これは実状にあわず、一八八五年に西欧化をめざして内閣制度を導入します。これが、日本における近代的な行政制度の始まりです。

しかしこの内閣も、戦後とは違ってその地位はきわめて弱体でした。総理大臣は「同輩中《どうはい》の主席」にすぎず、各国務大臣は個別に天皇を助けて責任を負う（輔弼《ほひつ》）ものとされ、一部の期間を除いて、陸海軍大臣は武官とすることが定められていました。このため、内閣としてのまとまりに欠け、常に外部からの介入や分裂・崩壊の危険性をはらむものでした。また、法的・制度的に枢密院や軍部などが内閣に関与でき、総理大臣の指名も実質的には元老《げんろう》と呼ばれる重臣《じゅうしん》たちの手に委ねられていました。

このような状況は、第二次世界大戦後になって一変します。日本国憲法が国民主権原理を打ち出し、明確な議院内閣制を採用したからです。天皇は国政への実質的な権限を失い、内閣に介入した枢密院や軍部、元老などの宮中グループは消滅しました。内閣は国会に連帯して責任を負い、内閣総理大臣は国会議員の中から指名され（憲法第六七条）、天皇によって任命（第六条）されます。衆参両院の指名が

一致しない時は衆議院の議決が優先されます。

なお、首相の選出については、公選制にするべきだという義論があります。このような首相公選制論はかつては中曽根康弘《なかそねやすひろ》元首相、最近では小泉純一郎《こいずみじゅんいちろう》元首相などによって唱えられました。二〇〇一年には「首相公選制を考える懇談会」が設置され、翌二〇〇二年八月に報告書が提出されています。そこでも指摘されているように、首相公選制の導入は前掲の憲法第六条や第六七条の改正を必要とし、議院内閣制の根幹を変更することになります。また、その目的も、一方では首相のリーダーシップを強めるため、他方では国民の発言力を強めるためとされるなど、ほとんど逆の主張がなされており、混乱しています。さし当たり、実現の可能性はないでしょう。

通常、内閣は政府と呼ばれますが、これは最も狭く定義した狭義の捉え方です。大統領制の場合、これに大統領を加えて政府とします。政府を広く捉えれば（広義）、これに中央行政機構や地方自治体を加えたものになります。さらに、最も広く捉えれば（最広義）、これに立法部や司法部を加えて政府とすることもあります。日本を含めて、狭義あるいは広義の捉え方が一般的ですが、アメリカやイギリスの場合、最広義で使用される傾向があります。

内閣とは、内閣総理大臣（首相）とその他の国務大臣によって組織される合議体のことで、行政の最高意思決定機関です。憲法で規定されている内閣の主な役割と権限は、表7（次頁）で示されるとおりです。

内閣には、法律に基づいて行政を行うこと、行政機関の全体を掌握すること、外交を処理し条約を結ぶこと、予算案や法律案を作成して国会に提出することなどの仕事があります。このうち、閣議で決定して国会に提出される法律案は内閣提出法案（閣法）と呼ばれます。国会で審議される法案の約八割が内閣提出法案で、議員によって提出される法案（議員提出法案）が少ないのが、日本における法律制定の特徴になっています。

内閣の会議は閣議と呼ばれます。閣議には、毎週火曜日と金曜日に開かれる「定例閣議」と、必要に応じて開かれる「臨時閣議」、役人が書類を持って閣僚の署名を集めに回る「持ち回り閣議」があります。閣議での決定は多数決ではなく全会一致とされており、反対する大臣がいれば辞任するか罷免《ひめん》されることになります。閣議は非公開ですので反対があったかどうかは分かりません。辞任や罷免などがなければ、全会一致であったと考えられるということです。

この閣議に先立って、事務次官会議が開かれます。これは、各省庁の事務方の最高責任者が集まって開く会議です。実質的な議論はここで行われており、そのために閣議は形式的なものになっているとの批判から、事務次官会議を廃止すべきだという意見があります。そうなると、省庁間で利害や意見の異なる問題をどこで調整するのかという問題が生じます。閣議がそのような利害調整の場になったとしても、事務次官会議以上に実質的で効率的な議論ができるのかという問題もあるでしょう。

表7　内閣の権限

権　　限	該当する憲法の条文
行政権と一般行政事務	第65条，第73条
法律の執行と国務の総理	第73条１項
外交関係の処理と条約の締結	第73条２項，３項
官吏に関する事務の掌理	第73条４項
予算の作成と国会への提出	第73条５項
政令の制定	第73条６項
恩赦の決定	第73条７項
天皇の国事行為への助言と承認	第３条，第７条
臨時国会の召集	第53条
最高裁長官の指名	第６条
その他の裁判官の任命	第79条，第80条

戦後日本の省庁は、一九四九年の国家行政組織法の施行によって発足しました。その後の中央省庁の変遷は、図３（次頁）で示されるとおりです。

一九六〇年七月に自治省が設置されて以降、総理府と二二省庁を中心とする体制が続きました。この間、社会の変化と行政需要の拡大に対応して、防衛庁（一九五四年）、経済企画庁（一九五五年）、科学技術庁（一九五六年）、環境庁（一九七一年）、国土庁（一九七四年）、総務庁（一九八四年）などが誕生します。いずれも大臣がおかれました。

このような形での機構拡大は行政の肥大化・硬直化を招き、その後の社会の変化にも対応できず、機能不全に陥りました。官僚主導型政治や縦割り行政の弊害が指摘され、国家財政の悪化を背景とした行政のスリム化への要求も強まっていきます。こうして「行政改革」が叫ばれ、二〇〇一年一月から中央省庁は一府二二省庁が一府一二省庁へと大幅に再編されました。再編後の省庁の新体制は図４（七七頁）で示すとおりです。なお、防衛庁は〇八年一月に防衛省に昇格しています。

この再編は、首相への補佐体制を強化して内閣機能の強化を図り、行政組織の再編と統合によって縦割り行政の弊害《へいがい》を除去し、政治主導の行政運営を行って行政を効率化することを目的としていました。また、これまでほとんど実質的な意味のなかった政務次官に代わって大臣を補佐する副大臣と政務官が新設され、政治の主導性確立や政策的な調整能力の強化が目指されました。

しかし、このような目的がどこまで実現したかについて、その評価は分かれています。情報公開の推進、行政評価・政策評価システムの導入、公会計の見直しと改善など、行政サービスの低下を防ぎつつ、さらなる行政の改革を進めることが必要でしょう。

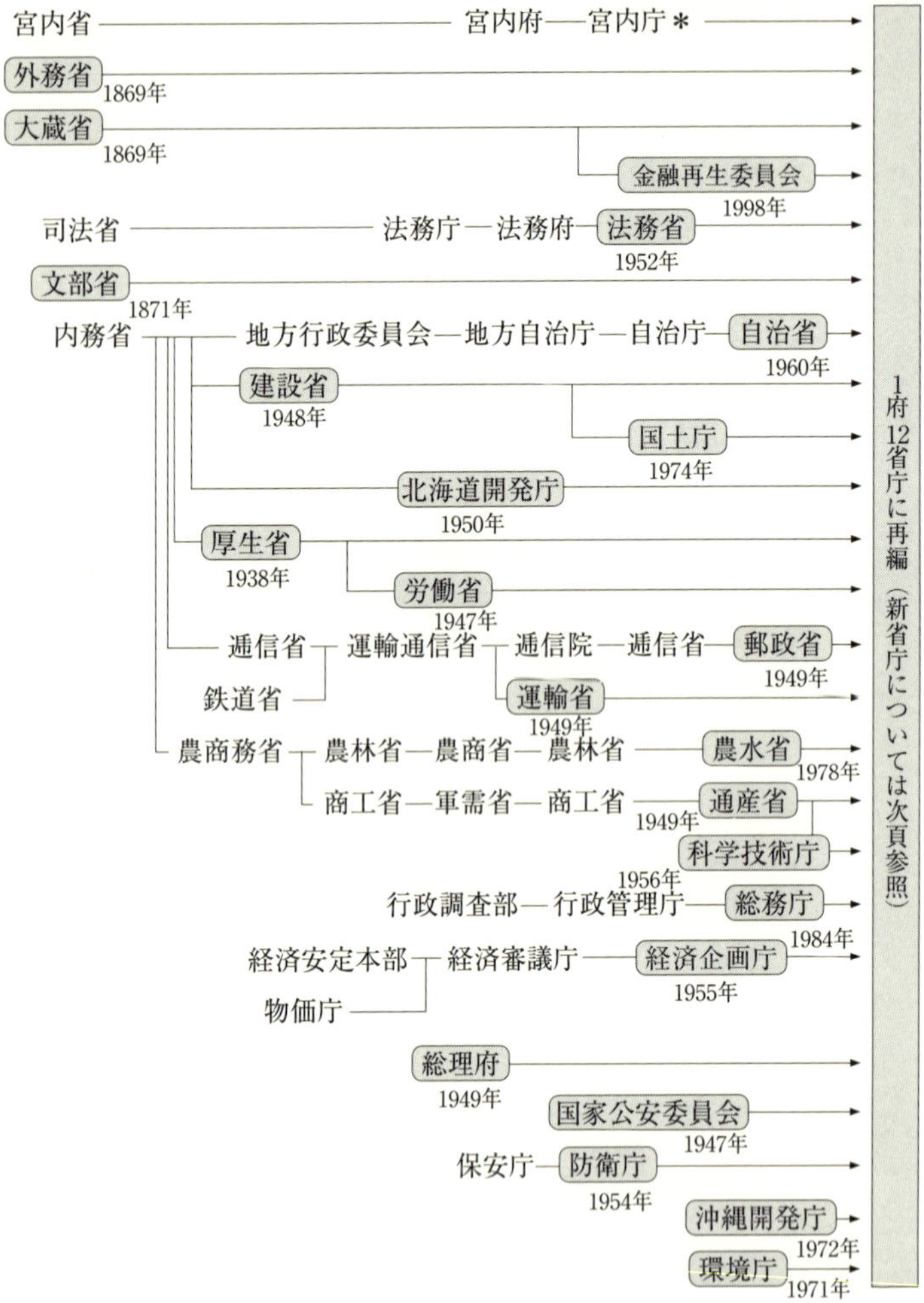

＊宮内庁は1府22省庁にカウントしない。

〔出所〕 福岡政行監修・堀内伸浩著『図解 わかる！政治のしくみ』ダイヤモンド社，2001年，をもとに作成。

図3　中央省庁の変遷

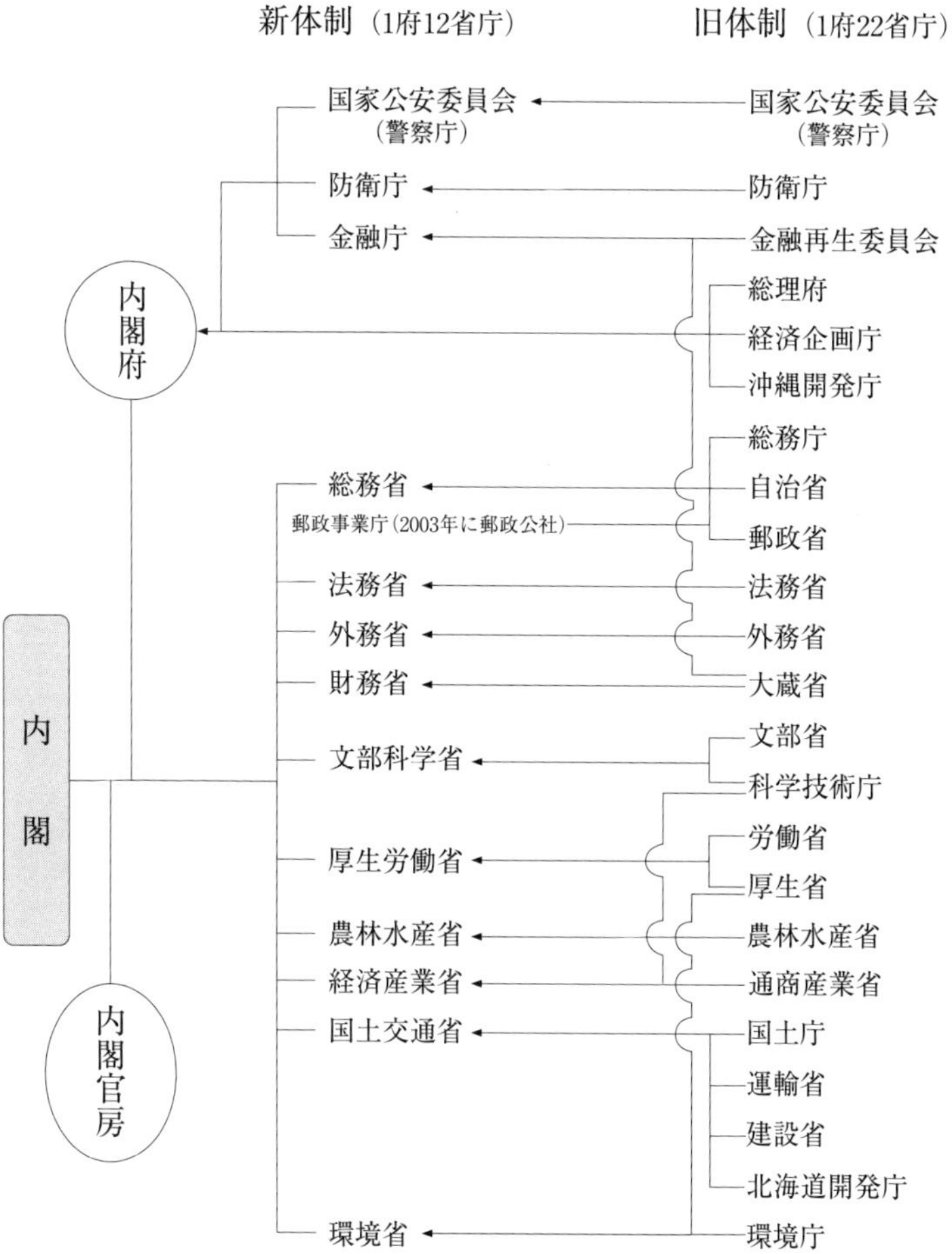
新体制（1府12省庁）
旧体制（1府22省庁）
国家公安委員会（警察庁）
防衛庁
金融庁
内閣府
総務省
郵政事業庁（2003年に郵政公社）
法務省
外務省
財務省
文部科学省
厚生労働省
農林水産省
経済産業省
国土交通省
環境省
内閣
内閣官房
国家公安委員会（警察庁）
防衛庁
金融再生委員会
総理府
経済企画庁
沖縄開発庁
総務庁
自治省
郵政省
法務省
外務省
大蔵省
文部省
科学技術庁
労働省
厚生省
農林水産省
通商産業省
国土庁
運輸省
建設省
北海道開発庁
環境庁

図4　再編後の省庁の新体制

表8　政府の主な諮問機関

所轄官庁	審　議　会
内閣府	規制改革会議，国民生活審議会，原子力委員会，原子力安全委員会，地方制度調査会，税制調査会
金融庁	金融審議会，証券取引等監視委員会，金融機能強化審議会
総務省	地方財政審議会，郵政行政審議会，電波監理審議会
法務省	中央更生保護審議会，検察官適格審査会，法制審議会
財務省	財政制度等審議会，関税・外国為替等審議会
文部科学省	中央教育審議会，大学設置・学校法人審議会，国立大学法人評価委員会，科学技術・学術審議会，宇宙開発委員会
厚生労働省	労働政策審議会，社会保障審議会，薬事・食品衛生審議会，社会保険審査会，厚生科学審議会，中央最低賃金審議会
農林水産省	農業資材審議会，食糧・農業・農村政策審議会，獣医事審議会
経済産業省	産業構造審議会，消費経済審議会，日本工業標準調査会
資源エネルギー庁	総合資源エネルギー調査会
国土交通省	国土審議会，社会資本整備審議会，交通政策審議会，運輸審議会，国土開発幹線自動車道建設会議，中央建設士審査会，航空・鉄道事故調査委員会，土地鑑定委員会，小笠原諸島新興開発審議会
環境省	中央環境審議会，公害健康被害補償不服審査会

　また、国や地方における行政当局の政策立案・実施を補佐するため、公益委員・学識経験者・業界代表などからなる各種の合議体が設置されています。これらは審議会・委員会・協議会・調査会などの名称で呼ばれ、行政機関からの諮問《しもん》に答えて報告・意見・勧告などの答申を行います。このような諮問機関には、表8で示されるようなものがあります。

　これらの諮問機関からの答申は必ずしも法的拘束力を持つものではありませんが、抵抗の大きい新たな政策を実施するための手段として活用されてきました。また、実際には官僚が主導権を握って議論の方向を誘導する場合も多く、「縦割り行政の隠れみの」との批判もあり、二〇〇一年の省庁再編に伴って半分以下に再編・統合されました。

このような公的な諮問機関とは別に、各省庁が非公式の懇談会や研究会などを設置して新しい政策の方向付けを行う場合もあります。これが私的諮問機関と呼ばれるものです。大平正芳《おおひらまさよし》内閣や中曽根康弘内閣、小泉純一郎内閣などで多用され、首相のブレーンとなる学者や経営者などの民間人が起用されています。

†議院内閣制とは何か。議会・内閣・裁判所の関係はどうなっているか

議院内閣制とは、議院(立法権)と内閣(行政権)に一定の連携関係を認める制度です。内閣の存立は議会の信任に基づき、議会に対して責任を負う代わりに解散権を持つというのが、この制度の特徴です。ただし、制度の構想としては、議会によって内閣を統制することを予定していたものだと言えるでしょう。内閣は議会の意思によって形成され、閣僚の半数以上は議会に議席を持ち、議会には内閣を不信任する権利があり、その対抗手段として内閣は議会の解散権を持つというのが、その内容だからです。

民主的な政治制度としては、もう一つ大統領制もありますが、今日では日本を含めた大半の国が議院内閣制を採用しており、明確な大統領制はアメリカだけです。大統領制では、大統領(内閣)と議会は原則的に対等で、閣僚は議員ではなく、求められたとき以外は議会に出席することも発言すること

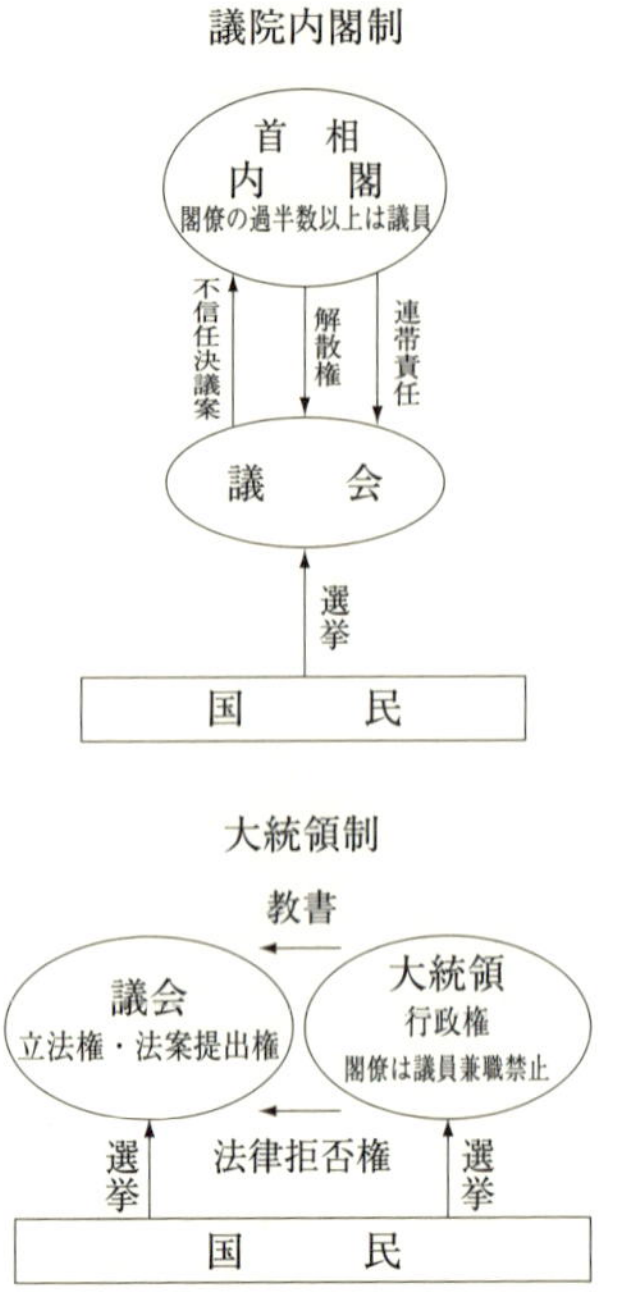

図5　議院内閣制と大統領制の比較

もできず、大統領に対してだけ責任を持ちます。

フランス、ロシア、韓国などでは、一方で直接選挙によって大統領を選び、他方で議会によって首相を選出していますが、内閣が議会の信任に基づいているという点では、議院内閣制の一種であるということができます。日本の議院内閣制とアメリカの大統領制との違いについては、図5をご覧下さい。

日本の議院内閣制は基本的にはイギリスと同じです。しかし、首相指名は衆議院だけでなく参議院の議決も経なければならない(イギリスでは下院第一党の党首が首相になる)、議員の閣僚は過半数で良い(イギリスは議員でなければ大臣になれない)、裁判所に違憲立法審査権がある(不文《ふぶん》憲法のイギリスにはこのような定めがない)などの点での違いもあります。最後の違憲立法審査権や後に出てくる国会審議での委員会重視などは、アメリカ型の制度が加味されたものです。

議会、内閣、裁判所の関係については、立法権は国会に、行政権は内閣に、司法権は裁判所に属するとして、憲法によって明確に三権分立が規定されています。この三者の関係を示したものが、図6です。

しかし、実際には、立法・行政・司法の三権は分立していても、完全には分離していません。実際の運用では、国会や裁判所に対し、内閣は強い影響力を行使しています。その背景にはいくつかの事情があります。

その一つは、議院内閣制は通常、政党内閣の形を取り、与党の幹部議員が閣僚となって入閣する場合が多いからです。このため、主要政策において与党と内閣が根本的に対立することは避けられますが、同時に、与党が多数を占める国会との緊張関係も弱まります。

内閣のトップである首相は、同時に与党の最高指導者である場合がほとんどです。そのため、与党を通じて国会に対する指導力を行使することができます。長いあいだ与党であり続けてきた自民党の場合、時には自民党総裁と内閣総理大臣を分離する「総（総裁）・総（総理）分離論」が提唱されることもありましたが、これまで分離されたことはありません。

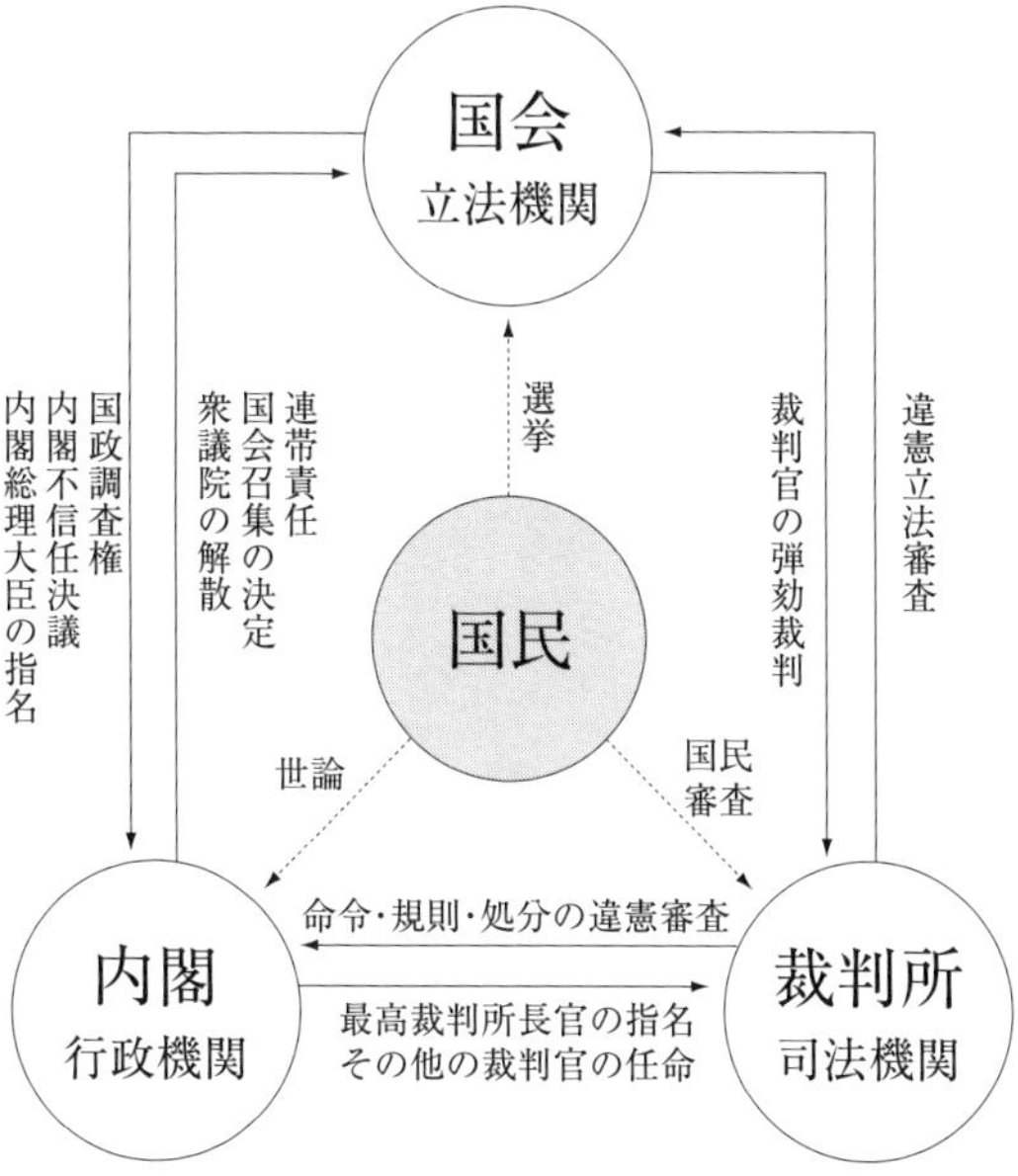

図６　日本の三権分立制

もう一つの理由は、内閣や行政の役割・

権能が次第に増大し、行政の肥大化が進んできていることです。このような行政国家化は先進国共通の現象であり、それは経済と社会の両面で進行しました。行政は、一面では、各種の財政・金融政策、産業政策などを通じて企業の経済活動の基盤整備や支援活動を行い、他面では、公的扶助や社会福祉、医療、公衆衛生などを通じて個々人の生活に深く関わるようになってきているからです。

こうして、行政の関与する分野と領域は拡大し、その細分化と専門化も進行します。議会はこのような複雑化・専門化する行政需要に対応できず、原案の作成や細部についての立法を委任する形(委任立法)で、立法機能の一部を行政府にゆだねてしまいます。そうなれば、現実の政治運営において行政府の発言権が強まるのも当然でしょう。

このようにして、立法府と行政府の力関係は逆転します。議会による行政統制ではなく、内閣による議会支配が生ずるわけです。その結果、「国会は国権の最高機関」であるという憲法の規定は有名無実化することになります。

このような事情は、とりわけ戦後の日本において自民党という特定の政党が長いあいだ与党の位置を占め続けてきたため、ますます強まりました。自民党が「国家政党化」したからです。

一九五五年に自由民主党(自民党)が結成されて以来、自民党が政権を離れたのは、一九九三年八月から翌九四年六月までの、わずか一〇カ月間にすぎません。それ以外の五〇年間以上にわたって、自民党は政権党であり続けてきました。世界にもほとんど例のないこの現象は、日本における政治のあり方に様々な問題を生み出すことになりました。

その最大の問題は、自民党という政党が、「私党」でありながら国家機関の一部である「公党」のような機能や役割を果たすようになってきたという点にあります。自民党内で、高級官僚出身の議員も増えていきます。長い間、自民党という政党が国家の政策決定と政治運営に関与し、議員のリクルート源や政策形成などで官僚機構への依存を強めた結果、自民党はあたかも国家の一部のようになってしまいました。

これが自民党の「国家政党化」であり、自民党と官僚機構との一体化です。このような現象は、かつてのファシズム諸国やソ連などの「国家社会主義国」でも見られたものです。

自民党は官僚機構との関係や政策形成過程、予算などの執行過程において特別の位置を占め、強い発言権と影響力を行使します。官僚から機密情報の提供を受け、政策形成で助けられ、予算執行面での便宜を受けます。これがやがて、癒着と腐敗の温床になっていきます。いつまでも根絶されない政治腐敗の根の深さは、官僚組織と国家政党たる自民党との五〇年近くにわたる協働という歴史を背景にしているといえるでしょう。

このような国家政党相手では、検察や警察、裁判所も歯が立ちません。最高裁長官の指名や**裁判官の任命**など司法機関の人事権は内閣に握られており、多数党の意思に逆らうことは極めて困難です。その世論の後押しで政治腐敗を摘発しても、政権交代がなければいつ仕返しされるか分かりません。

裁判官の任命　最高裁判事と高裁長官を除く裁判官は、最高裁の指名に基づいて内閣が任命する。裁判官になるには、司法試験に合格して司法修習を終えるか、弁護士などを一〇年以上務めることが必要。司法修習生からの「キャリア裁判官」は判事補として採用され、一〇年たてば判事に任命され、判事は一〇年ごとに再任の手続きがとられる。

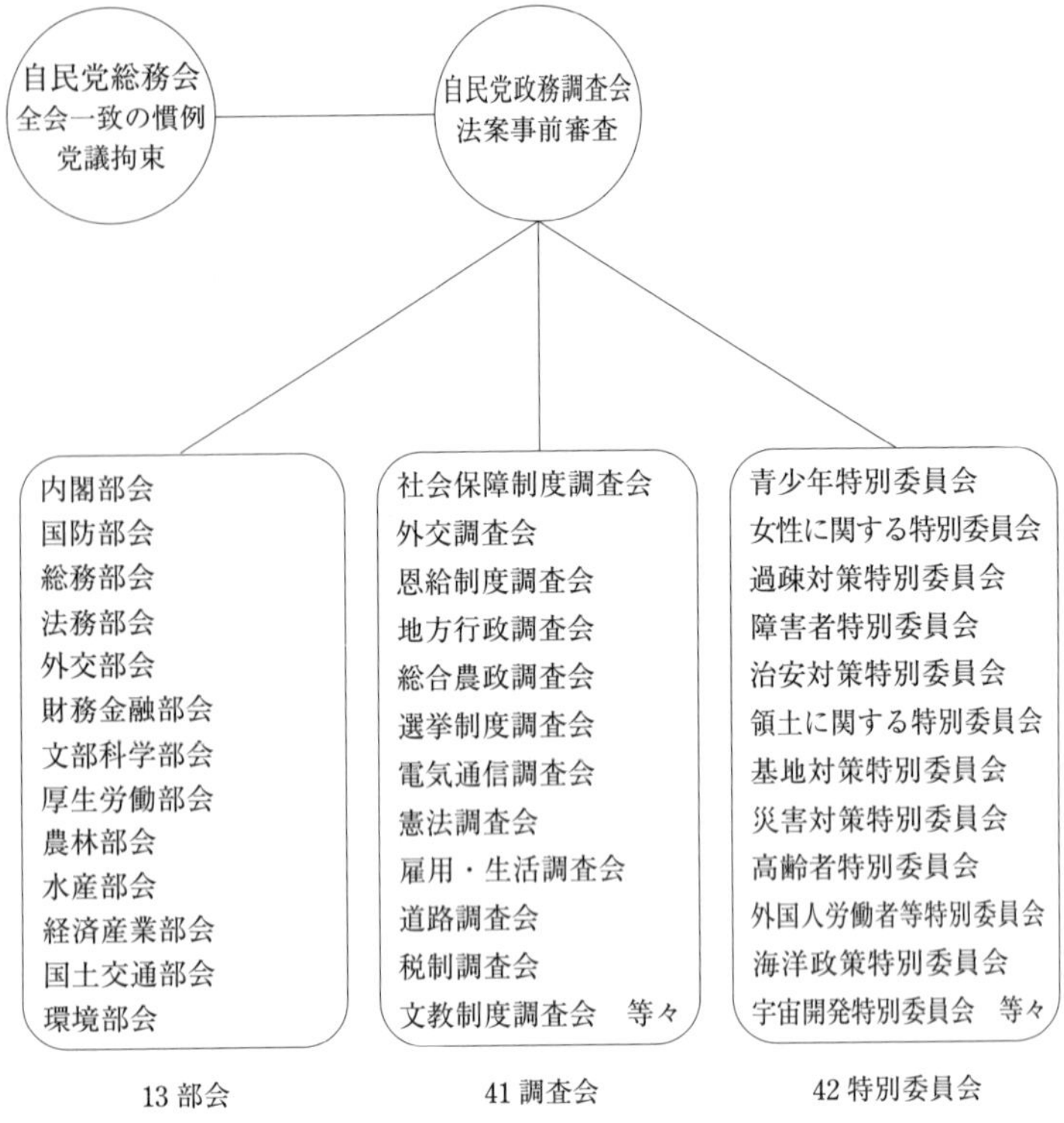

図 7　自民党の事前審査制

ような状況の中でも、東京地検特捜部は奮闘していると言えるでしょう。しかし、それでもなお、**ロッキード事件**で逮捕された田中角栄《たなかかくえい》を例外として、岸信介《きしのぶすけ》、中曽根康弘、竹下登《たけしたのぼる》など、とかく噂のあった有力政治家に司直《しちょく》の手が伸びることはありませんでした。

†政策はどのようにして法案になるのか

政策とは政治や社会が直面している問題に対して策定される対応策や解決策のことです。国会で審議の対象となる政策は公共政策です。ここでいう「公共」とは、一般に「社会全体の利益」を意味しています。具体的には、公共事業や公共投資など国家に関係する公的なもの、公共の福祉など全ての人々に関係する共通のものという意味です。

しかし、ここでいう「国家」とは何を指すのか、「全ての人々」とは誰を指すのか、という問題があります。近隣の住民を犠牲にして、官僚の思いつきや事業主体の利益のために実施される事業が本当に「公共」事業なのかが問われなければなりません。公共政策がどのような意味で「公共」のための政策なのか、絶えず問い直される必要があるのです。

政策が作られるためには解決されるべき問題が特定されなければなりません。これが政策の「課題設定」（アジェンダ化）ということになります。政治・社会運動による問題提起、事件や事故の発生、社会問題化などがその契機となりますが、それを政策化の対象として設定するのは、一般に官僚と政治家です。

解決するべき問題が発生した場合、各省庁の担当者は関連する審議会などに諮問し、その答申を受けて法案の元になる要綱案の作成にとりかかります。その立案は、一般には省庁の各課が単位となり、課長または課長補佐クラスの中堅官僚によって行われます。作成された要綱案は自民党政務調査会での審議・調整を経て、最終的に自民党総務会で決定されます。連立政権の場合には、これに与党間の

ロッキード事件　米国ロッキード社による航空機トライスターや対潜哨戒機P３Cなどの売り込みをめぐる贈収賄事件。総合商社の丸紅や右翼の児玉誉士夫を通じて有力政治家に巨額の資金が渡った。橋本登美三郎元運輸相、佐藤孝行元運輸政務次官らに続いて田中角栄前首相が五億円の収賄容疑で逮捕され、「総理大臣の犯罪」として大きな衝撃を与えた。

調整が加わることになります。

これがいわゆる「事前審査制」であり、図7はその概略を示したものです。この間に与党政治家が関与するチャンスが生まれます。法案として正式に審議される前に、自民党によって非公式に審議・決定されなければ法案としてさえ登場することができないという点に、国家政党としての自民党の姿が示されているといえるでしょう。

与党の了承を得た要綱案は再度、関係省庁の事務・政策稟議《りんぎ》にかけられ、関係する他の省庁との折《せっ》衝《しょう》・調整や必要な与野党議員への根回《ねまわ》しの後、官房文書課や内閣法制局の法文審査などを経て法案としての体裁を整えられます。省議で決定された法案は、事務次官会議での承認を経て政府原案として閣議決定されるという手続きがとられます。このプロセスを図示したものが、図8(八八〜八九頁)です。

ここまでが、国会に提出される以前のプロセスですから、野党はほとんど関与できません。与党と官僚との独壇場であり、実質的な審議や駆け引きは、普通はこの段階で終了しています。後は、ひたすら、法案の国会通過をめざすということになります。

†国会に提出された法案は、どのようにして法律になるのか

国会に提出された法案は、本会議での趣旨説明や代表質問などの後、関連する各委員会に付託《ふたく》され、趣旨説明、質疑が行われます。日本の国会では、アメリカ的な**委員会中心主義**が採られ、本会議での審議よりも委員会での審議の方が重視されています。

委員会には常設の常任委員会と会期ごとに設置される特別委員会の二種類があります。表9のよう

に、常任委員会は衆議院に一七、参議院にも一七あり、議員は少なくとも一つの常任委員会に所属することになっています。

重要法案の委員会審議では、公聴会《こうちょうかい》の開催や参考人招致《しょうち》による意見聴取、質疑、修正・討議、採決という手順を踏みます。予算案や重要な歳入法案では必ず公聴会などを開く必要があります。この公聴会を、いつ、どのようにして開くのかということが与野党の対決点になる場合がありますが、それはこれをやらないと採決に持ち込めないからです。

委員会で可決された法案は本会議に上程され、審議した委員会の委員長報告、質疑、討論、採決という手順になります。ただし、委員会で採決されていない場合でも、本会議で委員会中間報告がなされていれば、質疑、討論、採決が可能です。

一九九九年の第一四五通常国会での住民基本台帳法案はこのようにして可決さ

表9　国会の常任委員会と委員数

（08年10月現在）

衆　院	参　院
内閣(30)	内閣(20)
総務(40)	総務(25)
法務(35)	法務(20)
外務(30)	外交防衛(21)
財務金融(40)	財政金融(25)
文部科学(40)	文教科学(20)
厚生労働(45)	厚生労働(25)
農林水産(40)	農林水産(20)
経済産業(40)	経済産業(21)
国土交通(45)	国土交通(25)
環境(30)	環境(20)
安全保障(30)	国家基本政策(20)
国家基本政策(30)	予算(45)
予算(50)	決算(30)
決算行政監視(40)	行政監視(30)
議院運営(25)	議院運営(25)
懲罰(20)	懲罰(10)

（　　）内は委員数

委員会中心主義　実質的な議案審議を、本会議ではなく主に委員会で行う方法。アメリカ連邦議会が代表例で、占領軍の指示によって、日本の国会も旧帝国議会の本会議中心主義から転換した。一般的には、法案数が増加し内容が専門化すれば、委員会審議の比重が高くなる。

れました。これは委員会での採決を省略するということですから、委員会で十分な審議を尽くすという委員会中心主義からすれば、大いに問題のあるやり方だと言えるでしょう。

このようにして本会議を通過した法案は、衆議院先議《せんぎ》の場合には参議院に、参議院先議の場合には衆議院に送られます。審議のプロセスはどちらの場合も同様で、法案は両議院で可決されて初めて法律になります。

もし、両院の議決が異なった場合、両院協議会を開くことができます。ここで決着が付くか、再度、衆議院の三分の二で議決すれば、それが法律になります。一九九四年一月の第一二八臨時国会での政治改革関連四法案の審議で、両院協議会が開かれ、決裂しました。このとき、衆議院議長に祭り上げられていた社会党の土井《どい》たか子《こ》議長の斡旋《あっせん》で細川護熙《ほそかわもりひろ》首相と河野洋平《こうのようへい》自民党総裁のトップ会談が開かれ、小選挙区比例代

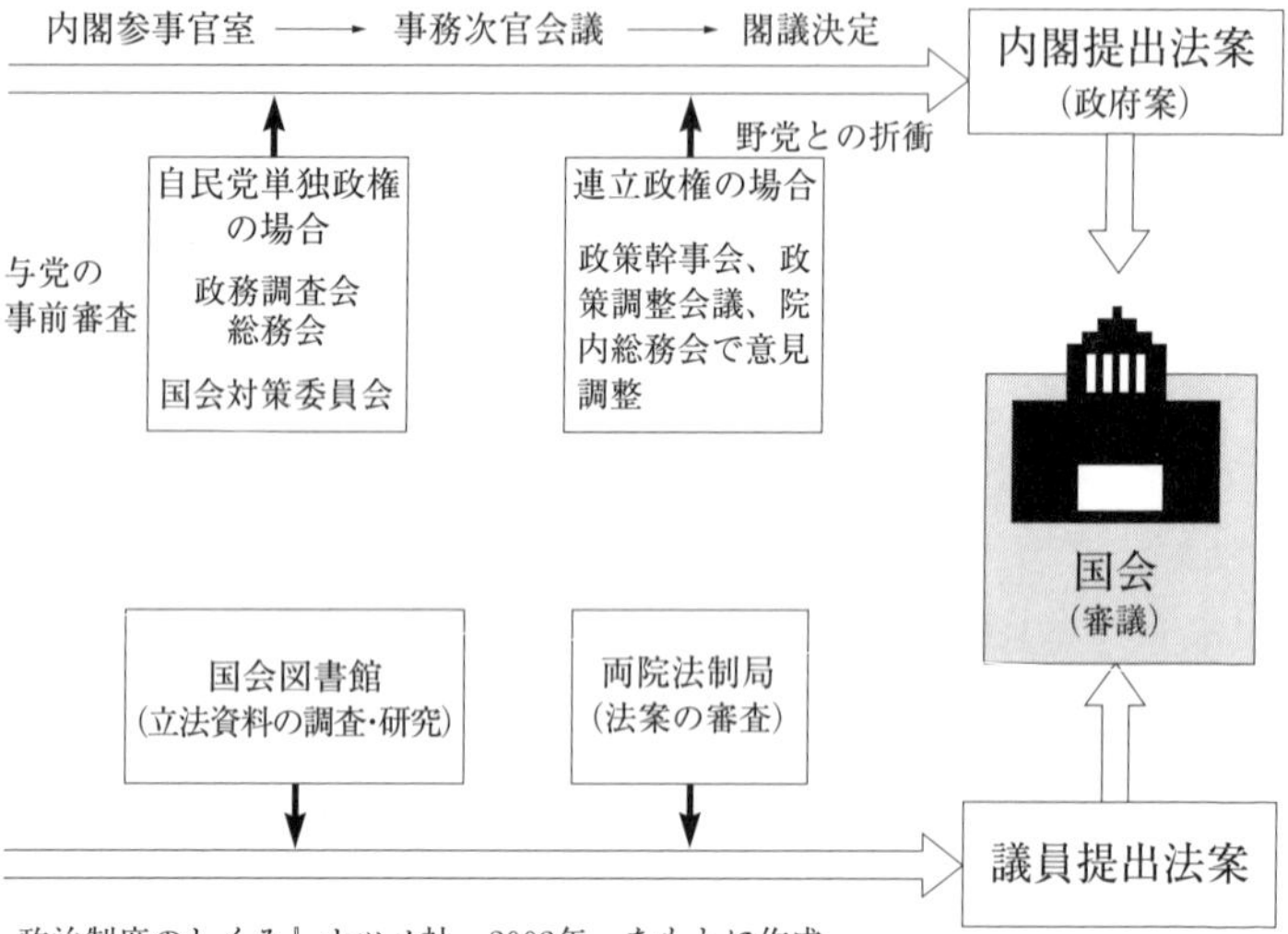

解 政治制度のしくみ』ナツメ社，2002年，をもとに作成。

までのプロセス

表並立制の導入が決まりました。その一〇年後、この選挙制度の影響もあって、土井たか子党首を擁《よう》する社会民主党は議席を三分の一に激減させるという壊滅的な敗北を喫しました。歴史の皮肉と言うべきでしょうか。

以上は、内閣提出法案の場合です。これ以外にも、国会議員が法案を作成して国会に提出する議員立法があります。これは国会法第五六条に規定されており、議員の法案発議のためには、衆議院では二〇人以上（予算を伴う場合には五〇人以上）、参議院では一〇人以上（同二〇人以上）の賛成が必要になります。

各政党が掲げる選挙での獲得議席数の目標として、一一人、二一人、五一人などの数が示されることがあります。それは、発議する人一人とそれに賛同する人が必要であり、これらの議席数で議員立法による法案発議が可能になるからです。

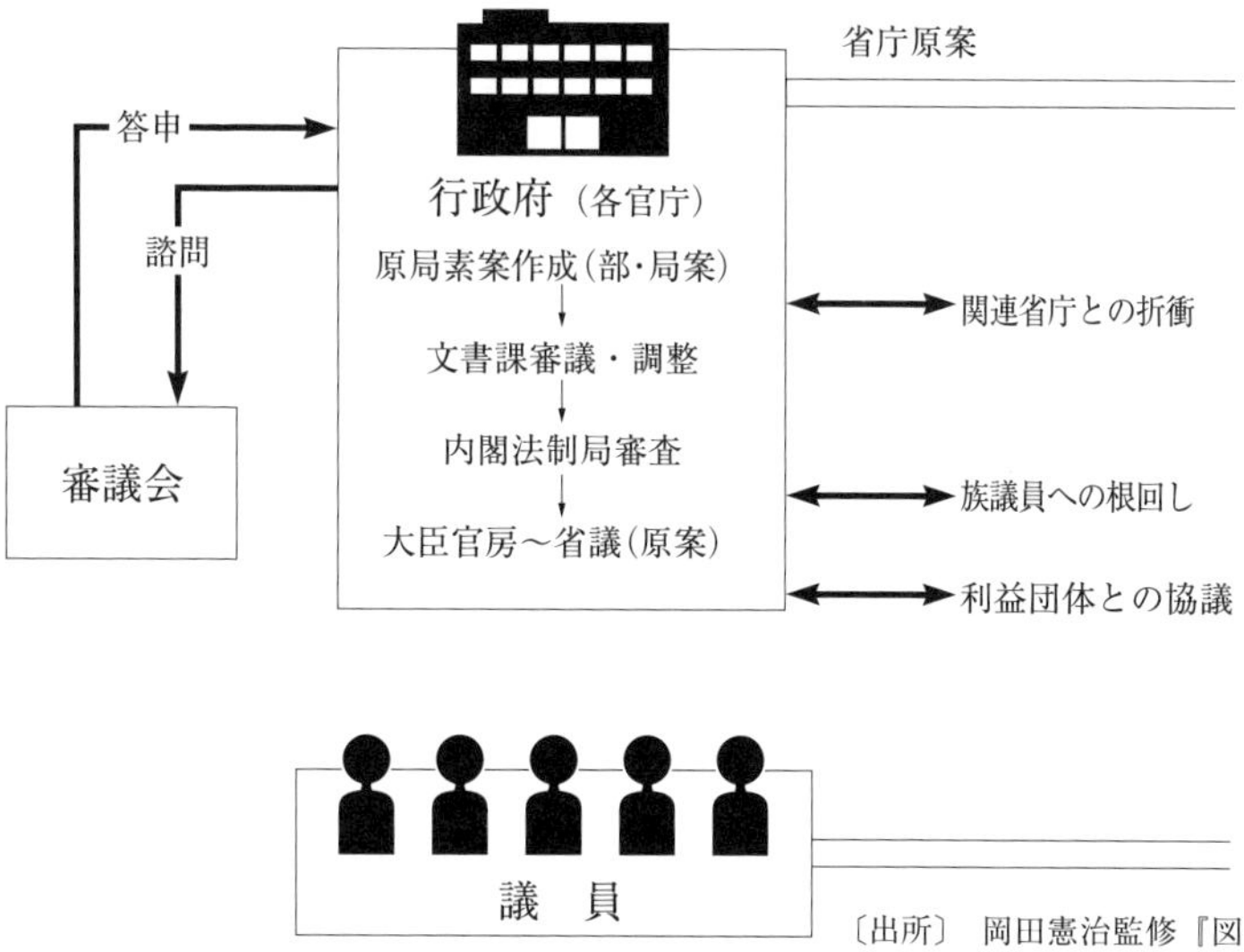

〔出所〕　岡田憲治監修『図

図8　法案提出

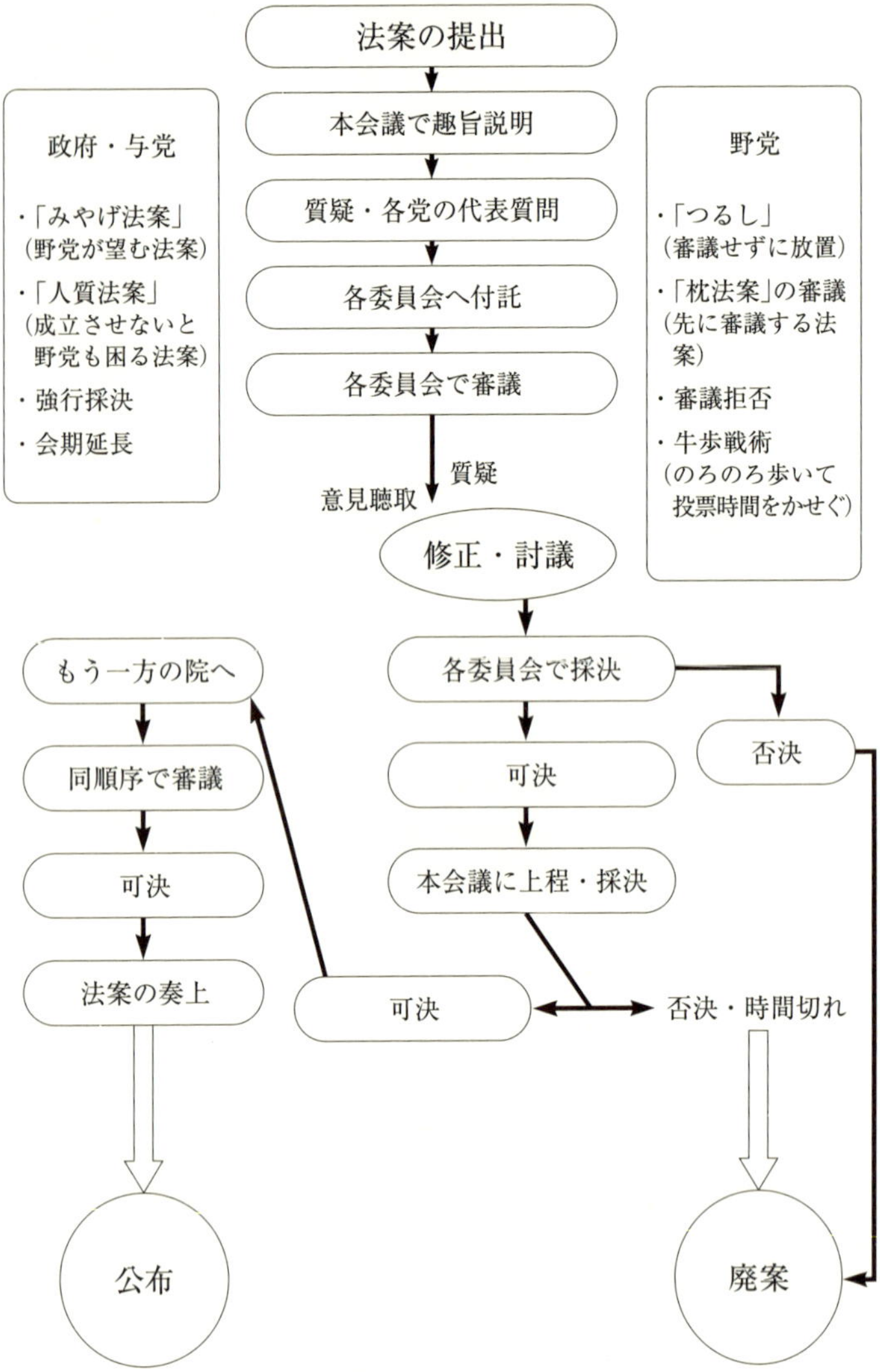

〔出所〕 福岡政行監修・堀内伸浩著，前掲書，をもとに作成。

図 9　法の成立までのプロセス

成立した法律に占める議員立法の数は、長いあいだ一割以下でした。しかし、連立政権になってから、この数は少しずつ増え、二割前後になってきています。それは、官僚主導政治への批判が強まり政治主導への意欲が高まったことや、各党間の政策上の違いが小さくなって成立する可能性が強まったことなどを背景にしているように思われます。

なお、政府が結んだ条約の審議は、後に見る予算審議とよく似た経過をたどります。条約の締結は内閣の権限ですが、事前または事後に国会の承認が義務づけられています。相手国との合意事項をまとめて全権代表が署名・調印した条約は、国会で承認され批准書を交換しなければなりません。

条約の審議はほとんど衆議院先議で、参議院と一致しなかった場合には両院協議会が開かれるのは、法案審議と同様です。ただし、両院協議会でも一致しなかったり、衆議院の可決後三〇日以内に参議院が議決しなかった場合には、衆議院の議決が国会の議決となって条約は承認されたことになります。一九六〇年六月二三日に批准書《ひじゅんしょ》が交換された日米安全保障条約(新安保条約)は、このようにして承認されました。

†「族議員」とは何か

「族議員」とは、当選回数を重ねるにつれて次第に専門的知識と能力を蓄積し、官僚に対抗できるほどの力を身につけ、各政策領域で大きな影響力を持つようになった中堅議員のことを言います。農林、金融、建設、商工などの委員会に属する議員を「農林族」「金融族」「建設族」「商工族」などと呼び、これらのなかでも大きな力を持つ議員を「族」の議員、つまり「族議員」と呼ぶようになった

表10　族議員と政務調査会，関連省庁

族	政務調査会	関連省庁
財務金融族（旧大蔵族）	財務金融部会，税制調査会，金融調査会等	財務省 内閣府・金融庁
国防族	国防部会，安全保障調査会，基地対策特別委員会等	内閣府・防衛省
建設族	国土交通部会（建設専任部），道路調査会，住宅土地調査会，下水道対策特別委員会，治山治水海岸対策特別委員会，地域再生調査会，民間資本主導の社会資本整備（PFI）推進調査会，中心市街地活性化調査会等	国土交通省
運輸族	国土交通部会（運輸専任部），整備新幹線等鉄道調査会，航空対策特別委員会，海運造船対策特別委員会，磁気浮上式鉄道特別委員会等	国土交通省
商工族	経済産業部会，中小企業調査会，電源立地及び原子力等調査会，独禁法調査会，物流調査会，石油等資源・エネルギー調査会等	経済産業省
郵政族	総務部会（郵政・総務専任部），電気通信調査会等	総務省
社労族	厚生労働部会，社会保障制度調査会，医療基本問題調査会，雇用・生活調査会，少子化問題調査会，高齢者特別委員会等	厚生労働省
農林族	農林部会，水産部会，総合農政調査会，林政調査会，水産総合調査会，農林水産物貿易調査会等	農林水産省
文教族	文部科学部会，文教制度調査会，科学技術創造立国推進調査会，宇宙開発特別委員会等	文部科学省
環境族	環境部会，環境調査会，地球環境特別委員会等	環境省

わけです。族議員と政務調査会、関連省庁との関係は、表10に示すとおりです。

このような「族議員」はなぜ発生したのでしょうか。それには、いくつかの背景があります。いずれも、自民党の「国家政党化」と深く関わっています。

一つは、自民党の政権が長く続いたことです。すでに述べたように、一九五五年以来、自民党は細川護熙・羽《は》田《た》孜《つとむ》の両連立政権の一〇カ月を除いて、政

権についてきました。その間、与党として政策の形成や法案の作成に関わってきた自民党議員は、国会での委員会や党政務調査会の下にある部会、調査会、委員会などに所属して活動します。

対応する官僚の方は、**遍歴主義**によって二～三年で交代し、同じ政策分野で昇進していくとは限りません。いつの間にか、同一分野に関わり、長いキャリアをもつ議員の方が、新参の官僚よりも経験を積んで事情に詳しくなります。こうして、特定分野に強い「族議員」が生まれます。

第二は、「鉄のトライアングル」とも呼ばれる権力構造の形成です。これは図10（次頁）で示されるようなもので、政・官・財（業）の「三角同盟」とも言われますが、政治家と官僚、財界の強い結びつきを意味しています。この三者は、政治家は官僚に強いが財界に弱く、官僚は財界に強いが政治家に弱く、財界は政治家に強いが官僚に弱いという、グー・チョキ・パーのような関係にあります。

同じような関係は個別の政策分野ごとにも生じており、「族議員」、関係官庁、業界団体の小さな「トライアングル」が数多く形成されるようになりました。このような関係の中で、「族議員」は、業界団体の利益擁護（番犬型）あるいは利益実現（猟犬型）のために関係官庁に圧力をかけます。このような活動の場において、「族議員」は脚光を浴びることになります。

第三は、すでに述べたような与党の事前審査制の存在です。「族議員」の官僚への強い影響力を保障するものが、この事前審査制です。自民党の事前審査制は第二次池田勇人《いけだはやと》内閣の一九六二年頃から

遍歴主義　多くの職場や業務を経験することで幅広い能力を持つ労働者を育成しようとする考え方。日本では特殊な業務や能力に秀でたスペシャリストよりも、様々な業務に長じたゼネラリストが良しとされる傾向がある。さらに上級公務員の場合は昇進が早く、二～三年で新しい職場に移動して地位が上がるのが普通になっている。

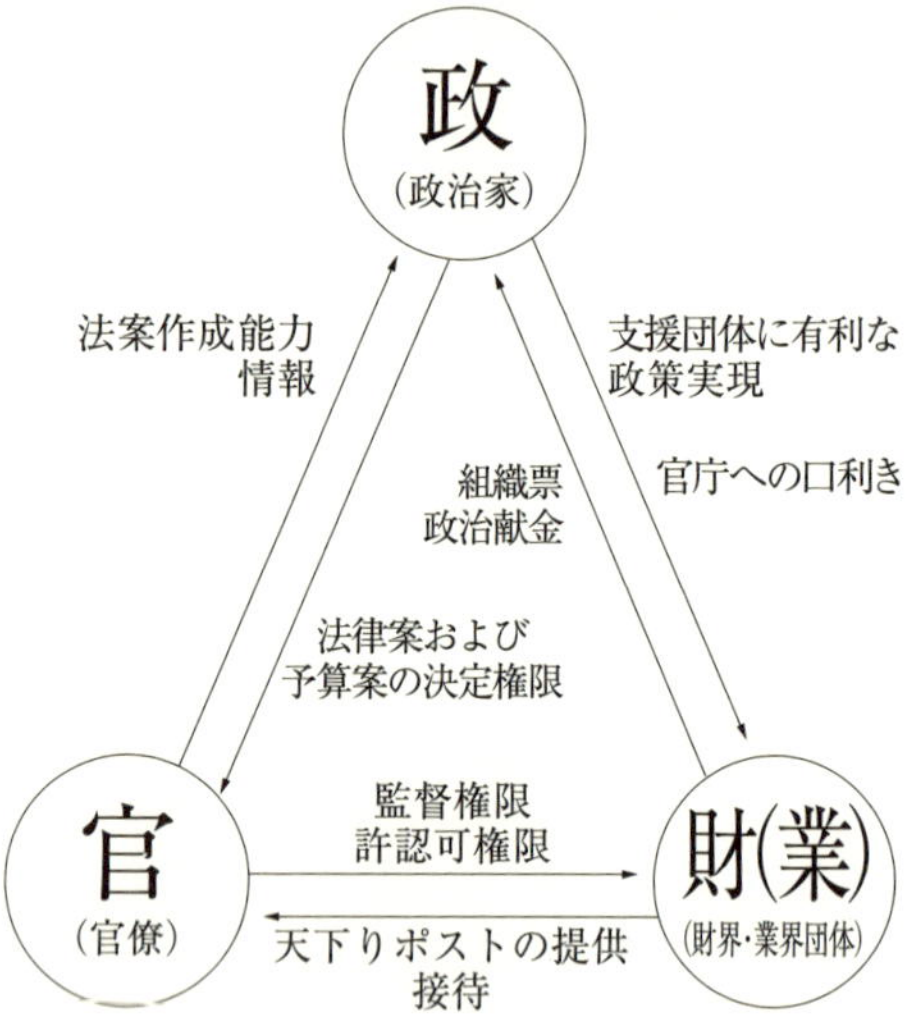

図10　政・官・財(業)の「鉄のトライアングル」

始まったと言われているように、最初からあったわけではありません。自民党の長期政権の下で、このような制度化が進んだということでしょう。

　この事前審査を受けない法案は議事運営委員会の議事日程からはずされ、廃案の圧力がかけられます。事実上強制力を持ったこの与党審査にかければ、関係する有力議員(族議員)から様々な注文が寄せられ、これを呑んで修正しなければ、全員一致制の総務会を通りません。ここに「族議員」の力の源泉があり、その介入の場が保障されているということになります。

　そして第四には、自民党と官僚との相互依存・相互補完の関係です。このような「族議員」の存在が注目を集めるようになったのは七〇年代に入ってからでした。そのときには、「西高東低」の冬型の気圧配置をもじって、「政高官低」とか「政党優位」などと言われました。しかし、それは正確ではありません。

　確かに、農林、金融、建設、商工など、業界の利権や選挙区の利益に深く関わる政策分野では「族議員」の影響力は強まりましたが、そうではない外交などの分野では、依然として官僚主導の政策決定が行われています。したがって、両者の関係は、競争的または対立的であるというわけではなく、相互補完・相互依存の関係であるということができます。官僚は法案の審議や成立のために「族議員」を利用し、「族議員」は業界や選挙区の利益実現のために官僚に依存するという関係がある限り、「族議員」がいなくなることはないでしょう。

ただし、最近になっての変化も生じています。それは、このような「族議員」を媒介にした利権構造が政治を歪め、政治とカネに関わる腐敗の温床になっているという批判が強まったからです。また、連立政権の下で、自民党内だけでなく与党間での折衝や調整も必要になり、「族議員」が暗躍する余地が狭まったという面もあります。さらに、財政赤字の増大と低成長の下で予算規模は年々縮小し、「族議員」が奪い合う利権のパイが小さくなっているという事情もあるでしょう。

政治主導という点からいって、政治家が専門的な知識を生かして政策形成に影響力を行使することは積極的な意味を持っており、決して悪いことではありません。それが問題となるのは、選挙区や業界団体などの特定の利益や利権をめぐって行使されるからです。このような癒着や歪みを、いかにして是正し「族議員」における負の機能を除去していくかは、今後の大きな課題だというべきでしょう。

†予算はどのようにして作られるのか

公共政策や法律の多くは、国家財政の支出をもって実施されます。したがって、その国の歳出構造は、その国の公共政策の特徴を反映することになります。

先進諸国の多くは、一般に、社会保障費、公共事業費、軍事費などを主要な政策経費としています。

このような経費の比重がどのようになっているかによって、「**福祉国家**」「企業国家」「軍事国家」というように特徴づけることができます。社会保障費の比重の大きいヨーロッパ諸国は「福祉国家」、軍事費の比重が高いアメリカは「軍事国家」としての特徴を持っています。これらの国と比べて、日本は産業基盤整備などの公共事業費の比重が一貫して高く、「企業国家」としての特徴を持っています。なかでも、土木建設関連の公共事業費が多いため、「土建国家」と呼ばれることもあります。

このような特徴を持つ日本の予算は、どのようにして編成され、決定されるのでしょうか。従来、予算編成権は大蔵省の専権事項でした。しかし、二〇〇一年の省庁改革により、内閣のリーダーシップを高めることを目的として、内閣府に首相を議長とする**経済財政諮問会議**が設置されました。

予算の編成過程には、経済成長率や税収見込み、公債発行額、年金の見通しなどをもとに予算の大枠を決定するマクロな過程と各費目に予算を配分するミクロな過程とがあります。前者のマクロな過程では経済財政諮問会議も大きな役割を果たしますが、後者のミクロな過程では、従来と同様、財務省(旧大蔵省)が中心的な役割を演ずることになります。

予算の執行年度は、毎年四月から始まります。したがって、三月中に成立していなければ予算執行はできず、暫定《ざんてい》予算を組まなければなりません。それを避けるために、与党は三月までに成立させようとします。そこに至る予算成立のプロセスを図示したものが、図11(九八〜九九頁)になります。

次年度の予算編成は、早くも五月頃から始まります。各省庁は、地方自治体や関係団体、業界団体などの要望を聞き、関連する自民党の政調部会や他の与党との調整を経て、概算要求を作成します。七月頃には、経済財政諮問会議が予算編成方針を決定して各省庁に提示し、これにしたがって各省庁の作成した概算要求書が八月末に財務省に提出され、ヒアリングなどを行いつつ予算編成の中心的な作業が財務省で行われます。

各省庁との折衝を経て、財務省原案が閣議に提出されるのは一二月二〇日ごろです。この段階で各省庁への内示があり、復活折衝を経て内閣案が決定され、翌年一月から始まる通常国会に提出されます。

通常国会は、前述のように、一月に召集され、会期を一五〇日とします。一月何日になるかは、そのときの事情によって変化しますから、会期末も変わります。通常は、一月中旬に召集され、六月後半に会期末を迎えることになります。

予算案の審議を行うのは予算委員会で、衆議院が優先されることが憲法で決められています。衆議院で審議・可決された予算案は参議院に回されますが、衆参両院が異なった議決を行った場合、両院協議会を開いて協議しても一致しなかった場合、また、参議院が三〇日以内に議決しない場合、衆議院の議決が国会の議決となります。

つまり、三〇日経てば衆議院の議決だけで予算が成立するということですから、暫定予算を必要と

福祉国家　社会保障制度の充実と完全雇用の実現によって国民全体の福祉向上のために積極的な役割を果たしている国家。市場経済の発展を図りつつ、政府が積極的に介入して国民生活の安定と福祉向上のための財政・金融政策や社会政策などを推進している。

経済財政諮問会議　経済政策と財政政策の基本方針を定めるため、二〇〇一年一月の省庁再編で新設された。事務局は内閣府。予算編成の基本方針を決め、財務省はこれに基づいて政府案をつくる。議長は首相で、経済財政担当相、官房長官、財務、総務、経済産業各大臣、日銀総裁、財界代表や学識経験者など一〇人で構成される。

しない三月三一日までに成立させるためには、三月一日までに衆議院で可決しなければなりません。毎年、衆議院での予算案をめぐる与野党対決が二月末に激化するのは、このような日程上の理由があるからです。

予算案の審議は両院の予算委員会で行われます。国家予算は国政の全てに関連していますから、予算委員会での審議も国政の全てが対象になります。何を取り上げても良いということです。また、予算審議は国庫の支出や使用に関わりますから、その不正使用などがあってはなりません。しばしば予算委員会で政治家や官僚、企業経営者の贈収賄《ぞうしゅうわい》事件などが取り上げられるのは、このためです。

また、この予算委員会には、首相はじめ全ての国務大臣の出席が義務づけられています。審議の模様はテレビで放映され、新聞などのマスコミでも詳しく報道されます。いわゆる「花形

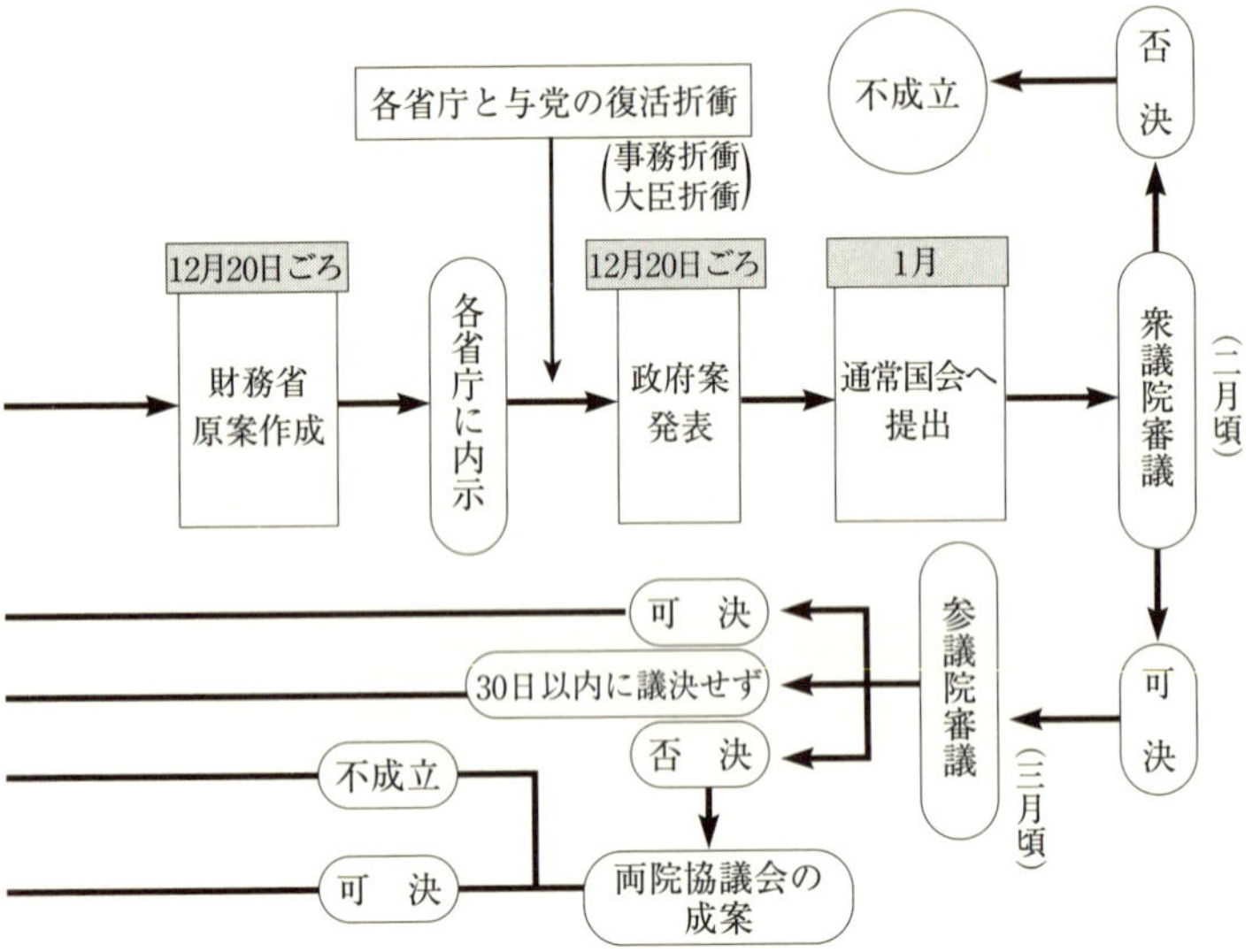

治監修，前掲書，をもとに作成。

立のプロセス

委員会」であり、各政党はこぞって自党のエース格の論客を送り込みます。逆に言えば、この予算委員会での質問者になるということは、各党内でエースだと認められたということになります。

†予算には一般会計予算と特別会計予算、財政投融資の三つがある

予算には、一般会計予算と特別会計予算、財政投融資《とうゆうし》の三つがあります。一般会計というのは財政活動を行うのに必要な基本的な経費を賄《まかな》うための会計のことです。財源は租税収入と国債の発行による収入であり、社会保障や公共事業などの一般会計、国債費などに支出されます。

政府は、経済状況を把握し、必要であれば財政政策などをたて、その政策をもとに次年度の予算をつくります。これは一月に召集される通常国会で「来年度予算案」として審議されます。

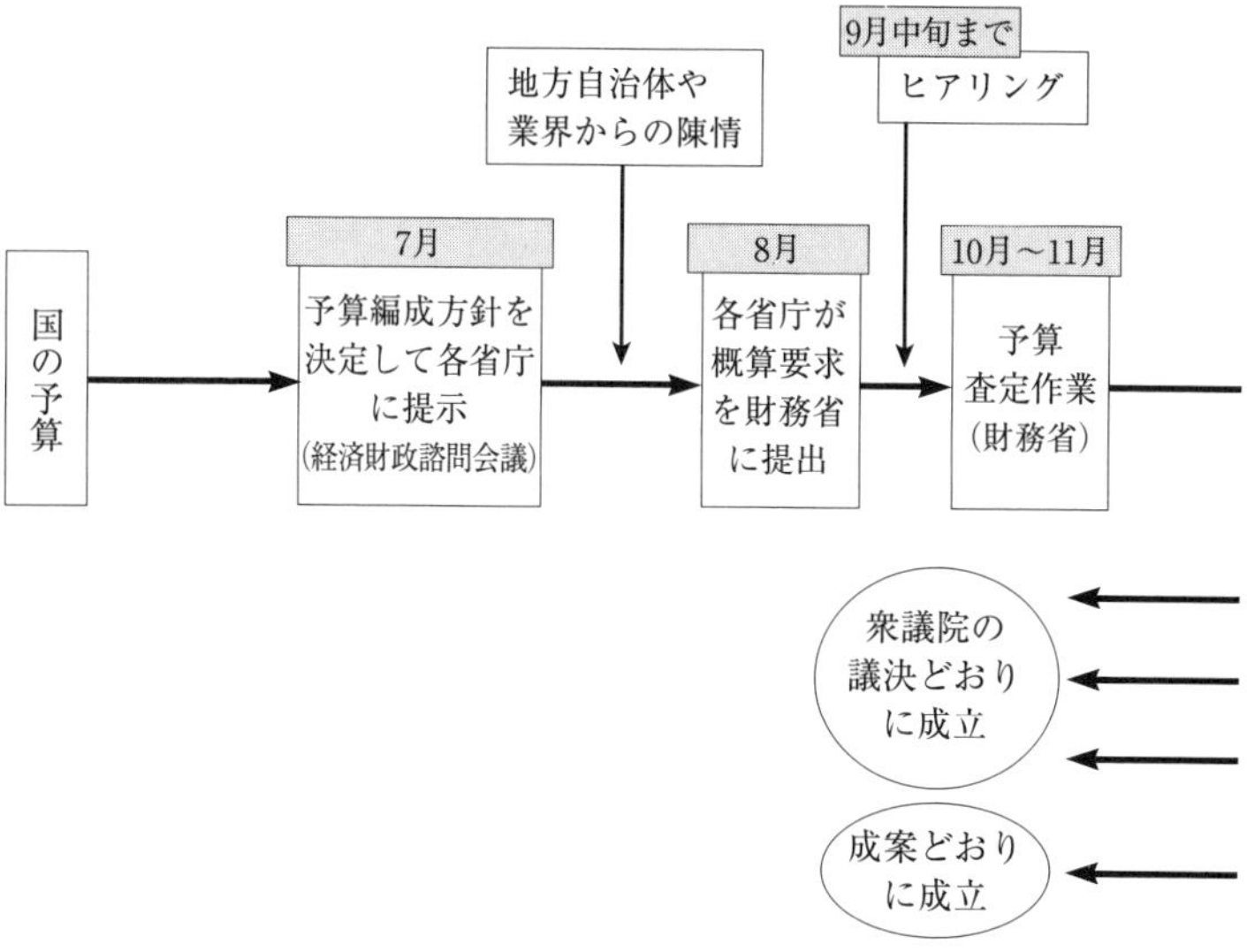

〔出所〕岡田憲

図11　予算成

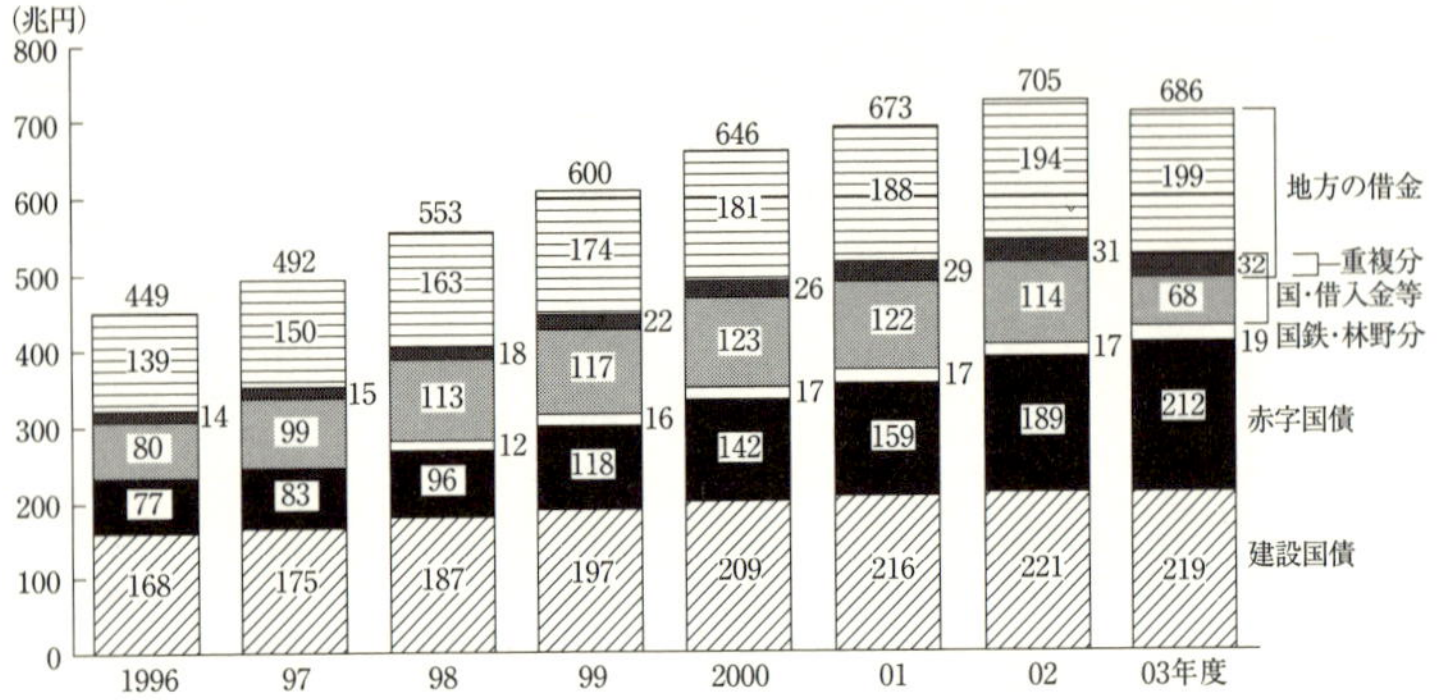

(注1)　2003年度に債務残高が減る見込みなのは，郵政事業の公社化で国の郵政事業特別会計・郵便貯金特別会計が廃止され，同会計の借入金残高(49兆円程度)が，国の借入金から除かれたためである。

2)　普通国債のうち「国鉄・林野分」とは，国鉄・林野の債務の処理によって発行した「承継債務借換国債」の残高である。

3)　「国と地方の重複分」は交付税特別会計の借入金のうち，地方負担によって償還することとされている分である。

4)　「地方の借金」は，普通会計の地方債務高，公営企業会計の地方債残高のうち普通会計負担分，及び(注3)の合計である。

5)　2001年度までは実績値。2002年度は補正後，2003年度は当初予算の見込値。

資料：政府の国会提出資料，財務省HPなどから作成。端数は四捨五入のため計算があわない場合がある。

図12　国・地方の長期債務残高の推移

四月一日時点の国会で本予算が成立せず、必要経費を計上しなければならない場合には暫定予算が組まれます。予算成立後、追加費用を計上しなければならない場合には、まず本予算とは別に補正予算が組まれ、国会で成立すると、補正予算は本予算と一体となります。

　この一般会計予算は、基本的には税収によって賄われます。しかし、不景気で税収が減っているため、約八〇兆円の全てを税金で賄うことができません。その年の税収にもよりますが、半分近くの四〇兆円ほどは国債を発行して国民からの借金で賄うことになります。この「借金」が年々膨らみ続け、図12に見られるように、今では七

○○兆円ほどになっています。これがいわゆる「財政赤字」であり、この「借金」をどうやって返していくかが、国政上の大きな課題になっています。

この一般会計の予算とは別に**特別会計**があります。これは、特定の財源を特定の使途にあてるもので、道路整備特別会計、食糧管理特別会計、保険特別会計などで構成されています。

これらの特別会計は、それぞれの使い途が決められていますから、勝手に別の費目で使うわけにはいきません。また、各特別会計ごとに予算執行が所轄《しょかつ》官庁で管理されていますので、一般会計と違って政府の意向によって左右できるものでもありません。財政の硬直化を避け、財政不足を補うという観点から、もう少し柔軟にしたらどうかという意見も出ています。

このようにして一般会計と特別会計予算は決定されますが、実は、予算にはもう一つあります。「第二の予算」と呼ばれる財政投融資(財投)です。財政投融資というのは、郵便貯金や国民年金・厚生年金など国の制度と信用で集められた資金四三八兆円(二〇〇〇年三月末残高)が財源となって、社会資本の整備事業、厚生福祉、産業政策などのために用いられる投資・融資活動のことです。

これらの資金は、国民が郵便局に貯金したお金や国民年金で支払った保険料などで、預っている資金ですから、勝手に使ってよいというわけではありません。「使う」のではなく「融資する」という

特別会計　公共事業や保険事業など特定の事業について、一般会計とは別に歳入・歳出を管理する会計。財政法に基づいて三二の特別会計がある。事業の成果や資金の運用実績を見えやすくし、歳入の確保や歳出削減努力を促すのが目的。しかし、赤字の垂れ流しや不要な事業の増加、所管省庁の既得権益化などの問題もあり、見直しが課題になっている。

表11　かつて存在した主な特殊法人

●日本道路公団	●地方競馬全国協会
●本州四国連絡橋公団	●農林漁業団体職員共済組合
●都市基盤整備公団	●簡易保険福祉事業団
●石油公団	●日本船舶振興会
●農畜産業振興事業団	●国際観光振興会
●水資源開発公団	●日本貿易振興会
●年金福祉事業団	●新エネルギー・産業技術総合開発機構
●地域振興整備公団	●雇用・能力開発機構
●日本政策投資銀行	●住宅金融公庫
●日本鉄道建設公団	●国民生活金融公庫
●日本体育・学校健康センター	●日本原子力研究所
●日本中央競馬会	●核燃料サイクル開発機構

用い方になります。融資先は日本開発銀行や日本輸出入銀行などの**政府系金融機関**、地方自治体などの団体で、使途も国民生活をより良くするためのものに限られています。

二〇〇一年四月から、この財政投融資のシステムが大きく変わりました。自動的に財務省の資金運用部へ向かう強制預託というルートはなくなり、郵便貯金などはすべて自己の判断で資金を運用することになったからです。

一方、資金運用部から資金を調達する側の特殊法人は、これまでの財投からの借り入れというシステムから財投債(国債)などによる資金調達というかたちになりました。各特殊法人の求める資金は財投債によって一括して調達されます。当面は、七年間の経過措置として一定額の財投債を引き受けることになっており、実質的にはこれまでとそれほど大きくは変わっていませんが、やがて特殊法人が自らの信用力で資金を調達しなければならなくなります。経営内容の悪い特殊法人は資金繰りが悪化して再編されますので、こうして資金調達面から特殊法人改革に弾みをつけようというわけです。

なお、ここに登場してくる**特殊法人**というのは、政府が行う業務で、その内容が企業的経営になじみ、国が自ら行えば様々な制度上の制約から能率的に経営できない場合などに、特別の法律で独立の法人を設け、国の監督下で法人自身に自主的かつ弾力的な経営を認め、能率的に業務を実施させようとしてできたものです。具体的には、表11のようなものがありました。このほかに特別の法律によって設けられる認可法人というものもありますが、民間等の関係者が集まって任意に設立して認可されたものだという点で特殊法人と異なっています。

これらの特殊法人や認可法人は、行政代行的なもの、企業的なもの、団体組合的なものなど様々な性格を持つ法人が混在し、政策金融や公共投資、中小企業対策などの分野の事業を実施していました。これらの中には、時代の変遷とともにその役割が変質したり、民間事業者と類似の業務を実施していて国の関与の必要性が低下したものなどがあります。また、その業務についても、行政責任や経営責任の不明確性、天下り、事業運営の非効率性・不透明性、組織・業務の自己増殖性、経営の自律性の欠如などの問題点が、一九九七年一二月の行政改革会議の最終報告等において指摘されました。

これらの問題点については、その後、小さな政府をめざし、財政再建を進める観点から、抜本的な

政府系金融機関　郵貯、簡易保険などの資金を主な原資に民間や公共団体などに投資・融資している金融機関。日本開発銀行と北海道東北開発公庫が統合した政策投資銀をはじめ、国民金融公庫と環境衛生金融公庫が統合した国民生活金融公庫、住宅金融公庫、中小企業金融公庫など一〇の特殊法人がこれに当たる。

特殊法人　公共の利益や国策のための特別法によって設置される法人。公団、事業団、公庫、特殊会社、基金、協会、振興会、研究所、共済組合などの形があり、政府による出資、補助金、課税免除などの特典がある。官僚の天下り機関と化している、民業を圧迫している、日の丸商法で赤字経営が多いなどの批判が強く、改廃されたり、削減されたりした。

表12　衆議院議員選挙制度の変遷

選挙実施年	選挙制度	選挙権		
		性別	年齢	納税額
1890年	小選挙区制	男	25歳以上	15円以上
1900年	大選挙区制	男	25歳以上	10円以上
1919年	小選挙区制	男	25歳以上	3円以上
1925年	中選挙区制	男	25歳以上	−
1945年	大選挙区制	男女	20歳以上	−
1947年	中選挙区制	男女	20歳以上	−
1996年	小選挙区比例代表並立制	男女	20歳以上	−

見直しが着手され、政府は、二〇〇一年一二月に、各特殊法人等の事業及び組織形態について講ずべき措置を定めた「特殊法人等整理合理化計画」を閣議決定し、その具体化を進めました。二〇〇二年秋の第一五五臨時国会では、特殊法人「改革」に関して四六本の法案を上程し、全ての法案が成立しました。

その内容は、水資源開発公団や勤労者退職金共済機構など四九の特殊法人のうち、四二法人を三八の**独立行政法人**に再編し、社会保険診療報酬支払基金など他の七法人を民間法人化などにするというものです。また、高速道路の建設によって赤字を増大させてきた日本道路公団は〇五年九月に解散し、三社に分割・改組されました。さらに、小泉元首相の郵政民営化によって、郵便局は二〇〇七年一〇月から民営化され、**日本郵政株式会社（ＪＰ）**になっています。

†日本の選挙はどのような仕組みになっているのか

国民主権と議会制民主主義を原則とする日本の政治にとって、主権者である国民が政治的な代表を選ぶ選挙は重要な意味を持っています。選挙には、国会議員を選ぶ国政選挙と、地方議会の議員や知事・市区町村長を選ぶ地方選挙とがあります。国政選挙での選挙制度は衆議院と参議院とで異なっており、地方選挙でも、都議や県議、区議や市長村議での選挙の仕組みは別々です。

まず、衆議院の選挙制度から説明しましょう。日本での初の国政選挙は一八九〇年の衆議院議員選挙でした。このときは一選挙区から一人の議員を選ぶ小選挙区制です。その後の衆議院議員選挙制度の変遷は、表12に示されるとおりです。

一九四七年以降、長いあいだ衆議院では三〜五議席の「中選挙区制」をとってきました。複数定数単記制ですから、「少数代表制」です。各党の獲得議席は、得票数にそれなりに対応していましたから、準比例代表制と言われました。完全な比例代表にならなかったのは、三議席目、五議席目という奇数議席の争いが小選挙区制と同様に大政党に有利になるからです。

この中選挙区制は、一九九四年の「政治改革」により、政治腐敗の罪を一身に負わされて小選挙区比例代表並立制に変わりました。複数議席での争いは、同一政党からの立候補を可能にし、政策では

独立行政法人　行政のスリム化のため、国や自治体から業務部門を切り離して法人とし、独自運営を課すもの。イギリスの外庁(エージェンシー)制度を手本に、一九九八年の中央省庁等改革基本法で決定された。国立公文書館など八〇以上の事業が移行し、国立病院や国立大学も行政法人となる予定。非公務員化や第三者による実績評価などが導入される。

日本郵政株式会社(ＪＰ)　日本郵政グループの持株会社。主な子会社に郵便局会社、郵便事業会社、ゆうちょ銀行、かんぽ生命保険。二〇〇五年一〇月、郵政民営化関連法が可決・成立した。これに伴って、二〇〇七年一〇月一日に日本郵政公社が解散し、郵政事業が民営・分社化され、全ての業務が移管・分割された。

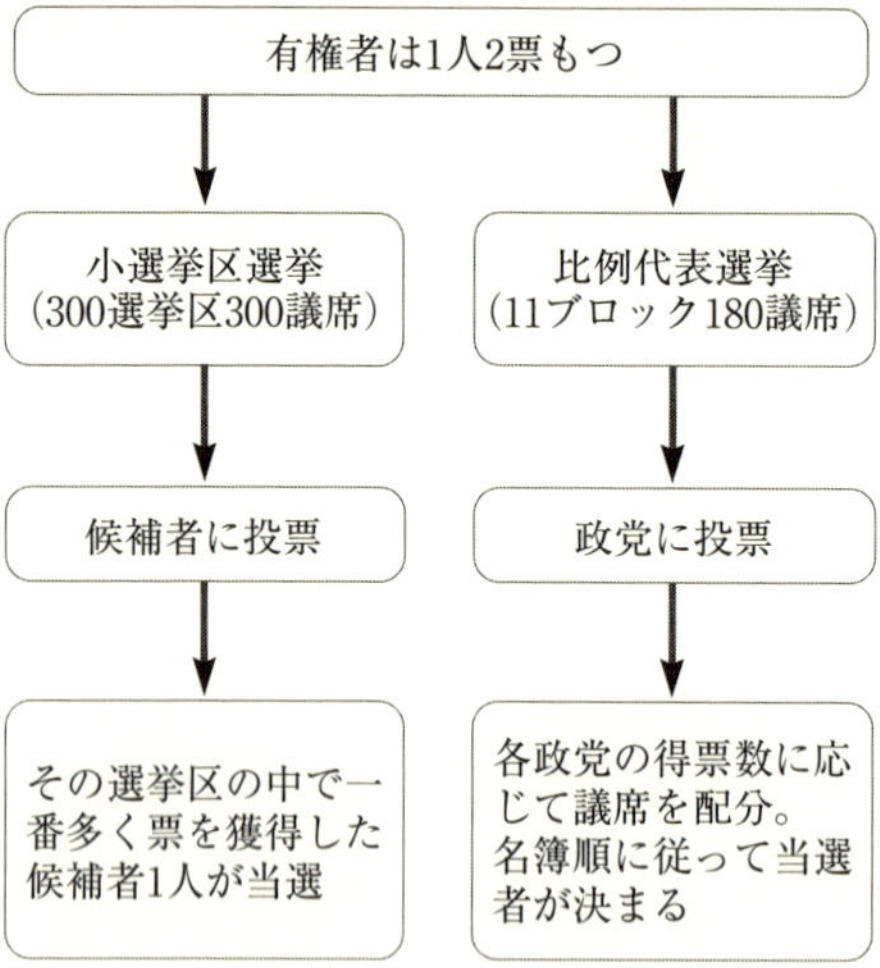
有権者は1人2票もつ
小選挙区選挙
（300選挙区300議席）
比例代表選挙
（11ブロック180議席）
候補者に投票
政党に投票
その選挙区の中で一番多く票を獲得した候補者1人が当選
各政党の得票数に応じて議席を配分。名簿順に従って当選者が決まる

＊ただし、重複立候補により、小選挙区で落選した候補者が、比例区で復活当選するケースもある。

図13　小選挙区比例代表並立制のしくみ

なくサービス合戦にしてしまうというわけです。こうして、小選挙区制主体の制度が導入され、少数政党にも配慮するということで比例代表制が結合されました。

　この制度が小選挙区比例代表並立制と呼ばれるのは、図13のように二つの制度が組み合わされているからです。当初、この比率は小選挙区三〇〇、比例代表二〇〇でしたが、その後、比例代表が二〇議席削られて一八〇になり、小選挙区の比率が高められました。比例代表制も、図14のように全国を一一のブロックに分けていますから、全国一区の場合よりも「死票《しひょう》」が多く出ます。

　また、重複立候補、惜敗率という新しい仕組みも導入されました。重複立候補というのは、小選挙区と比例代表区の両方に重複して立候補できるというやり方で、複数の重複立候補者を比例名簿の同じ順位に登載すること

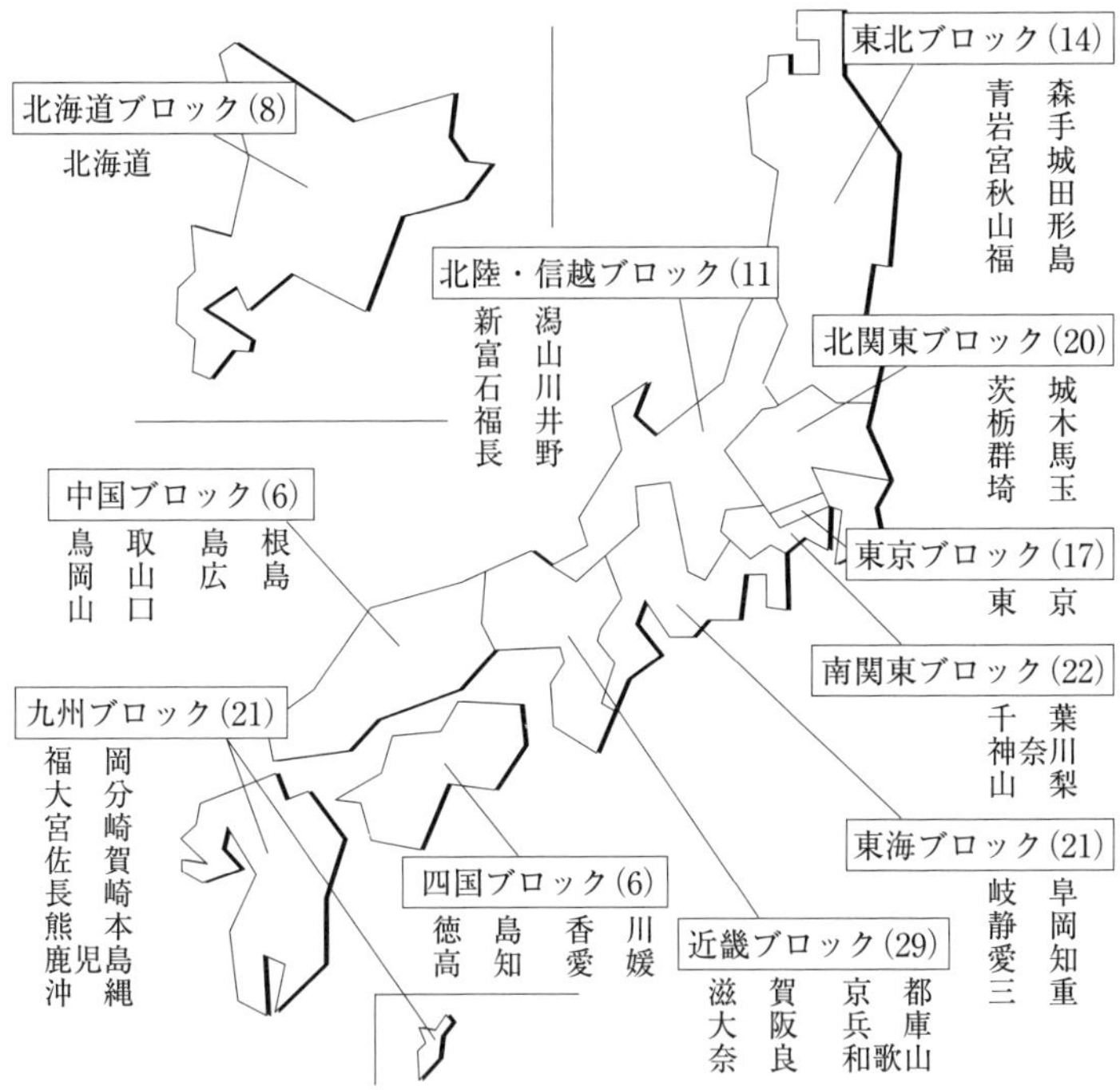

（　）内は議席数。

図14　比例代表のブロックと議員定数

もできます。比例名簿に登載された候補者のうち、小選挙区で当選すればその候補者は名簿から除かれます。残った同一順位の候補者の中での当選者は比例代表区での各政党の獲得議席数に応じて当選します。順位が同じであれば、「小選挙区での落選者の得票数÷当選者の得票数×一〇〇」で計算される惜敗率の高い順に当選となります。

　この制度の下で、一九九六年、二〇〇〇年、二〇〇三年、二〇〇五年と四回の選挙が行われました。特に、二〇〇三年の総選挙では共産党や社民党などの小政党が激減し、自民党と民主党による二大政党状況が生まれま

表13　参議院議員選挙制度の変遷

選挙実施年	選　挙　制　度	選　挙　権	
		性別	年齢
1947年	地方区＋全国区 （どちらも候補者に投票）	男女	20歳以上
1982年	選挙区＋比例区 （選挙区は，地方区が単に名称変更されたもの。比例区は，全国を１ブロックとして政党に投票する比例代表制）	男女	20歳以上
2001年	選挙区＋比例区 （比例区が「拘束名簿式」から「非拘束名簿式」に変更）	男女	20歳以上

した。二〇〇五年の総選挙では自民党が圧勝しました。

他方、参議院の選挙制度の変遷は表13のようになっています。現行の選挙制度は、全国を一選挙区とする比例代表制によって九六議席が選出され、四七都道府県の選挙区から一四六議席が選出されます（どちらも六年ごとに半数改選）。半数改選となる実際の選挙では、一人区が二四、二人区一八、三人区四、四人区一に分かれています。

このように、選挙区と比例代表制の組み合わせだという点では、参議院の選挙制度も衆議院の制度とよく似ています。ただし、違いがないわけではありません。選挙区は定数一～四ですから、小選挙区制と中選挙区制の混合です。比例代表制は、衆議院では政党名だけの投票で拘束名簿式なのに対して、参議院では個人名での投票も有効とされ**非拘束名簿式**を採用しています。

参議院の比例代表選挙では、各政党の候補者個人の名前で投じられた票も各政党の票に加えられます。各政党の得票数に応じて議席数が決まりますが、その際、提出された候補者名簿内の得票数の多い順番から当選者が決まります。順位があらかじめ決まっていないので、非拘束式というわけです。これに対して、衆議院の選挙では、個人名での投票は無効とされ、当選順位は同一順位を含めて候補者名簿であらかじめ決められています。事前に決まっていますので、拘束式です。

参議院と衆議院とではこのような違いがありますが、それは議員の質の違いを生み出すほど大きなものではありません。このようなよく似た選挙制度を採用しているのは、異なった視点や立場からの法案審議を期待する二院制度の趣旨から言えば、好ましいものではありません。それでなくても、政党化が進んで参議院は「衆議院のカーボンコピー」と呼ばれているほどですから、衆議院と本質的に異なった選挙制度の採用は、参議院改革の重要な一環だと思われます。

具体的には、衆議院は完全比例代表制とし、参議院は都道府県ごとの中選挙区制とするのが、一つの案だと思われます。衆議院は政党本位とし、参議院は地域代表的性格を強めるというのが、その趣旨です。比例代表にすれば、一票の格差という問題はなくなります。定数是正という点では、小選挙区よりも中選挙区の方が対応するのは容易になるでしょう。

このような国政選挙に比べれば、地方選挙の制度はそれほど複雑ではありません。道府県議会議員選挙や都議会議員選挙の場合には、小選挙区制と中選挙区制、大選挙区制の混合です。要するに、地域の実情に応じて選挙区定数は様々です。東京の区議会議員選挙や市町村議会議員選挙の場合には、

非拘束名簿式　二〇〇二年一一月の公職選挙法の改正によって参院選の比例代表区に導入された制度。有権者は候補者の個人名か政党名のどちらかを記入し、政党と候補者個人の得票数の合計をもとに政党別の当選者数が決まる。政党は名簿に順位をつけず、各党の候補者内で個人得票数の多い候補者から順に当選する。

一区の大選挙区制です。選挙区割はありません。

首長選挙は、政党色が前面に出ない場合がほとんどですから、議員選挙とはかなり事情が異なります。しかし、一人を選ぶ選挙ですから小選挙区制と同様の機能が生ずる面もあります。たとえば、国政などで対立し、本来政策などが異なっているはずの政党間の「相乗り」が多いという問題は、大政党に圧倒的に有利で、それに寄り添わなければ自治体の与党になれないという小選挙区制的機能を背景にしていると考えることも可能でしょう。

†政党にはどのようなものがあるか。日本の政党の流れはどうなっているか

日本で最初の政党が誕生したのは、一八八一（明治一四）年のことでした。それまでも政党結成に向けての動きはありましたが、国会開設の詔勅《しょうちょく》がだされるとこの機運は一気に高まり、一〇月に板垣《いたがき》退助《たいすけ》らの自由党が結成されます。これに続いて、翌八二年には大隈重信《おおくましげのぶ》などの立憲改進党が結成され、立憲帝政党、車会党、東洋社会党などの政党も誕生しました。

しかし、これに対して明治政府は新聞紙条例や集会条例を制定して、反政府的な新聞や運動を取り締まるなど、言論・集会の自由を厳しく抑制します。このため、政党活動は、当初から厳しい船出を余儀なくされました。

政党が中心になる内閣が誕生した最初は、一八九八年です。大隈重信の進歩党（立憲改進党が改称）と板垣退助の立憲自由党（自由党が改称）が合同して結成された憲政党による、いわゆる「隈板《わいはん》内閣」ですが、内部対立によってたった四カ月で瓦解しました。

本格的な政党内閣は、第一次世界大戦後の一九一八年の原敬《はらたかし》内閣からであり、一九三二年に**五・一五事件**で政友会の犬養毅《いぬかいつよし》内閣が倒れるまで続きます。しかし、その前年の「満州事変」から始まった戦争によって軍国主義の波は高まり、三七年の日中全面戦争への突入、三八年の国家総動員法の制定を経て、四〇年の**大政翼賛会**《たいせいよくさんかい》の結成によって全ての政党は解散させられます。この間、「**無産政党**《むさんせいとう》」と呼ばれる労働者や農民を基盤とする社会主義的な政党や日本共産党も結成されます。しかし、非合法状態におかれていた共産党は、一九三五年に最後の中央委員が**治安維持法**違反で検挙されて壊滅し、無産政党も大政翼賛会に合流していきます。

第二次世界大戦で日本が敗北し、降伏して以降、政党が復活しました。戦後の政党の系譜は、図15

五・一五事件　海軍の青年将校らが中心になったクーデター未遂事件。一九三二年五月一五日に勃発したので、こう呼ばれる。牧野伸顕内大臣の襲撃や変電所の破壊などは失敗したが、犬養首相が射殺され、政党内閣の終焉をもたらした。一九三六年には、陸軍将校らが中心となった二・二六事件も勃発する。

大政翼賛会　近衛文麿首相による新体制運動を母体に、一九四〇年一〇月に発足した官製の国民統合組織。一元的な戦争指導体制確立と軍部を抑制できる政治力の結集がめざされたが「近衛幕府」と批判され、政治結社ではない公事結社となった。四一年四月の改組で指導権を握った内務省により、総動員のための上位下達の行政補助機関とされた。

無産政党　戦前における労働者農民の合法政党。生産手段を持たない無産者の政党だとして、こう呼ばれた。一般的には、非合法だった日本共産党以外の社会民主主義的政党を指す。農民労働党、労働農民党、社会民衆党、日本労農党、社会大衆党などが、これにあたる。

治安維持法　国体（絶対主義的天皇制）の変革、私有財産制度の否定を目的とする結社の組織者と参加者を処罰する内容の法律。一九二五年に制定。当初の目的は、普通選挙法と日ソ国交樹立に対応して共産主義者の活動を取り締まることにあったが、次第に反政府・反国策的な思想や言論の自由抑圧の手段として利用された。四五年に廃止。

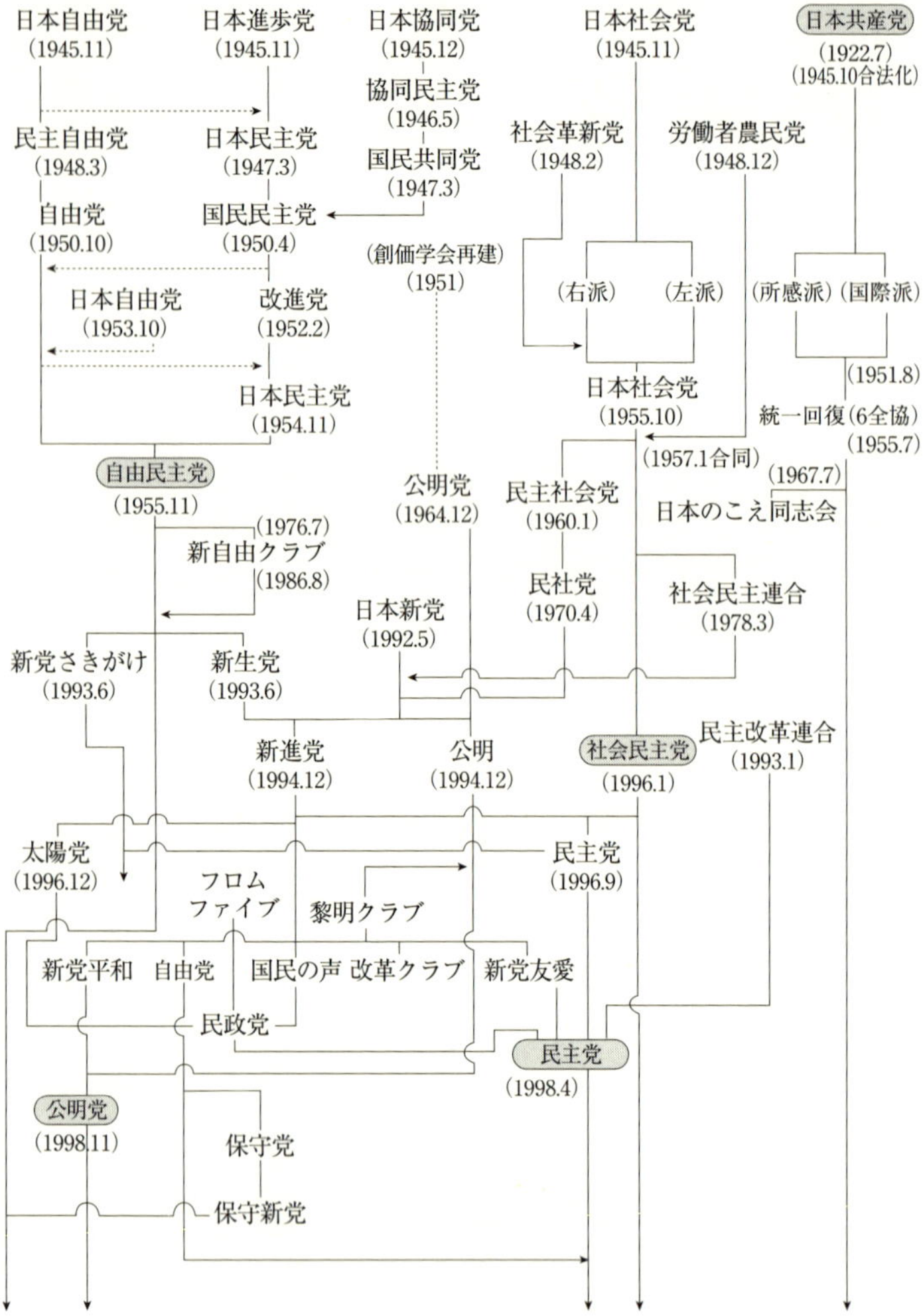

図15　戦後の政党の系譜

のとおりです。

一九四五年一一月に日本社会党、日本自由党、日本進歩党、一二月に日本協同党が結成され、合法化された日本共産党も、一二月に第四回大会を開きます。この当時の社会党は右派主導で、共産党に対して強い対抗意識を持っていました。共産党の方もソ連や中国の共産党に従属しており、外国からの干渉によって分裂し、「火炎ビン闘争」と呼ばれるような武装闘争の過ちを犯すことになります。

自由党、進歩党、協同党の三党をルーツとする保守・中道政党は離合集散を繰り返し、五五年には、自由党と民主党という二つの政党に整理されました。社会党も左派と右派に分かれますが、五五年一〇月に再統一します。これに危機感を高めた財界などからの働きかけもあり、自由党と民主党も一一月に合同して自由民主党(自民党)を結成しました。

こうして、一九五五年に、自民党と社会党が対峙する保守・革新の「擬似《ぎじ》二大政党制」が成立します。これが「五五年体制」です。「擬似」というのは、相拮抗する勢力による二大政党ではなく、国会の議席では自民党の一に対して社会党は二分の一の「一と二分の一政党制」だったからです。したがって政権交代は起きず、事実上、自民党の「**優勢政党制**」でした。

この後、野党第一党の社会党と、綱領を確定して「暴力革命」路線を放棄した共産党は「革新勢力」を構成し、「戦後民主主義」の「守護神《しゅごしん》」となります。六〇年には日米安保条約改定問題での対

優勢政党制　predominant party system のことで、一党優越政党制や一党優位政党制とも訳される。自由な競争が行われている多党制の下で、選挙でも議会勢力でも一つの政党が他の政党を圧倒する大きな勢力を占めている政党制のこと。自民党が突出していた「五五年体制」下での日本が好例とされる。

立から社会党が分裂し、民社党が結成されました。六四年には、公明党が結成され、当初は参議院に、次いで衆議院に進出していきます。こうして、自民党、社会党、共産党、民社党、公明党という五つの政党による多党制的状況が生まれました。七〇年代には、自民党から新自由クラブが分かれ、社会党の周辺に社会民主連合が結成されるなど、多党化状況はいっそう深まっていきます。

しかし、このような多党化状況の中でも、「五五年体制」と呼ばれる「擬似二大政党制」は基本的に生き続けます。それが最終的に崩れるのは、一九九三年に自民党が下野《げや》した時です。宮沢喜一《みやざわきいち》内閣への不信任案提出を契機に、武村正義《たけむらまさよし》グループが脱党して新党さきがけを結成し、続いて羽田孜《はたつとむ》・小沢一郎《おざわいちろう》グループも離党して新生党を発足させ、自民党が分裂します。直後の総選挙でも、自民党は過半数を回復できませんでした。

その結果、社会党、公明党、新生党、日本新党、新党さきがけ、民社党、社民連、民主改革連合の八党派による細川護熙連立政権が成立しました。しかし、自民党はわずか一〇カ月後に、社会党やさきがけとの連立によって政権を奪還し、再び与党の地位に戻ります。九六年には橋本龍太郎《はしもとりゅうたろう》内閣を実現して首相を擁《よう》することになりますが、参議院での過半数を失ったままでした。そのため、自民・自由、自民・自由・公明、自民・公明・保守などと連立政権が続きます。

この間、新党の結成が相次ぎ、政党状況はめまぐるしく変転しました。九四年一二月には、新生党、民社党、日本新党、それに、公明党から分かれた公明新党など九党派が合同して新進党が結成されますが、これは三年後の九七年に、自由党や新党友愛など六党派に分裂します。ここから分かれた黎明《れいめい》クラブや新党平和は古巣の公明と合体して公明党を再結成しました。

表14　民主党の歩み

1992年5月	細川護熙前熊本県知事，日本新党結成
1993年6月	竹村正義ら10議員，自民党を脱党して新党さきがけを結成
	羽田孜・小沢一郎ら44議員，自民党を離党して新生党を結成
1994年12月	新生・公明・日本新・民社など9党派が合流し，214議員で新進党結成
1996年9月	さきがけ・社民両党が分裂し，民主党結成（鳩山由紀夫・菅直人代表）
1997年9月	両院議員総会で，菅代表・鳩山幹事長の新体制選出
1998年4月	民主・民政・新党友愛・民改連の4党が合流し（新）民主党を結成
1999年9月	代表選挙で鳩山候補が当選し，第2代代表に就任
2000年6月	総選挙で改選95議席から127議席に躍進
2002年12月	代表選挙で菅候補が当選
2003年10月	自由党，民主党に合流
2004年5月	代表選挙で岡田克也候補が当選
2005年9月	総選挙大敗で岡田克也代表辞任。前原誠二代表選出
2006年4月	メール問題の責任を取って前原誠二代表辞任。小沢一郎代表選出
2007年7月	参院選では60議席を獲得。参院で第1党となり江田五月議長選出

他方、社会党は九六年に社会民主党に衣替えしますが、一部が飛び出して新党さきがけや市民リーグなどと民主党を作ります。これに、新進党を飛び出して太陽党を結成していた羽田グループ、民主改革連合、旧民社党の新党友愛などが合流していきます。

さらに、自由党からは、自民党との連立解消を機に保守党が分かれ、後に保守新党となります。残った小沢グループの自由党は、二〇〇三年の総選挙直前に民主党に合流しました。これまでの民主党の歩みについては、表14をご覧下さい。

以上が、一九九三年からの一〇年間に生じた政界再編の概略です。これらの流動化の背景には、九〇年前後におけるソ連・東欧の崩壊、東西冷戦の終結、バブル経済の破綻《はたん》による右肩上がり経済の終焉《しゅうえん》などの事情があります。自民党長期政権の下、政官財の癒着《ゆちゃく》や各種の制度疲労が進み、既得権益の網の目が張り巡らされて政治腐敗と機能不全も蔓延《まんえん》していました。

九〇年代以降、政党の再編成と新党の結成が頻繁に生じた背景には、このような事情がありました。〇三年一〇月の自由党と民主党の合併、その直後の一一月の総選挙によって、自民・民主両党による「二大政党」的状況が生じつつありますが、それぞれ両党の内部には政策的な違いも小さくありません。共産党や社民党という「第三極」の存在もあり、政界再編の動きが続く可能性も否定できません。

†派閥とは何か。それはどのような経緯をたどってきたのか

派閥というのは、ある集団の内部に形成される小集団のことを言います。一般的には、特定の利害や考え方、出身学校(学閥)、出身地域(地域閥)、血のつながりや姻戚関係(閨閥《けいばつ》)、人間的な好き嫌いの感情など、派閥が作られる動機や原因は様々です。

日本の政党の中でも、このような派閥が重要な意味を持ったのは自民党です。それにはいくつかの理由がありました。

第一に、自民党は一九五五年に結成されて以来、単独で議会の過半数を占めるほどに多くの議員を擁《よう》していました。それだけ大きな政党であったために、他の政党よりも内部に小グループができやすいという一般的な事情があります。

第二に、キャッチ・オールパーティーと言われたように、自民党はイデオロギー的な幅が広く、多様な利害を包摂《ほうせつ》していました。このために、一面では、融通無碍《ゆうづうむげ》で無原則的な柔軟性を持つことになりますが、他面では、政党としてのまとまりや団結に乏しく、内部対立や抗争を生みやすくなります。この点でも、小グループができやすいということになります。

そして第三に、自民党は、戦後誕生した保守政党と中道政党をルーツとし、自由党と民主党の合同によって誕生したという事情があります。つまり、自民党結成以前からいくつかの政治グループが存在しており、それは自民党になってからも党内グループとして生き続けたというわけです。

自民党結成直後、これらのグループは一時的に流動化しますが、岸信介、石橋湛山《いしばしたんざん》、石井光次郎《いしいみつじろう》の三候補が激突した一九五六年の自民党総裁選挙を契機に次第に固定化し、「八個師団」と呼ばれた八つの派閥が形作られました。以後、指導者の死亡や後継者の不在などで数が減り、五大派閥に整理されます。佐藤栄作首相の後継をめぐって火花を散らした「三角大福中」（三木・田中・大平・福田・中曽根）の時代が、最も派閥が機能した時であり、またその弊害が高まった時でもありました。この自民党五大派閥の系譜については、図16（次頁）をご覧下さい。

派閥は基本的には、その中心に座るボスとの人間関係によってできたグループですが、人的な繋がり、考え方や政治手法などによって、一定の差異があります。解釈改憲の立場に立ち、経済主義的傾向が強く、日米関係機軸でコンセンサス（合意）重視の政治手法をとる吉田茂《よしだしげる》の流れを汲む大平派、田中派、福田派は「**保守本流**」と呼ばれました。本流の中でも、大平派は比較的ハト派でリベラル、福田派はタカ派で右翼的、田中派はその中間です。これに対して、「保守傍流《ぼうりゅう》」と呼ばれたのが、左

保守本流　自民党内の派閥において、吉田茂の人脈と政策路線を受け継ぐ潮流。政策的には、経済成長重視の経済主義、解釈改憲路線、日米協調を特徴とし、政治手法としては、コンセンサス重視の合意漸進路線をとる。「吉田学校」の優秀な生徒であった池田勇人と佐藤栄作、その子分であった大平正芳、田中角栄、福田赳夫などがそれに当たる。

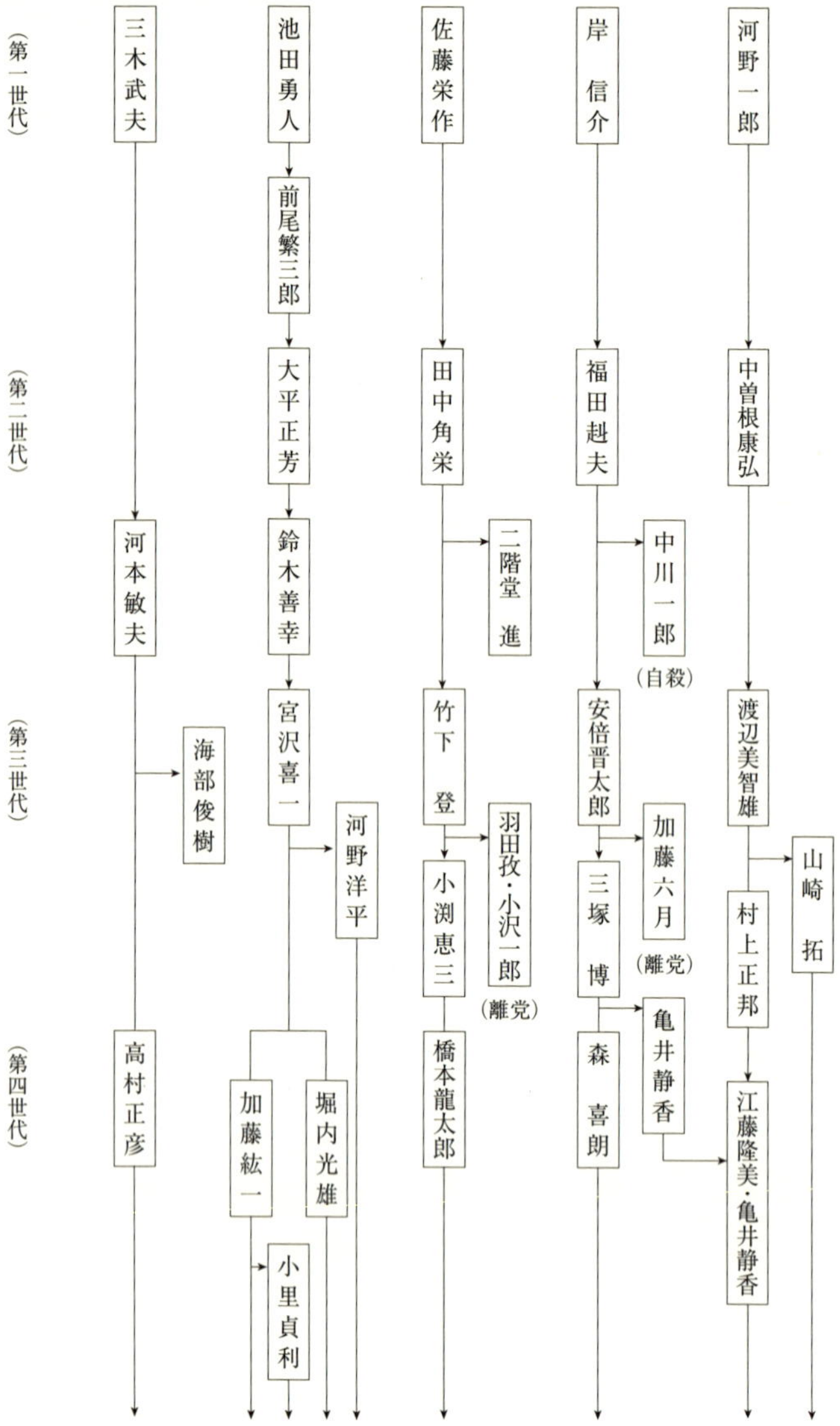
（第一世代）
（第二世代）
（第三世代）
（第四世代）
三木武夫
河本敏夫
海部俊樹
高村正彦
池田勇人
前尾繁三郎
大平正芳
鈴木善幸
宮沢喜一
河野洋平
加藤紘一
堀内光雄
小里貞利
佐藤栄作
田中角栄
二階堂　進
竹下　登
羽田孜・小沢一郎
（離党）
小渕恵三
橋本龍太郎
岸　信介
福田赳夫
中川一郎
（自殺）
安倍晋太郎
加藤六月
（離党）
三塚　博
亀井静香
森　喜朗
河野一郎
中曽根康弘
渡辺美智雄
山崎　拓
村上正邦
江藤隆美・亀井静香

図16　自民党五大派閥の系譜

派傍流の三木派と右派傍流の中曽根派です。

しかし、このような党内配置も、世代交代や分裂などを経るに従って、かなり変容してきています。かつて党内最大派閥であった田中派は竹下派を経て分裂し、小渕派と羽田・小沢グループに分かれます。前者はその後橋本派になり、後者は自民党を離党した後、離合集散を繰り返しながら、新生党→新進党→自由党→民主党と変転していきます。

田中派と深い繋がりがあった大平派は、鈴木派→宮沢派と総裁派閥になりますが、ここから河野グループが飛び出した後、加藤派に衣替えし、さらには「加藤の乱」（加藤紘一《かとうこういち》元幹事長が野党の提出する森喜朗《もりよしろう》内閣不信任案に同調する構えを示して挫折した事件）を契機に加藤グループと堀内派に分かれます。大平派は「宏池会《こうちかい》」を名乗っており、時々、河野グループ、加藤グループ、堀内派の合併による「大宏池会」構想が取り沙汰されるのは、これらのグループが「宏池会」という同一の出自《しゅつじ》をもっているからです。

「本流」派閥の中で田中派と覇権を競い「角福戦争」を繰り広げた福田派は、安倍派→三塚派→森派という経緯をたどります。途中、中川一郎グループ、加藤六月《かとうむつき》グループ、亀井グループの小分裂があり、亀井グループは、渡辺派を引き継いだ村上グループと合体して江藤・亀井派になります。

傍流右派の中曽根派は、その後、渡辺派となりますが、渡辺会長の死去後、山崎派が分裂します。残った村上グループが亀井グループと一緒になって、江藤・亀井派を結成するのは前述の通りです。

傍流左派の三木派は、河本《こうもと》派→高村《こうむら》派となり、その過程で海部《かいふ》グループが離れていきました。

†なぜ派閥が生まれ、存続してきたのか。それにはどのような問題点があるのか

自民党の中で派閥が結成され、それが存続してきた一般的な背景についてはすでに述べたとおりです。これに加えて、直接的な理由としては次のような点が挙げられます。

第一は、総裁選挙の存在です。自民党の総裁選挙は、政党の代表を選ぶ選挙でありながら、自民党が与党第一党ですから、実質的には首相を選ぶ選挙という意味を持ちます。総裁に当選すれば、国会で首相に選ばれることになるからです。そのため、首相の座をめざす有力議員は普段から子分を集めてグループを作り、総裁選挙に備える必要が出てきます。

第二は、衆議院の選挙制度の問題です。前述のように、以前の衆議院選挙は、三~五人を選出する中選挙区制でした。選挙区は一三〇選挙区で、衆議院の総定数は五〇〇人を超えていましたから、一選挙区で複数の候補者を当選させなければ、過半数には及びません。同一政党で複数の候補者が立つとなれば、党内で自分だけを応援してくれるグループや有力な後援者が必要になります。

第三は、人事やポスト配分のあり方です。自民党の役員人事や内閣の閣僚人事は、一般的には各派閥が推薦する名簿に従って決められます。したがって、ポストを手に入れるためには、派閥に入っていた方が有利だということになります。無派閥では、なかなか党役員や大臣の順番が回ってきません。

第四は、個々の議員の利便性という問題があります。当選したばかりの新人議員は、国会の中の様子や慣例など、詳しいことを知りません。政治資金も少なく、自分で解決できる問題も限られています。このような新人議員の面倒を見て教育し、資金を用立て、相談に乗ってくれるのが、派閥の先輩や有力議員です。

このように、派閥には、そのトップに立つボスにも、それに加わる子分たちにも、それぞれの側でのメリットがあります。したがって、密室での談合や抗争、取引などによって政治が動くということで派閥の弊害《へいがい》が批判され、「派閥解消」の声が挙がっても、なかなか派閥はなくなりません。加えて、「派閥解消」を唱えるのは往々にして権力を握った総裁派閥であり、「派閥解消」運動自体が派閥抗争の意味を持つという面もあります。

しかし、総裁選挙が総裁候補者の個人的人気や世論動向によって左右され、衆議院の選挙制度が小選挙区比例代表並立制になり、党や政府のポスト配分において派閥の発言力が低下するにつれて、従来よりも派閥の存在意義は薄れてきています。このような傾向が今後も続くとすれば、派閥の凝集《ぎょうしゅう》力《りょく》はさらに低下することになるでしょう。

ただし、その場合でも、このような小グループに参加する個々の議員にとっての利便性がまったくなくなってしまうとは思われません。団結力や凝集力が低下するとはいえ、自民党の下部システムとしての派閥はしぶとく生き残っていくのではないでしょうか。

なお、政党の下位集団としての派閥のようなグループは、かつての社会党にも、現在の民主党にも存在しています。旧社会党の派閥は、イデオロギーの違いや戦前の無産政党の所属の違いなどを反映し、左派・右派・中間派などに分けることができました。しかし、このような違いも時の経過と共に曖昧《あいまい》になり、最終的には右派は社会党から飛び出して民主党へと流れ込みます。残った左派の一部は社会民主党(社民党)を結成しますが、二〇〇三年の総選挙で大打撃を受け、存亡の危機に直面したことは前述の通りです。

民主党にも派閥に似たグループがいくつかあります。いずれもかつて属していた政党ごとに形成されているグループです。まず、党首の菅直人《かんなおと》を中心とする旧社民連系のグループがあります。最近民主党に合流した旧自由党系は小沢一郎を中心としたグループを作っています。このほかに、旧社会党系の横路孝弘《よこみちたかひろ》グループ、旧さきがけ系の鳩山由起夫《はとやまゆきお》グループ、旧民社党系の中野寛成《なかのかんせい》グループ、旧新生党系の羽田孜グループがあります。このうち、旧自由党系、旧さきがけ系、旧新生党系の三グループは、いずれも自民党から分かれてきた人々です。

これらの人々が派閥に似たグループを作っているのは、新党を寄せ集めた「選挙互助会」として誕生したという民主党結成時の事情を反映しています。また、これらのグループが政策的にはかなりの違いがあり、人事や政策面での発言力を競っているという党内事情の反映でもあります。これだけの幅広いグループを一つの党に結集したというのは、政党としての包括性を高めるという点ではプラスになりますが、対立の芽を宿して凝集力を弱めるという点ではマイナスになるでしょう。

†政治家にはどのような人がなるのか。世襲や「二世議員」が生まれるのは何故か

政治家にはどのような人がなるのでしょうか。二〇〇三年一一月現在の国会議員の出身分類は、表15のようになっていました。これは世代交代推進協議会公式ホームページ(http://www.sedaikoutai.net/kokkai.html)からとったものです。これを見ると、全体で最も多いのは地方議会出身者です。そのほかには労働組合の役員、マスコミ界や弁護士、医療関係者などです。もちろん、普通のサラリーマンもいますが数は少なく、サラリーマンにとって国会議員への「転職」は至難の業だといえるでし

表15　国会議員の出身分類

	衆議院	割合(%)	参議院	割合(%)	全体	割合(%)
2,3世議員	131	30.5	25	12.1	156	24.6
中央官庁	81	18.9	38	18.4	119	18.7
地方議会	120	28.0	58	28.2	178	28.0
地方自治体	31	7.2	17	8.3	48	7.6
労働組合	16	3.7	26	12.6	42	6.6
報道	30	7.0	10	4.9	40	6.3
法曹	20	4.7	11	5.3	31	4.9
スポーツ・芸能	5	1.2	8	3.9	13	2.0
医療	13	3.0	16	7.8	29	4.6
その他	113	26.3	22	10.7	135	21.3

よう。

　これとは反対に、国会議員の有力な供給源になっているのが、中央官庁のお役人(高級官僚)です(二〇〇三年総選挙では七三人当選)。ただし、同じ官僚出身といっても、時代によって多少の変化があります。かつては事務次官クラスの大物が政治家に転身し、すぐに大臣などに起用されることがありましたが、自民党内でのキャリア・パス(昇進経路)が整備されてからは課長クラスの若手が立候補するようになりました。大臣になるためには一定の当選回数が必要であり、そのためには若い時から政治家になって当選回数をかせぐ方が有利だからです。

　さらに、最近では、旧来の政治のあり方に疑問や問題意識を持つ若手官僚が出現しています。これらの人々は自民党などの与党ではなく、民主党などの野党から立候補するという傾向も出てきています。政治の転換を志す彼らは若く、これからのチャンスと可能性にかけて野党を選んでいるということかもしれません。

　なお、日本の国会議員における大きな問題点は、女性議員が極端に少ないことです。二〇〇五年の総選挙で、女性の当選者は四五人で一九四六年の三九人を五九年ぶりに更新しましたが、それでも比率は九・四〇%にすぎません。列国議会同盟（IPU、本部・ジュネーブ）が公表（二〇〇八年一〇月三一日）している各国の女性議員比率ランキング（下院または一院）に当てはめると、データのある一八八カ国中一三九位になります。世界平均は一八・五%ですから、その半分ほどで、OECD（経済協力開発機構）加盟三〇カ国の中では下位から二番目、日本より低いのはトルコ（九・一%）だけという惨状です。

もう一つの大きな問題は、父母や祖父母の後を継いだ二世、三世などの世襲《せしゅう》議員が多いことです。表15では議員全体の二四・六%になっています。〇三年の総選挙では一五〇人が立候補して、前回より一二人多い一二二人が当選しました。この選挙での主な新人世襲候補は、表16（次頁）のとおりです。

立候補の自由があって誰でも議員になれるのだから、結果として近親者に議員がいても問題はないという意見があります。これは正論のように見えますが、誤っています。政治家を志した人がたまたま二世や三世だったという例はまれであり、逆に、二世や三世だから政治家を志す、あるいは政治家となることを求められるという例がほとんどだからです。

なぜ二世などが政治家をめざすのでしょうか。それは、普通の人にとって、政治家になるには多くのコストがかかるからです。世襲議員であれば、このコストをかなり抑えることができます。

俗に、選挙にはジバン、カバン、カンバンの「三バン」が必要だといわれます。最初の地盤は後援会や支持者などの選挙地盤で、二番目の鞄は選挙資金、三番目の看板は知名度です。例えば親が議員だった場合、後援会や支持者を受け継ぐことができ、選挙資金も援助してもらえるかもしれません。

何よりも大きな武器は、親と同じ名字です。なかには、中村《なかむら》喜《き》四郎《しろう》元建設相のように、わざわざ改名して父親と同じ名前にしてしまう人まで出てきます。このようなメリットがあり、優位性があるために当選の確率も高まります。その結果、二世・三世の議員が増大するということになります。

たとえ、本人にその気がなくても、周りから勧められていやいや立候補するということもあります。議員後援会を維持するための候補者が必要だからです。特に保守系の議員後援会は、陳情の口利き、地元の公共事業の割り振りや仕事の紹介、利権の配分などの面で大きな役割を演じています。また、後援会は支持者の親睦《しんぼく》団体としても機能しています。議員が引退して後援会が解散すれば、このような機能も消滅します。それでは困るということで、むりやり近親者を立てて後援会の維持・存続を図

表16　2003年総選挙での主な新人世襲候補

（＊は無所属・自民党推薦）

▽父が今回引退

選挙区	候補	父または義父
〈自民〉		
茨　城３区	葉梨　康弘	葉梨　信行
千　葉７区	松本　和巳	松本　和那
新　潟６区	高鳥　修一	高鳥　　修
長　野５区	宮下　一郎	宮下　創平
静　岡２区	原田　令嗣	原田昇左右
大　阪４区	中山　泰秀	中山　正暉
兵　庫５区	谷　　公一	谷　　洋一
奈　良３区	奥野　信亮	奥野　誠亮
＊宮　崎２区	江藤　　拓	江藤　隆美
＊宮　崎３区	持永　哲志	持永　和見
比例北関東	中山　一生	中山　利生
〈民主〉		
福　島１区	石原信市郎	石原健太郎

▽父が前回までに引退

〈自民〉		
北海道８区	佐藤　健治	佐藤　孝行
茨　城５区	岡部　英明	岡部　英男
東　京６区	越智　隆雄	越智　通雄
滋　賀３区	宇野　　治	宇野　宗佑
沖　縄４区	西銘恒三郎	西銘　順治
比例中国	加藤　勝信	加藤　六月
〈民主〉		
山　形２区	近藤　洋介	近藤　鉄雄
埼　玉７区	小宮山泰子	小宮山重四郎
千　葉３区	岡島　一正	岡島　正之
長　野２区	下条　みつ	下条進一郎
兵　庫５区	梶原　康弘	梶原　　清
和歌山２区	岸本　　健	岸本　光造

▽父が現役

〈自民〉		
東　京３区	石原　宏高	石原慎太郎
〈民主〉		
東　京８区	鈴木　盛夫	鈴木　淑夫
岡　山１区	菅　源太郎	菅　　直人

〔出所〕『日本経済新聞』2003年10月23日付。

ることになります。

こうして、議員を中心とした利益共同体が存続していきます。世襲議員によって有能でやる気のある候補者が排除され、無能でやる気のない議員が生まれてしまうという問題も生じます。同時に、このような利益共同体が再生産され、既得権《きとくけん》構造が維持され続けるという問題もあります。これでは、政治は変わりません。議員が交代しても、地域の利権構造には変化がないわけですから……。

国会議員には、その自由な政治活動を保障するためにさまざまな特権が与えられています。憲法で保障されているのは国会の会期中には逮捕されない不逮捕特権(現行犯の場合と議院の許諾がある場合は例外。憲法施行後、一八回の請求例があり、一六例が許諾)と、院内での発言や表決について院外で責任を問われない免責《めんせき》特権(悪質な場合には民事・刑事上の責任が問われる場合があり、院内で懲罰を受けることもある)の二つです。国会開会中に議員を逮捕するためには**逮捕許諾請求**が必要です。これ以外にも、歳費(給与)と期末手当(年三回のボーナス)で年間約二三〇〇万円の収入(一般職国家公務員の最高額より低くない歳費で東大・京大学長と同額)、月額一〇〇万円の通信交通費、月額六五万円(所属する政党に支給)の立法事務費、低家賃の議員宿舎と議員会館、秘書三人分の国費支給、JR無料パスまたは航空券の支給、公用車の利用などの特典もあります。特に批判の強かったのが、退職後に支給される議員年金です。毎年四一二万円の年金が死ぬまでもらえる制度でしたが、二〇〇六年二月に廃止法が成立し、順次、減額されることになりました。

このような特権や特典は、基本的には言論の自由を守り議員としての活動を保障する上で必要なものです。同時に、このような特権の上にあぐらをかいたり、それが悪用されたりすることのないようにしなければなりません。議員年金などは、国会法にも規定されていない「お手盛り」ですから、これを廃止して一般の国民年金と同額にするべきです。

特権にあぐらをかかない議員を増やすという点からも、国会議員、特に衆議院議員には、普通の生活感覚を持った市民になってもらいたいものです。一般庶民の生活がどうなっているのか、普通の市民が何に苦しみ、どのような問題を抱えているのか。その実状を良く知っている人こそ、国会議員にふさわしいと言うべきでしょう。

ところが、実際の国会議員には、小さいときからエリートとして育ち、庶民の生活に触れたことのない人たちが多すぎます。特に自民党の世襲議員にはこのような人が目立ちます。世襲だから会社員でも当選できるのだという人もいますが、国会議員の子どもが、どこまで普通のサラリーマンとして扱われるのでしょうか。コネで入社し、ちやほやされてろくに仕事も任されたことのないサラリーマンが、どこまで庶民感覚を会得できるのでしょうか。

「先生」と呼ばれてふんぞり返っているような議員はもうたくさんです。お茶をついでもらったら、自然に「ありがとう」という言葉が出てくるような世間常識を備えた「普通の人」にこそ、ぜひ国会議員になってもらいたいものです。

逮捕許諾請求　国会会期中の「不逮捕特権」を持つ議員を逮捕するための手続き。まず検察庁が逮捕状を裁判所に請求し、裁判所が「逮捕相当」と認めれば内閣に許諾要求書を出して内閣が院の議長に許諾請求する。議院運営委員会で審査したうえで本会議で議決し、認められれば裁判所が逮捕状を出す。

第Ⅲ章　日本政治の課題と展望

この章では、現代日本政治の変革に向けての課題と条件について扱います。ここまでの政治構造の検討と日本の特徴をふまえて、二一世紀において政治を改革することはできるのか、それを実現するための課題は何か、そのためには何が必要なのか、そのような条件はどこにあるのかを探ることにしましょう。

†最大の課題は「政権交代のある民主主義」の実現

戦後日本の政治システムは、世界の中でも大きな特異性を持っています。それは、戦後長く、特定の政党が政権の中心に居座り続けているということです。ひとことで言えば、自民党の長期政権による、政権交代の不在です。

すでに述べたように、自民党は戦後結成された自由党、進歩党、国民協同党をルーツにしています。さらに、戦前では政友会と民政党という保守政党がそのルーツです。つまり、政党の流れから言えば、戦前から今日までほぼ一貫して同じような政党が政権を担当してきているということになります。これは、世界の中でも日本だけに見られる異常な現象です。

特に、戦前から戦後にかけて、あれだけの大きな戦争を経験し、三〇〇万人もの死者が出るほどの甚大な被害を受け、連合国の占領軍による支配があり、さらには現在の新しい憲法が制定されたにもかかわらず、戦前からの政治的な流れが完全には切断されなかったというのは、まったく驚くべきことです。日本の歴史における「革命」的転換の不在、根強い継続性という特徴が、戦後の出発点においても現れたわけです。

戦前の政治家の三分の一は戦後復活し、戦後の保守政治家の多くは戦前の天皇制官僚から供給されました。たとえば、東久邇稔彦《ひがしくになるひこ》、吉田茂《よしだしげる》、芦田均《あしだひとし》、鳩山一郎《はとやまいちろう》、岸信介《きしのぶすけ》、池田勇人《いけだはやと》、佐藤栄作《さとうえいさく》、三木武夫《みきたけお》、福田赳夫《ふくだたけお》、大平正芳《おおひらまさよし》、中曽根康弘《なかそねやすひろ》、宮沢喜一《みやざわきいち》などの首相は、いずれも戦前の軍人、政治家、官僚出身者でした。

このように戦前からの価値観や人脈を引きずっている人々が戦後の政治指導者となり、戦後日本の政治運営を担当しました。占領軍の非軍事化・民主化政策の下で「**戦後改革**」が進められますが、占領期の後半である一九五〇年代に入ると、もう左翼や民主運動への弾圧などの「**逆コース**」が始まっています。

そこには、一九四九年に中国革命が成功して社会主義国が誕生し、五〇年からは朝鮮戦争が始まるという国際環境の変化が大きく影響していました。同時に、政治を担う主体が旧態依然たるもので、スキあらば戦前のような旧体制に戻そうと狙っている人たちだという点も大きかったと思われます。占領軍の重しがとれていくに従って、これらの人々がうごめきだしていったからです。

一九五五年の自民党の結成によってこれらの人々は一つにまとまりました。戦後一〇年経ち、保守勢力の中には、田中角栄《たなかかくえい》など戦後の大衆民主主義状況に適応しようとする人々も生まれてきましたが、戦前的な志向性を持つ人々も一掃されませんでした。こうして、戦後政治のメイン・ストリームの中に、反憲法的戦前的要素が残り続けることになります。

そうなった理由の一つは、すでに述べたように、戦前と戦後とがはっきりと断絶しなかったからです。もう一つの理由は、そのようにして受け継がれた政治の中枢が、基本的に転換しなかったからです。それは、政権交代がなかったからです。

戦後、自民党的な潮流が政権を離れたのは、一九四七年に成立した片山哲《かたやまてつ》内閣と翌四八年成立の芦田均内閣、一九九三年に成立した細川護熙《ほそかわもりひろ》内閣と翌九四年成立の羽田孜《はたつとむ》内閣の二回あります。しかし、前者の場合、いずれは自民党に流れ込む民主党と国民協同党、後者の場合、自民党から分かれた新生党と新党さきがけなど、自民党の流れを汲む保守政党を連立内に含んでいました。政権交代としては極めて不十分なものであり、官房副長官をはじめとした官僚の交代もなく、基本政策の承継がう

戦後改革　一九四五年の日本の降伏後、占領軍が主体となって行われた非軍事化と民主化をめざした改革。中心は非軍事化にあり、民主化はそれに役立つ限りにおいて実行された。帝国陸・海軍の解体、平和憲法の制定、絶対主義的天皇制の象徴天皇制への転換、財閥解体、農地改革、教育の民主化、弾圧法規の撤廃、労働運動の奨励などがその内容。

逆コース　対日占領政策の転換に伴う非軍事化・民主化政策への逆行現象。この転換は一九四八年頃から始まり、五〇年代以降、レッドパージ、戦犯の追放解除、警察予備隊による再軍備などが進められた。講和条約発効後も、独占禁止法の緩和、軍人恩給の復活、教員の政治活動禁止、自治体警察の廃止、保安隊の自衛隊への改組などがあいついだ。

たわれました。実際、大きな政策転換や政治の枠組みの変更などは生じませんでした。

以上の結果、有力政治家によって憲法は無視され、日本は憲法の予定するものとは異なった「国のかたち」を示すことになりました。日本政治が抱えている多くの問題はここから生じています。自民党があまりにも長く政権についていたため、自民党は国家政党化し、政・官・財(業)の「鉄のトライアングル」が形成され、癒着《ゆちゃく》と腐敗が蔓延《まんえん》するという状況が一般化したからです。

〝諸悪の根源〟は政権交代の不在であり、憲法の平和・民主主義原則をないがしろにする政党が政権の中枢に座り続けてきたところにあります。政権の交代によって、このような状況を根本的に転換しなければなりません。したがって、「政権交代のある民主主義」を実現することこそが、二一世紀における日本政治の最大の課題だということになります。

†二大政党制と政治の根本的転換

二〇〇三年の総選挙で民主党が勢力を伸ばし、日本にも「二大政党制」的な状況が生まれました。民主党は、自民党に対抗して「政権選択」を迫ることのできる政党だというわけです。日本にも「政権交代のある民主主義」が実現するのでしょうか。ここには検討しておかなければならない、いくつかの問題があります。

第一に、二大政党制は政権交代を可能にするのかという点です。これには、「イエス」とも「ノー」とも答えられます。小選挙区制は二大政党に有利であり、二つの大政党が力を増すことは明らかです。しかし、この二つの政党が政権を交代しあうことになるとは限りません。

小選挙区制は得票率と議席率の乖離《かいり》を招きますから、過半数以下の得票率で過半数以上の議席を占めることもあります。そうなれば、得票率が過半数を割っても政権交代は起きません。逆に、過半数以上の得票率でも議席率が過半数以下になる場合があります。この場合にも、支持が増えても政権交代は起きません。表1のように、このような逆転現象は、一九五一年と一九七四年の二回、現にイギリスで起きています。

表1　イギリスの逆転選挙

	1951年 労働党　保守党	1974年 保守党　労働党
得票率	48.4＞48.0	38.2＞37.2
議席数	295＜321	297＜301
(議席率%)	(47.2＜51.4)	(46.7＜47.4)

［出所］　西平重喜『統計でみた選挙のしくみ』講談社，1990年。

第二に、政権が交代するとして、政策の根本的な転換が生ずるのかという点です。二つの政党のうちのどちらかが過半数以上の議席を占めるためには、膨大な中間層の支持を獲得しなければなりません。したがって、二つの大きな政党は次第に似通った政策を掲げるようになりがちです。逆に、同じような政策では見分けがつきませんから、互いに差別化を競うために、相手とは異なる「目玉」政策を打ち出すことになります。

このような与党と野党が政権を交代した場合、大部分の政策は同じで、一部の「目玉」政策だけが異なるということになるでしょう。それでは政治の大きな枠組みは変わりません。このような政権交代では、政治は確かに安定しますが、政治の抜本的な転換を実現することはできないでしょう。

第三に、日本でいま生じつつある二大政党制は、実際にはどのようなものになろうとしているのかという問題があります。世界では、アメリカの二大政党制（左派でリベラル的な民主党と右派で保守的な共和党）とイギリスの二大政党制（左派の労働党と右派の保守党）が良く知られています。二大政党制といえば、イギリスがモデルとされるのが通例です。ただし、イギリスでも二〇〇一年六月の総選挙で、労働党四一三、保守党一六六、自由民主党五二、アルスター統一党一一、スコットランド民族党五、ウェールズ党四、その他八となっているように、二大政党以外の政党が存在していることに注意する必要があります。

日本で予想されているのは自民党と民主党の二つの政党が対峙するという構図ですが、イデオロギーや政策でどちらが右か左かということは、はっきりしません。というのは、自民党よりも右に位置するような人々を含む自由党が民主党に合流したからです。そのために、民主党の政策的な幅は拡大しましたが、政策的なスタンスはあいまいになりました。

一応、民主党はリベラルで自民党は保守的だと見られています。しかし、**新自由主義**に基づく構造改革の推進、憲法の見直し、消費税の税率引き上げなどの点では、両者に大きな違いはありません。ライスカレーとカレーライスはどう違うのかと問われるようなものです。カレーが上にあるか下にあるかで見た目は確かに別ですが、食べてしまえば同じです。

このように考えると、二大政党制は通常言われているほど、理想的な政党制ではないということが分かります。世界が東西両陣営に分かれて対峙し、イデオロギー的にも左右に分裂している時代には、このような政党制も存立根拠があったかもしれませんが、今やそれは時代遅れになっています。多様化し、複雑化した現代社会において、政治的な選択肢が二つしかないというのでは、社会内に存在している利害対立を政治的に総括し代表することができません。

このような点から言えば、英米的な二大政党制よりも、ヨーロッパの大陸諸国のような多党制の方が良いということになるでしょう。選挙制度も、小選挙区制ではなく比例代表制を基本とした制度にするべきです。

そのためには、衆議院における現行の小選挙区比例代表並立制の改革が不可欠でしょう。小選挙区制をやめて比例代表制一本にするというのが、私の提案です。選挙区は現行のブロック制を残しても良いでしょう。

しかし、この改革は大変困難です。というのは、小選挙区制は大政党に有利ですから、大政党は小選挙区主体の制度にしようとします。民主党はこの「制度の罠《わな》」にはまって、比例代表の定数を一八〇議席から八〇議席削減するという案を出しました。そうなれば、ますます「二大政党」化は進むでしょうが、政治の根本的な転換は先送りされてしまいます。

†政権交代と政治腐敗の根絶

政権交代は、政治腐敗の根絶にとっても基本的な条件だといえます。流れない水はよどみ、腐ってボウフラが湧いてきます。どんなにきれいな水であっても、それは避けられません。同一の政党が政権を担い続けていれば、官僚や業界団体と〝腐れ縁〟ができていくのも自然の摂理《せつり》だと言えるでしょう。政治改革後においても、このような政治腐敗がなくなっていないことは、表2（次頁）からも明ら

新自由主義　ハイエクやフリードマンらを代表とする新保守主義経済学の一流派。ケインズ主義的な福祉国家に対抗して「小さな政府」を主張し、古典的な自由放任ではなく、法の下での自由、ルールに基づく自由競争を説いた。サッチャーリズムやレーガノミックスなど、国有企業の民営化や規制緩和政策に大きな影響を与えている。

表2　逮捕または在宅起訴された国会議員(1986年以降)

年	事件	議員名(所属政党)	容疑
1986年	撚糸工連事件	稲村左近四郎(自民)	収賄
1989年	リクルート事件	藤波孝生(自民)	受託収賄
1990年	国際航業事件	稲村利幸(自民)	所得税法違反(脱税)
1992年	共和汚職事件	阿部文男(自民)	受託収賄
1993年	巨額脱税事件	金丸信(自民)	所得税法違反(脱税)公判中に死去
	公職選挙法違反事件	新間正次(民社)	公職選挙法違反
1994年	ゼネコン汚職事件	中村喜四郎(自民)	あっせん収賄
	所得税不正還付事件	大谷忠雄(新生)	所得税法違反(脱税),政治資金規正法違反(虚偽記載)
	所得税不正還付事件	近藤豊(日本新)	所得税法違反(脱税),政治資金規正法違反(虚偽記載)
1995年	東京共和・安全2信組乱脈融資事件	山口敏夫(新進)	背任,詐欺など
1997年	オレンジ共済組合事件	友部達夫(新進)	詐欺
1998年	防衛庁汚職・秘書給与詐取事件	中島洋次郎(自民)	受託収賄,詐欺など。上告中に自殺
1999年	証券取引法違反事件	新井将敬(自民)	証券取引法違反。逮捕直前に自殺
2000年	公職選挙法違反事件	小野寺五典(自民)	公職選挙法違反(寄付行為の禁止)
	建設省汚職事件	中尾栄一(自民)	受託収賄
	公職選挙法違反事件	飯島忠義(自民)	公職選挙法違反(事後買収)
	秘書給与詐取事件	山本譲司(民主)	詐欺
2001年	ＫＳＤ事件	小山孝雄(自民)	受託収賄
	ＫＳＤ事件	村上正邦(自民)	受託収賄
2002年	やまりん・島田建設事件	鈴木宗男	あっせん収賄,受託収賄
2003年	政治資金規正法違反・詐欺事件	坂井隆憲(自民)	政治資金規正法違反(虚偽記載),詐欺
	秘書給与詐取事件	辻元清美(社民)	詐欺
	公職選挙法違反事件	近藤浩(自民)	公職選挙法違反(買収)
	公職選挙法違反事件	新井正則(自民)	公職選挙法違反(買収)
2004年	秘書給与詐取事件	佐藤観樹(民主)	詐欺
2005年	強制猥褻事件	中西一善(自民)	猥褻罪で現行犯逮捕
	弁護士法違反事件	西村真悟(民主除籍)	法律事務所の元職員への名義貸し
	傷害事件	木俣佳丈(民主離党)	飲食店で女性従業員に暴力

かです。

政権交代によってよどんだ水を流し、新しい水に入れ替えなければなりません。政権交代が起きていないという事実は、そのことだけでも日本という国において民主主義が機能しているのかという疑惑を招きます。このような疑惑を一掃し、政治の刷新を図るという意味で、どのような政権交代であっても、それ自体に意味があるというべきでしょう。

しかし、政権交代すれば全ての政治腐敗が一挙になくなるというわけではありません。また、政権交代しなければ、どのような腐敗防止策も不可能だというわけでもないでしょう。たとえ政権交代がなくても、政治腐敗を防止するための具体的な方策に着手することは可能であり、必要なことです。まず、すぐに取り組まなければならないことは、**企業・団体献金**を禁止することです。どのような企業・団体献金にも、ある種の賄賂《わいろ》性があるからです。何かしてもらいたいという底意があるからお金を渡すわけで、企業や団体の利益にならない献金は、ただの無駄遣いになってしまいます。

そのような底意や要望が明示され、請託《せいたく》(お願い)と職務権のある人へのお金の受け渡しの関係がはっきりしていれば、贈収賄罪《ぞうしゅうわいざい》になります。もし、まったく何の見返りもなくお金を渡すだけなら、企業経営者は企業に損害を与えるかもしれず、株主から背任に問われかねません。いずれにしても、このような不明朗なお金の受け渡しはきっぱりとやめるべきでしょう。

企業・団体献金　企業や労働組合などの団体からの政治献金。二〇〇〇年の政治資金規正法改正では、政治家の資金管理団体への献金が禁止された。しかし、政党への献金は自由で政治団体間の寄付も許されているため、政党支部が企業献金の新たな受け皿になっている。政党支部を持たない無所属議員や首長は企業献金は受けられない。

実は、一九九三年の政治改革関連四法案の審議に際して、このような企業・団体献金の禁止が検討されたことがあります。このときは反対が強く、五年後に見直すことになり、その代替措置として政党助成金の導入が決められました。

こうして一九九五年以降、国庫から政党助成金が支払われるようになり、二〇〇七年までに総額三八四〇億円支出されました。二〇〇七年分の各党への配分額は、自民一七一億円、民主一〇四億円、公明二九億円、社民一〇億円、国民新三億円、新党日本二億円となっています。共産党だけは、支持もしていない政党に強制的に献金させる制度であり、憲法の定める思想・信条の自由に反するとして廃止を要求し、政党助成金の受け取りを拒否しています。共産党は、企業・団体献金も受けていません。

このように、政党助成金が支払われるようになっていますが、企業・団体献金の方はそのままです。公金によって政党活動への助成が行われていますから、企業・団体献金を禁止しても政党は困らないはずです。一方を止めるからということで他方をもらっているのに、両方をもらい続けるというのでは詐欺《さぎ》のようなものではないでしょうか。

一九九四年と二〇〇〇年の政治資金規正法改正で、政治家個人への寄付が制限され、政党や政治資金団体に限られるようになりました。ところが、政党から政治家個人や政治家の資金管理団体・政治団体への寄付は自由にできます。つまり、図1で示されるように、企業や労働組合などから政党を通じて特定の政治家に献金する指定寄付行為という抜け道があるわけです。これをふさがなければ、政治家個人への寄付はなくなりません。

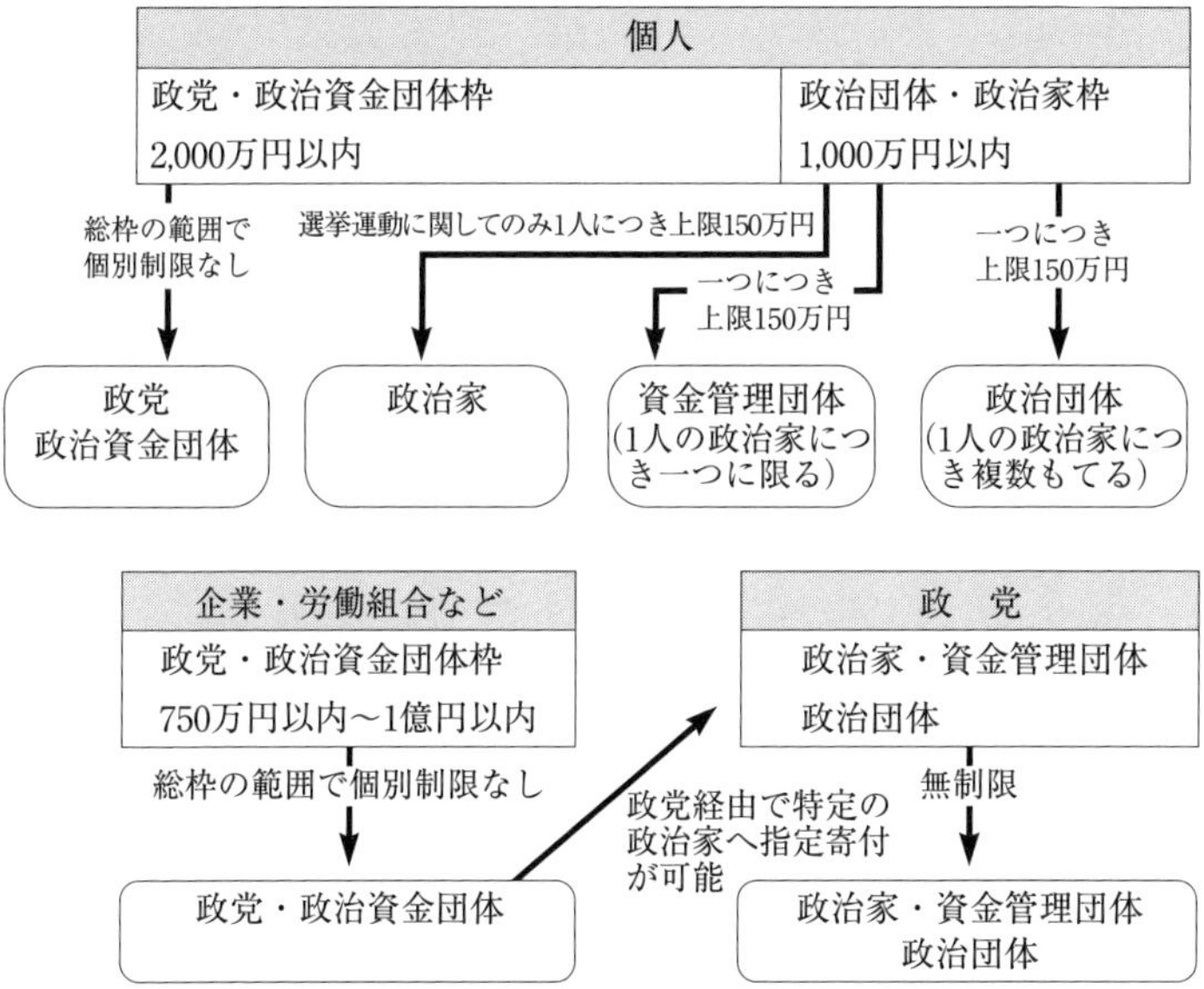

図1　個人献金と企業・団体献金のしくみ

以前、私は政党助成金について、廃止することを主張していました。しかし、今ではかなり定着していることもあり、一度に両方をやめることは難しいと思うようになりました。当面、企業・団体献金の禁止を求め、政党助成金については、その使い道を厳しく監督し、透明化を徹底することが現実的かもしれません。

政治活動には一定のお金がかかります。それはやむを得ないことです。問題は、お金を受け取るということではなく、おかしなひも付きの汚いお金を受け取るところにあります。また、このお金が正当な政治活動に支出されていれば問題はありません。マイホームや別荘、マンションの購入代金、ひどいときには愛人への手当やペアウォッチの購入など、政治活動とは何の関係もない私的な支出として流用されるのが問題なのです。

これを避けるためには、政治資金の流れをはっきりさせ、それが不正に使われていないこと、きちんと政治活動に使われていることが、誰にも分かるようにしなければなりません。この点では、政治資金についての情報公開が極めて重要です。

不正なお金によって政治が動かされ、政治の公平性が阻害されたり私的蓄財に流用されたりしないためには、政治腐敗防止法など独自の法制度を整備しなければなりません。買収などお金が絡んだ選挙違反に対する罰則の強化や裁判の迅速化も必要でしょう。政治倫理の必要性を抽象的に繰り返すのではなく、このような具体的で実効性ある法律や制度を作っていくことが求められます。もちろん、最終的には、腐敗政治家を選挙で落とすことが必要でしょう。

†企業社会の是正による新しい福祉国家の実現

政権交代によって政治を刷新し、政治を根本的に転換させることが必要です。それは、これまでとは違ったまったく新しい国家や社会を実現することになるでしょう。一体、どのような国家・社会になるのでしょうか。

今の日本には、国家・社会のあり方として三つのモデルが提起されています。一つは、「抵抗勢力」が守ろうとしているこれまでの日本のあり方です。二つ目は小泉首相や民主党のめざすアメリカ型の新自由主義に基づく「軍事国家」です。そして三つ目が「**第三の道**」、すなわち北欧型の**社会民主主義**的な福祉国家です。

これまでの日本が「企業国家」あるいは「土建国家」と呼ばれるような財政支出の特徴を持っていることはすでに述べたとおりです。これをアメリカ型の「軍事国家」に変えていくのか、それともヨーロッパ型の「福祉国家」に変えていくのかという選択でもあります。

これまでの日本は、「右肩上がりの経済成長」の下で財政支出を増やし、軽微《けいび》なインフレと公共事業によって景気の浮揚を図るというやり方でした。国民はよい大学を出て大企業に就職し、企業に楯突かずまじめに勤めてさえいれば定年まで雇用が保障され、年功序列制度の下で給与も少しずつ上昇しました。定年になれば巨額の退職金を支給され、年金によって安定した老後が約束されるというものです。

しかし、このような「日本モデル」を支えてきた「右肩上がりの経済成長」は過去のものとなりました。九〇年代に入って以降、「バブル経済の崩壊」によって不況が深刻化し、デフレ・スパイラル状況が生じたからです。物価下落、収入の減少、購買力の低下と消費不況、販売不振、需要低下による再度の物価下落というデフレによる螺旋状《らせんじょう》（スパイラル）の景気後退がデフレ・スパイラルであり、これによって経済不況が長期化しています。

第三の道　資本主義の道（第一の道）ではなく、これまでのような社会民主主義の道（第二の道）でもない、新しい社会民主主義的な道。第一の道の市場原理と第二の道の社会的公正とをあわせ持つ「中道左派」の方向を展望している。通常は英ブレア政権が例とされているが、第二の道の左に位置する北欧諸国の社民党を指す場合もある。

社会民主主義　議会制民主主義の方法によって、議会を通じて漸進的に社会主義を実現しようとする思想と運動の総称。マルクス主義を認める広義のものから、それを否認し理想主義的ヒューマニズムを掲げる狭義のものまで多種多様な形態がある。社会党や民主社会党、社会民主党などの思想的基盤となった。

このようななかで登場してきたのが、新自由主義に基づく「構造改革」でした。その端緒は、早くも一九八二年の中曽根康弘内閣の**「臨調・行革」路線**によって始まりましたが、本格化するのは**橋本《はしもと》龍《りゅう》太郎《たろう》内閣が「六大改革」**を打ち出した一九九六年頃からです。その後、小渕恵三《おぶちけいぞう》・森喜朗《もりよしろう》内閣で一定の揺れが生じますが、小泉純一郎《こいずみじゅんいちろう》内閣になって以降、この方向が前面に打ち出されます。

しかし、長期の経済不況もあって、景気回復を優先するために公共事業に力を入れるべきだという声も、自民党内に根強く残っています。これらの人々は、「改革」に抵抗しているということで「抵抗勢力」と呼ばれました。九三年に「政治改革」が問題になった時も、これに抵抗する人々は「守旧派」と呼ばれ、改革推進勢力の標的とされました。このように、自らに反対する勢力にレッテルを貼って悪印象を与え、それとの対抗関係を演出することで世論の支持を獲得するという手法がとられてきました。

こうして、小泉首相の下で「構造改革」が政治の主要課題となったわけですが、ここでいう「改革」は、各種の規制を緩和あるいは撤廃することです。あまりにも規制が多く、また強いために自由な経済活動が阻害され、景気が浮揚《ふよう》しないのだというわけです。そのためには、政府の関与を減らして自由化することが必要になります。このような主張が「新自由主義」と呼ばれるのは、そのためです。

小泉内閣は構造改革に向けての「骨太の方針」で「七つの改革プログラム」を打ち出しました。医療、介護、福祉、教育などの分野に競争原理を導入する民営化・規制改革、起業・創業などを支援するチャレンジャー支援、社会保障制度にかかわる保険機能強化、知的資産倍増、生活維新、地方自立・活性化、財政改革のためのプログラムがそれです。また、「金融再生プログラム」に基づく銀行などの不良債権処理の促進、郵便局を公社化し、郵政三事業（郵便・簡易保険・郵便貯金）の完全民営化もめざされています。

地方自立・活性化プログラムとの関連では、地域の特殊性や自発性を考慮して規制を一部緩和する**構造改革特区**の設定、行政改革との関連では独立行政法人の導入や特殊法人改革なども着手されています。また、財政難との関連では、ダム建設などの公共事業の見直し、道路公団改革と高速道路建設計画の再検討などの問題も、避けて通れなくなっています。

しかし、このような規制の緩和や撤廃によって景気は回復するのでしょうか。人々が安心して暮らせるような理想的な社会が実現するのでしょうか。

「臨調・行革」路線　第二次臨時行政調査会（第二臨調）の答申を受けて、中曽根康弘首相によって推進された行政改革。「増税なき財政再建」と「国際社会への積極的貢献」をスローガンに、日本型福祉社会の建設や民間活力の導入が強調され、三公社（国鉄・電電・専売）の民営化、許認可事務や補助金の整理、公務員定数の削減などが実行された。

橋本内閣の六大改革　行政、財政構造、金融システム、経済構造、社会保障構造、教育という六つの改革課題。九六年末から九七年にかけて、橋本首相によって打ち出された。これらの課題の多くは竜頭蛇尾に終わったが、省庁の再編や社会保障システムの見直し、労働分野での規制緩和などは実行に移された。小泉「構造改革」はこれを受け継いでいる。

構造改革特区　経済財政諮問会議が経済活性化戦略の「目玉」として打ち出した特定地域への新産業集積をめざす構想。二〇〇二年一二月の「構造改革特別区域（特区）法」施行によって具体化した。地方公共団体が特区計画を作成し、総理大臣の認定を申請する。これまで四次にわたって提案が受け付けられ、ＩＴ特区（横浜市）などが認められた。

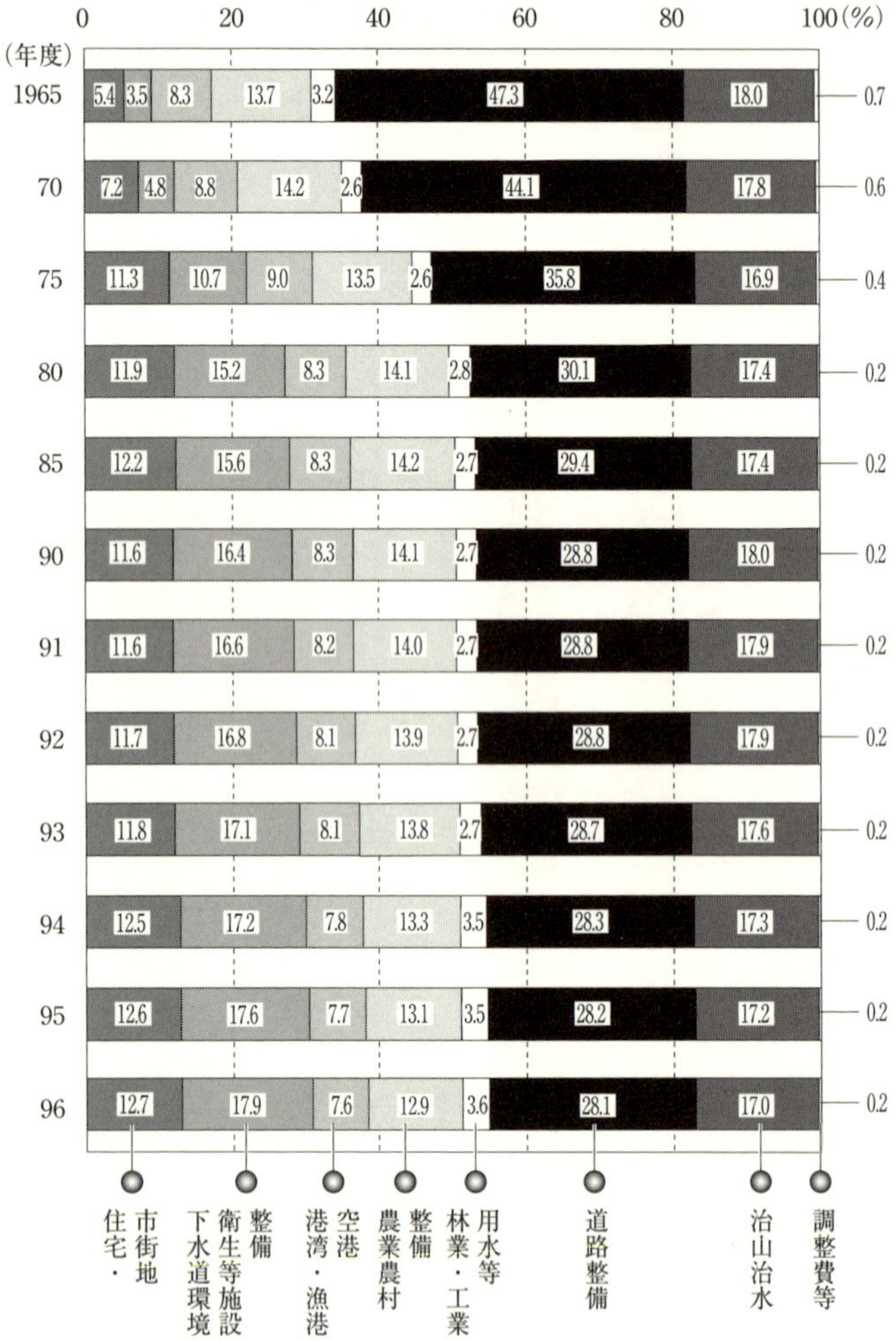

(年度)	住宅・市街地	下水道環境衛生等施設整備	港湾・漁港空港	農業農村整備	林業・工業用水等	道路整備	治山治水	調整費等
1965	5.4	3.5	8.3	13.7	3.2	47.3	18.0	0.7
70	7.2	4.8	8.8	14.2	2.6	44.1	17.8	0.6
75	11.3	10.7	9.0	13.5	2.6	35.8	16.9	0.4
80	11.9	15.2	8.3	14.1	2.8	30.1	17.4	0.2
85	12.2	15.6	8.3	14.2	2.7	29.4	17.4	0.2
90	11.6	16.4	8.3	14.1	2.7	28.8	18.0	0.2
91	11.6	16.6	8.2	14.0	2.7	28.8	17.9	0.2
92	11.7	16.8	8.1	13.9	2.7	28.8	17.9	0.2
93	11.8	17.1	8.1	13.8	2.7	28.7	17.6	0.2
94	12.5	17.2	7.8	13.3	3.5	28.3	17.3	0.2
95	12.6	17.6	7.7	13.1	3.5	28.2	17.2	0.2
96	12.7	17.9	7.6	12.9	3.6	28.1	17.0	0.2

図2　公共事業関係費の内訳の推移

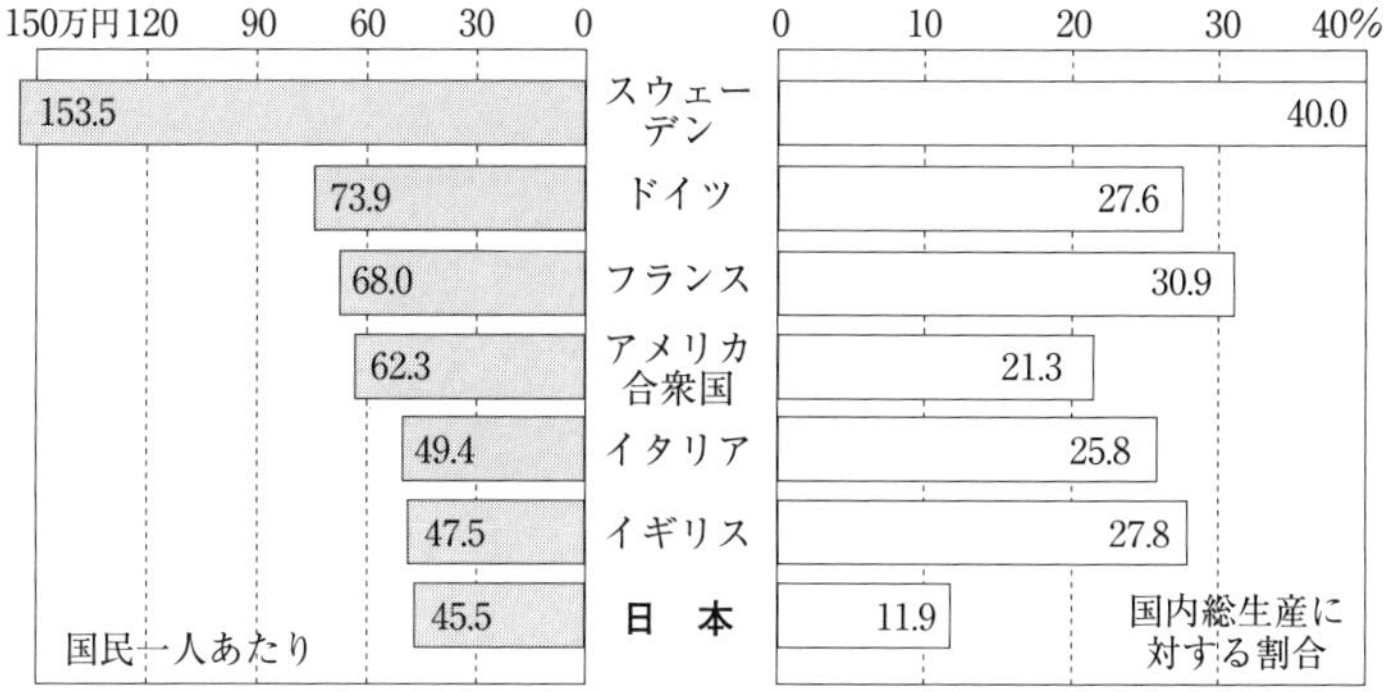

『日本国勢図会 '96/97』国勢社より作成。

図3　主要国の社会保障費

規制が撤廃されれば、民間企業、とりわけ大企業にとっては様々なビジネスチャンスが生まれる可能性があります。しかし、それは力の強いものにとってのチャンスであり、このような「ジャングルの社会」では優勝劣敗が原則となって、社会的な弱者やマイノリティーにとっては生きにくい社会になるでしょう。すでに、アメリカはそのような社会になりつつあります。

これからの日本は、このようなアメリカ型の新自由主義ではなく、北欧型の「第三の道」をめざすべきではないでしょうか。財政支出を公共事業中心から社会福祉中心に変える必要があります。図2のように、ほとんど変化していない公共事業の中身についても、土木建築工事や産業基盤整備に重点を置くものから、教育、福祉、医療、介護などのマンパワー中心の生活基盤整備に重点を置くものへと転換しなければなりません。

これまでの予算の使い方を変え、日本型の「企業国家」「土建国家」から、北欧型の「福祉国家」へと進路を変えていくことが必要でしょう。図3に見るように、主要国の中でも日本の社会保障費の割合は低く、スウェーデンと比べれば国民一人当たりの割合で三分の一、国内総生産に対する割合では四分の一弱にすぎません。これを転換する必要があります。間違っても、アメリカ型の「軍事国家」をめざすようなことがあってはならないでしょう。

†雇用増を図り、安心して暮らせる社会をめざす

世界中に資本主義の国はたくさんあります。そのなかでも、日本は、企業の力、特に大企業の力が強すぎ、それは社会や政治のあり方にも様々な歪みをもたらしています。

アメリカやヨーロッパにも大企業があります。しかし、これらの企業の活動は、内外から牽制《けんせい》されているのが普通です。たとえば、ヨーロッパの国々には、国家や法制度による様々な規制があり、内部には強力な労働組合があります。公的規制の弱いアメリカでさえ、消費者団体による運動など、社会的なレベルでの牽制力が働きます。日本では、政府による公的規制を除いてはいずれも極めて弱く、しかもこの公的規制さえも「構造改革」によってさらに弱められてきています。

特に大きな問題は、労働組合の弱体化と労働者を保護する法制度の緩和あるいは撤廃です。これらによって、企業に対する内外からの牽制力が弱まってきています。それは一面では、企業活動の自由度を高め、安い労働力の雇用とコスト削減を可能にしますが、他面では、企業不祥事の発生、重大労働災害や事故の頻発、賃金の切り下げ、労働条件の悪化、社会不安の増大などの問題を生ずることになります。

日本資本主義は、自制心と抑制力を欠いた「野蛮な資本主義」になろうとしています。その結果、

そこで暮らす人々にとっては、職業生活の安定、市民生活の安全、将来に向けての安心が確保されないという問題が生ずるでしょう。やがて、新自由主義がめざす「ジャングルの社会」が出現することになりかねません。

このような未来を防止するためには、第一に、規制緩和一般が善であるというような捉え方を改めなければなりません。政治的・社会的・経済的規制の中には、経済成長や社会変容の結果、時代遅れとなったものがあります。このような規制は撤廃、または緩和されなければなりません。しかし、本来、公的規制は必要だからなされてきたのであり、それには具体的な根拠があります。その存立根拠を精査し、必要な規制は維持するだけでなく、強化しなければなりません。特に、生活に密接な関わりのある社会的規制の緩和には、慎重でなければならないでしょう。

第二に、強すぎる企業権力を是正することが必要です。資本主義は競争社会ですが、その競争は一定のルールの下に展開されます。激しい競争が行われるスポーツの世界が、きちんとしたルールと厳格な審判があって初めて成立するのと同様です。ルールなき競争は、極めて不公正で不平等なものになるでしょう。公正貿易の点からときどき日本製品がやり玉に挙がりますが、それは、きちんとしたルールの下で競争が展開されていないという問題が日本資本主義にあるからです。

第三に、そのためには、労働をめぐる法制度を整備しなければなりません。憲法で働く権利が定められていながら、労働基準法では一般的な**解雇規制**が明記されていませんでした。二〇〇三年七月の改正で解雇に関する文言が入りましたが、不十分なものです。賃金・労働条件の低下を防ぎ、雇用の不安定化を防止するための法制度を弱めるのではなく、強めなければなりません。職業生活の安全保

表３　主要国における公務員の労働基本権

	団結権	団体交渉権	争議権
アメリカ	○ （軍人，FBIの職員等を除く）	○ 給与等についてはなし（軍人，FBIの職員等を除く）	×
イギリス	○ （警察・軍人を除く）	○ （警察・軍人等を除く）	○ （警察・軍人等を除く）
ドイツ	○	○ （官吏の協約締結権を除く）	○ （官吏を除く）
フランス	○ （軍人等を除く）	○ （軍人等を除く）	○ 法が規定する範囲内で行使（警察・軍人等を除く）
日　本	○	△ 協約締結権はなし	×

（注）　日本は一般行政職員。
資料：国公労連作成。

障を実現することが必要です。また、強すぎる企業権力を内部から牽制するという点からいえば、労働組合の活動に対する経営者側の**不当労働行為**を広く解釈し、できるだけ組合活動を保護することが必要でしょう。

第四に、公務員の労働基本権をきちんと保障することが必要です。小泉「構造改革」の一環として行政改革・公務員制度改革が打ち出され、公務労働者の労働基本権を制約したまま、成果主義や業績主義を導入して「全体の奉仕者」としての公務労働者の変質を図ろうというのは時代への逆行です。ILOからの国際的な批判もあって、これは思惑通り進んでいませんが、さしあたり、警察官や消防職員も労働組合を結成できるアメリカなど、他の主要国並みの労働基本権を公務員に保障しなければなりません（表3参照）。

第五に、サービス残業や過労死などを一掃する必要があります。サービス残業というのは、残業や休日出勤しても記録されず、支払いの対象にならない労働です。労働者からすれば、むりやり「サービス」させられたもので、明らかな「不払い労働」を意味しています。残業が必要だということは仕事があるということであり、きちんとした要員配置を行えば雇用増に結びつきます。また、半分ほどしか取得されていない有給休暇も全部とれば、雇用増に結びつくでしょう。

日本は先進資本主義国ですから、労働者の権利が認められています。問題は、様々な方法でそれが制約されているだけでなく、労働者の側もそれに慣れてしまい、ついつい権利の行使を自制してしまうという点にあります。労使の立場は平等で対等です。保障されている権利はきちんと行使し、要求すべきところは要求するという堂々たる態度が必要でしょう。当然、批判すべきところは批判しなければなりません。

解雇規制　使用者は解雇する権利を持つが、「正当かつ合理的な理由」がなければ「解雇権の濫用」となる。最高裁の判例によれば、経営難でも、①高度の経営危機に陥ること、②解雇に先立ち希望退職などの相当の努力が尽くされたこと、③人選の基準及び運用が合理的であること、④解雇の必要性等について労働者を納得させる努力がなされたことという「整理解雇四要件」のひとつでも欠けると無効となる。

不当労働行為　経営者・使用者による組合活動に対する妨害・抑圧行為。労働組合法第七条は、①組合活動への参加を理由とする解雇・配置転換・賃金や昇級などの差別、不利益待遇、②組合に加入しないという約束の押しつけ、③団体交渉の拒否、④労働組合に対する支配・介入、御用組合化のための経費援助などを不当労働行為として禁止している。

こうして初めて、企業活動の不正や不祥事を監視することができ、長時間過密労働の発生を防止して過労死を防ぐことができます。このようにして労働力を保全することは、結局は企業にとっても、そこで働く人々にとっても、望ましいあり方だと言えるでしょう。

また、このような形で雇用の増加と安定が実現すれば、それは将来への不安を和らげ、個人消費の拡大に結びつくにちがいありません。必要なのは、「雇用増なき景気回復(ジョブレス・リカバリー)」ではなく、雇用の増大そのものです。

もはや、かつてのような右肩上がりの経済成長は困難になっています。これからの目標は、そこに住む人々が将来への不安を感じず、幸せだと思うことのできるような社会をいかに実現し、それを持続していくかということにおかれなければならないでしょう。

†「おまかせ民主主義」ではなく、〝新しい市民〟によるイニシアチブを高める

このような社会を実現するためには、新しい市民による自主的で主体的なイニシアチブが欠かせません。二一世紀の今日、そのための条件が生まれてきています。

すでに述べたように、財産と教養ある一部の都市居住者である「市民」によって構成される一九世紀的な近代社会(市民社会)は、その後の工業化と民主化によって労働者・農民などを含む二〇世紀的な「大衆社会」へと変貌《へんぼう》しました。その後、経済成長と普通教育の普及によって、「無知で貧しい」大衆は一定の知識と富を持ち、公共の問題にも関心を寄せる人々へと変わっていきます。これが〝新しい市民〟です。今日の先進社会を構成する人々は、このような二一世紀的な〝新しい市民社会〟に

生きる新しい市民だということができるでしょう。

このような新しい市民たちこそ、民主主義社会の担い手にほかなりません。民主主義の再生のためには、彼らのイニシアチブが欠かせません。それは三つの意味で必要です。

第一に、新しい社会には新しい政治が必要だからです。そのためには政治を変えなければなりません。「このままで大丈夫なのか」と不安に思わせるような政治から抜け出さなければなりません。この意味からも、政権交代が必要になります。今日の社会において多数派になっている新しい市民が立ち上がることなしに、このような政権交代は不可能です。

第二に、民主主義は制度であるだけでなく、思想であり運動だからです。絶えず下からの運動によって民主主義は点検され、活性化されなければなりません。民主主義的な制度の実現を政治家にまかせきりにしてしまうというのでは、「おまかせ民主主義」になってしまいます。それでは、制度はできてもすぐに形骸化《けいがいか》してしまうでしょう。それを防ぐためにも、自らが欲するものは自らの力で手に入れるという主体的な姿勢が望まれます。

第三に、活力ある社会は主体的な参加によって実現されるからです。都市の一部特権階級であったかつての市民は、生活者であるよりも発言者でした。今日の新しい市民は特権を持たず、一部の少数者でもありません。彼らは、生活者であると共に発言者です。生活実態を踏まえた発言や行動によって政治や社会に関わり、そのことによって生き甲斐を感ずることのできる人々です。

これは、一つの理想の姿にすぎません。しかし、そのような人々が増え、「おまかせ民主主義」の状態から脱け出すことができなければ、二一世紀における政治の改革は望むべくもないでしょう。実は、そのための条件は、すでに生まれてきています。

その第一は、普通・高等教育の普及です。これは、政治問題を理解する能力が向上しているということを意味しています。内政だけでなく外交問題についても、すでに人々は豊富な知識と高い理解力を持つにいたりました。

第二は、様々な形態でのマスメディアの発達です。これは政治情報へのアクセスが極めて容易になったということを意味しています。人々はマスコミ報道によって左右されがちですが、逆にマスコミの方も人々の反応によって揺れ動きます。マスコミと世論のフィードバックはかつてなく緊密なものとなりました。

第三は、携帯電話などの移動体通信やインターネットという新しい「武器」の登場です。この「武器」は、市井《しせい》の人々の政治情報の取得と伝達、発信を極めて容易にしました。しかも安価で手軽、アッという間に国境の壁を超えてしまうという優れものです。短時間で世界中に広まったイラク戦争反対運動で、これらがいかに大きな役割を演じたかは、記憶に新しいところです。

このような条件を生かした新しい市民による運動は、新しい社会運動と呼ばれます。その主体は、すでに紹介した非営利組織（ＮＰＯ）や非政府組織（ＮＧＯ）などであり、平和運動や環境保護などの様々な分野で、様々な形態の新しい組織が誕生しています。

もちろん、労働組合運動などの「古い社会運動」もその重要性を減少させているわけではありません。北欧での労働組合組織率は八割前後もあり、政治的社会的な威信と影響力は日本などとは比べものになりません。アメリカの労働運動も、一九九五年にアメリカ労働総同盟・産別会議（ＡＦＬ・Ｃ

ＩＯ）にスウィーニー会長が就任してから、反転攻勢に転じています。

日本の労働組合運動はこれらの国際的経験に学ぶことが必要でしょう。かつてに比べてその勢いが衰えているとはいえ、労働運動が取り組んで解決しなければならない課題は、逆に増え続けています。その存在意義は失われていないどころか、増大していると言うべきでしょう。新しい社会運動との連携や協力によって、労働組合運動などの「古い社会運動」がその「古さ」を脱却し、運動の刷新と高揚を図ることが望まれます。

†―選挙制度を変え、国会に民意の縮図を作る

現行選挙制度の持つ問題点と制度改革の構想については、すでに第Ⅱ章で述べました。ここでは、別の視点から、いくつか補足を行うことにしましょう。

その第一は、政治による社会の総括、社会的変容が瞬時に政治に反映するようにしなければならないということです。特に、衆議院の選挙制度には、そのような要請があるということを再度確認しておく必要があるでしょう。議院内閣制における内閣と議会との関係での議会優位、国会内での衆院優位の原則の根拠は、社会的な変容や意見分布が議会に反映される、とりわけ衆議院においてこの機能が顕著であるという点にあります。社会的な意見分布を正確に反映せず、民意を大きく歪めてしまう現行の選挙制度は、この点で制度設計における本来的な要請を無視したものになっていると言わなければなりません。

第二は、社会と政治のミスマッチは目に余るものがあり、その解消は急務であるということです。

国会における政治的勢力配置と社会的レベルにおける運動の分布や世論状況は大きく隔たっています。憲法の明文改定や第九条の改廃、イラクへの自衛隊派兵、武力攻撃事態への対処法や制度の整備など、憲法をめぐる問題、戦争と平和の問題、安全保障と国民の権利との関連など、国家や国民にとって基本的で重要な問題になればなるほど、この開きは大きくなっています。これでは民主主義とは言えず、国民主権の原則が泣いていると言わざるを得ません。

第三に、そもそも議会は、何のために設立されたのかという基本に関わる問題です。それは、主権者全員が集まって相談し、決定を下すことができないからです。政治社会が拡大し、直接民主制を実行することが技術的に不可能になったため、その代替手段として間接民主制が採用されました。そうであれば、議会における最も重要な機能は、直接民主制によって表明されるであろうような意見分布を歪めることなく、間接的に議会の中に示すことでなければなりません。これが、議会が果たすべき主要にして基本的な機能です。

このような議会の機能に比べれば、政権の構成や内閣の編成は、議会にとっては副次的な機能だということができます。大統領制でも議会はありますが、議会は政権の構成には関わりません。内閣の編成に議会が関わるのは、議院内閣制だからです。あらゆる議会に共通する基本的で根源的な機能は、民意の縮図を作り出すということです。

基本的にこのような機能を持たない小選挙区制は、もともと議会選挙のシステムとしては、根本的な欠陥を持っています。逆にいえば、比例代表制的な制度でなければ、民意の縮図を作ることは不可能だということになります。

選挙には、このような重要な機能があります。しかし、残念ながら、その重要性に見あった改革が実施されているとは言えないのが実状です。選挙制度についてはすでに述べましたので、それ以外の点についての提案を行います。

「規制改革」を言うのであるならば、何よりもまず第一に選挙運動に対する規制を緩和ないし撤廃すべきだということです。これだけ「規制改革」の大合唱がなされていながら、誰も選挙の「規制改革」を言わないのは、大変奇妙なことではないでしょうか。

俗に「べからず選挙」と言われるように、日本の選挙は規制だらけです。できるだけ運動期間を短く、目立たないように、関心を持たれないように、運動しにくいように意図されていると言うしかありません。本来の選挙のあり方からすれば、全く逆行しています。

選挙は争いであり競争ですから、その条件を平等にすることは必要でしょう。しかし、それは同時に有権者にアピールする運動でもありますから、運動量に違いが出たりするのは当然です。これをがんじがらめに規制するのではなく、最低限の平等を確保した後は、戸別訪問など自由にするべきではないでしょうか。同時に、買収など金銭に関わる違反への罰則を今以上に強化すればよいでしょう。

第二に、選挙権の問題があります。他の先進国と同様に一八歳選挙権を導入するべきだと思います。そうすれば、高校を出たらすぐに有権者になるということになりますから、高校までの有権者教育が必要になります。小・中・高校生を政治から隔離するのではなく、積極的に政治教育を行い、政治への関心を高める必要があるでしょう。それは知識としての教育ではなく、一人前の有権者になるための訓練としてのものです。当然、人権や平和、民主主義などについても教えられ、民主社会を担う決意と意欲を高めるようなものでなければなりません。このような有権者教育によって、高齢者よりも若者の方が投票率が低いというような現状を改めることが必要です。

第三に、投票方法の改善です。もっと正確で、簡単、確実で、誰でも投票できるような方法を導入しなければなりません。コンピュータによる電子投票に移行するべきです。コンピュータでの投票を実施すれば、膨大な人件費や開票時間が節約されます。疑問票はなくなり、これまでとは比べものにならないほど短時間で結果が出ます。二〇〇四年一月一八日に実施された青森県六戸《ろくのへ》町長選の電子投票（全国で八例目）では、不在者投票に代わる期日前投票が実施され、開票作業は約二五分で終了しています。

また、票の保管忘れなどというバカげた事故も避けられるでしょう。それに、タッチパネルに触れるようにすれば、高齢者や体の不自由な人でも簡単に投票でき、バリアフリーにも役立ちます。**電子投票法**も制定されていますので、できるだけ早くコンピュータによる投票の全面的な導入に踏み切るべきでしょう。

†政治・行政情報を公開する

現代は情報化社会だと言われます。現代社会においては、様々な形で新たに情報が生み出され、それがアッという間に伝達され、集められ、管理され、それに基づいて社会が運営されています。それが情報化社会です。このような社会では、情報の持つ意味が高まり、情報を伝える手段が発達します。それ情報によって人々の暮らしや仕事が左右され、人々は役立つ情報を求めて競い合うようになります。

このような情報化社会では、豊富な政治情報が供給されます。政治についての知識が豊かになり、必要な情報を入手することも容易になりますから、賢い「市民」の形成にとってはプラスになります。しかし、他面では、あふれるような情報に埋もれてしまい、何が重要で役に立つ情報なのかが分からなくなってしまうという問題も生じます。情報の制御ができなくなり、結果として大切な情報が見落とされるという事態も生まれます。これが情報化社会におけるマイナス面です。

さらに深刻なのは、権力による情報の管理と操作の恐れが高まるということです。すでに、**住基ネット**で個人情報の収集と管理が始まっています。個人情報保護法などによるメディア規制の恐れもあります。プライバシー保護は重要ですが、それが政治家などの「公人」にまで及べば、必要な公開と監視が阻害されることになります。

さらに、マスメディアの発達によって情報が商品として扱われるようになると、無意識のうちに一定の歪みが生ずる可能性も高まります。「売れる情報」は多くの人が関心を持つ面白いものであり、

電子投票法　地方選挙に限ってコンピュータなどの電子機器による投票を導入した公職選挙法特例法。公職選挙法では投票用紙に候補者や政党の名を書く自書式での投票を定めているが、特例としてタッチパネルに触れるなどの投票を認めた。二〇〇二年一月から施行され、六月二三日の岡山県新見市の市長選・市議選で電子投票が初めて実施された。

住基ネット　住民基本台帳に記載される氏名、住所、生年月日など六種類の個人情報をコンピューターで一元管理する制度。国民全員に一一けたの住民票コードを割り当て、居住地以外でも住民票の写しが取得でき、転居転入手続きも一部省略できる。二〇〇二年八月に第一次稼働が始まり、〇三年八月に住民基本台帳カードが交付され、本格稼働した。

それは必ずしも政治にとって重要なものだとは限りません。政治的には重要であっても、それが面白くなく「売れない情報」だと判断されれば、無視されたり軽く扱われたりすることになります。

新聞の一面トップやテレビ・ニュースの最初に報道される事実は、ニュースバリューがあると判断されたものです。しかし、その「バリュー（価値）」は、必ずしも人々にとって大切かどうかという点で判断されているわけではありません。それほど大切でなくても、多くの人が面白いと思い関心を持つものであれば優先されるでしょう。

その結果、自ら意図せずとも、社会や政治にとって大切な事柄から目を逸らさせることになるかもしれません。この点は、マスコミ報道に従事する人々が常に気をつけなければならない点です。情報の操作、歪曲、隠蔽などに客観的に手を貸してしまうことのないように、自重・自戒していただきたいものです。

同時に、情報の受け手である私たち自身が、あふれるような情報に惑わされないようにしなければなりません。多種多様な情報を取捨選択するための知識や技術を身につけることが重要です。受け身になるのではなく、何が必要なのかを判断し、自ら主体的に調べるという姿勢が大切でしょう。インターネットなど、そのための手段は以前よりも格段に整備されてきています。

情報化社会を主体的に生き抜くという点では、自ら情報を発信するということも重要な意味を持ちます。発信するためには、情報を収集し、その質を見分け、判断し、自分なりの意見を持つことが必要だからです。こうして、主体的な判断力を身につけた「市民」が育成されていくことが求められます。

このような「市民」の情報収集を容易にするために、社会のあらゆる面での情報が公開されなければなりません。とくに、民主的な政治にとっては政治・行政情報の公開が不可欠です。公開された情報が利用されるかどうかは、さしあたり問題ではありません。いずれ公開され、広範な人々の目に触れるということになれば、秘密の談合やなれ合い、不正行為がやりにくくなるでしょう。このようにして、心理的な抑止効果が期待できます。

政治や行政についての情報の公開は、できるだけ幅広く、容易に取得できるような形で行われなければなりません。原則公開で、非公開は例外です。料金や手数料をとることは、可能な限り避けるべきです。これらの情報は本来、公的なものであり、それは主権者である国民に秘匿《ひとく》されてはならず、請求がなくても知らされなければならない性質のものだからです。

そもそも、国民の税金で活動している役所が、自らの業務についての情報を公開するのに料金を取るなどということが許されるはずがありません。これらの情報は税金をどのように使ったかに関わるものであり、そのお金は元々国民の懐から出たものなのですから……。

†自由と民主主義を拡大し、民主主義的愛国心を育てる

私たちが暮らす現代社会は、常に二つの面を持っています。これを現代社会の両義性（アンビバレンス）と言います。一面で自由度が拡大するとともに、他面で様々な面での管理も強化されます。民主化が進むとともに、反面では巨大組織の官僚化が進行します。大衆社会状況の下で個々人はバラバラに切り離され、孤独な群衆となりますが、そうであるが故に、仲間と連帯を求めてより集う民衆で

もあろうとします。

現在進行している新自由主義的改革は、このような社会のあり方に大きな影響を与えることになるでしょう。「優勝劣敗」のジャングルのような社会では、「自由な競争」の下で、強いものが勝ち弱いものが負けます。勝った側は満足するでしょうが、負けた側は不満を持ちます。敗者復活戦もあるような一定のルールの下での競争であれば、このような不満は少ないでしょう。しかし、今、現れつつある社会には、このような最低限のルールや補償はありません。

当然、人々の不満や不安は高まります。社会的秩序が乱れ、犯罪や非行が多くなります。治安は乱れ、裁判に訴える場合も増えるでしょう。すでに、その兆候が見えています。治安対策の強化、警察官の増員、法曹人口の拡大のための法科大学院(ロースクール)の開設、**参審制度**や**陪審制度**を参考にして民間人を加えた裁判を刑事裁判で導入する**裁判員制度**の新設、監獄や刑務所の増設などは、すべてそのような社会変容に備えたものです。犯罪に対して、これまでは事前予防が主でしたが、これからは事後対処に変えようというわけです。

国民への監視や管理も強まるでしょう。そのための住基ネットの導入かもしれません。犯罪防止を理由にした繁華街や街角での監視カメラの設置も進んでいます。「個人情報の保護」を名目にしたマスコミ統制もその一環でしょう。自警団の編成や有事における「国民保護」を掲げた法制の整備、自治体レベルでの体制整備も着手されています。

いずれも、自由で民主的な社会や政治のあり方にとっては、逆行するものばかりです。このような趨勢を転換しなければなりません。社会のあらゆる面で自由を拡大し、民主的な国をつくることが必要です。

最近、教育基本法の改正問題との関連で、愛国心が強調されてきています。私も、国を愛する心を持つことは重要だと思います。しかし、そのような愛国心は人々の心の内側から自然に生まれてくるものでなければなりません。このような自然な感情が生まれてくるような、愛するにたるすばらしい国をつくることこそ、政治の最大の課題でしょう。

マインドコントロールのように、外側からむりやり注入された愛国心は、本当の愛国心ではありません。このような形で外からむりやり植え付けなければならないのは、愛国心が自然にわき出てくるような国になっていないからです。したがって、政治家が愛国心教育を口にするのは、愛されるような国をつくることができなかったという意味での敗北宣言にほかならないでしょう。

また、国を愛する心とは、現状を無批判に受け入れる従順さを意味しません。それは、問題があれば積極的に是正し、自らが愛することのできるような、よりよい国を作っていくという積極的で能動

参審制・陪審制　裁判に一般の市民が関与する制度。裁判官と市民が事実認定から判決まで合議するが、裁判官が主導権を握るのが「参審制」で、市民が事実認定を行い、職業裁判官が量刑を判断するのが「陪審制」。陪審制は無作為に選ばれた複数の国民が審理に立ち会い、裁判官から独立して評決し、裁判官はそれを受けて量刑などを決める。

裁判員制度　死刑や無期の罪など重大犯罪の裁判について、事件ごとに市民から裁判員を選出し、裁判官と協力して事実の認定や量刑の決定などを行う制度。二〇〇一年に司法制度改革審議会で答申された。その後、二〇歳以上の有権者から無作為に選ばれ、原則「裁判官三人、市民裁判員六人」の合議体で審理するという案を軸に調整されている。

的な心情です。国の進路を誤らせ国民に被害を及ぼすような政治を批判し、過ちを犯す為政者《いせいしゃ》に敢然と抵抗することこそ真の愛国心だと言うべきでしょう。

二一世紀の日本に必要なのは、国家に全てを捧げるような戦前型の国家主義的愛国心ではありません。国民がすべからく愛することのできるような国をつくるための民主主義的愛国心こそが、これから求められるものです。

それは、自国への愛によって他国を排斥《はいせき》するような閉鎖的で排他的なものであってはなりません。民衆による下からのイニシアチブに基づいた、国境を超えた横への広がりを持ったものであるべきです。真に自国を愛するものこそ、それぞれの国を愛する人々の心情を理解し、互いに尊重しあうことができるのですから……。

このような自国に対する愛着心の核心にあるものこそ、憲法で示された「平和・民主国家」としての日本の「国のかたち」です。これこそ、世界に誇れる日本の理想の姿です。このような理想を守り育て、実現していくことによってこそ、この国に生きる全ての人々の心に民主主義的愛国心が湧き出てくるにちがいありません。

†アジア周辺諸国との関係を改善し、北東アジアの平和を構築する

民主主義的愛国心は、自国を愛すると同様に、他国民が持つ同じような感情を理解し尊重するものでなければなりません。自国の歴史や文化、伝統などへの愛着は、それぞれの国民にとって同等のものであり、互いにそれを尊敬し尊重しあうという態度が必要です。

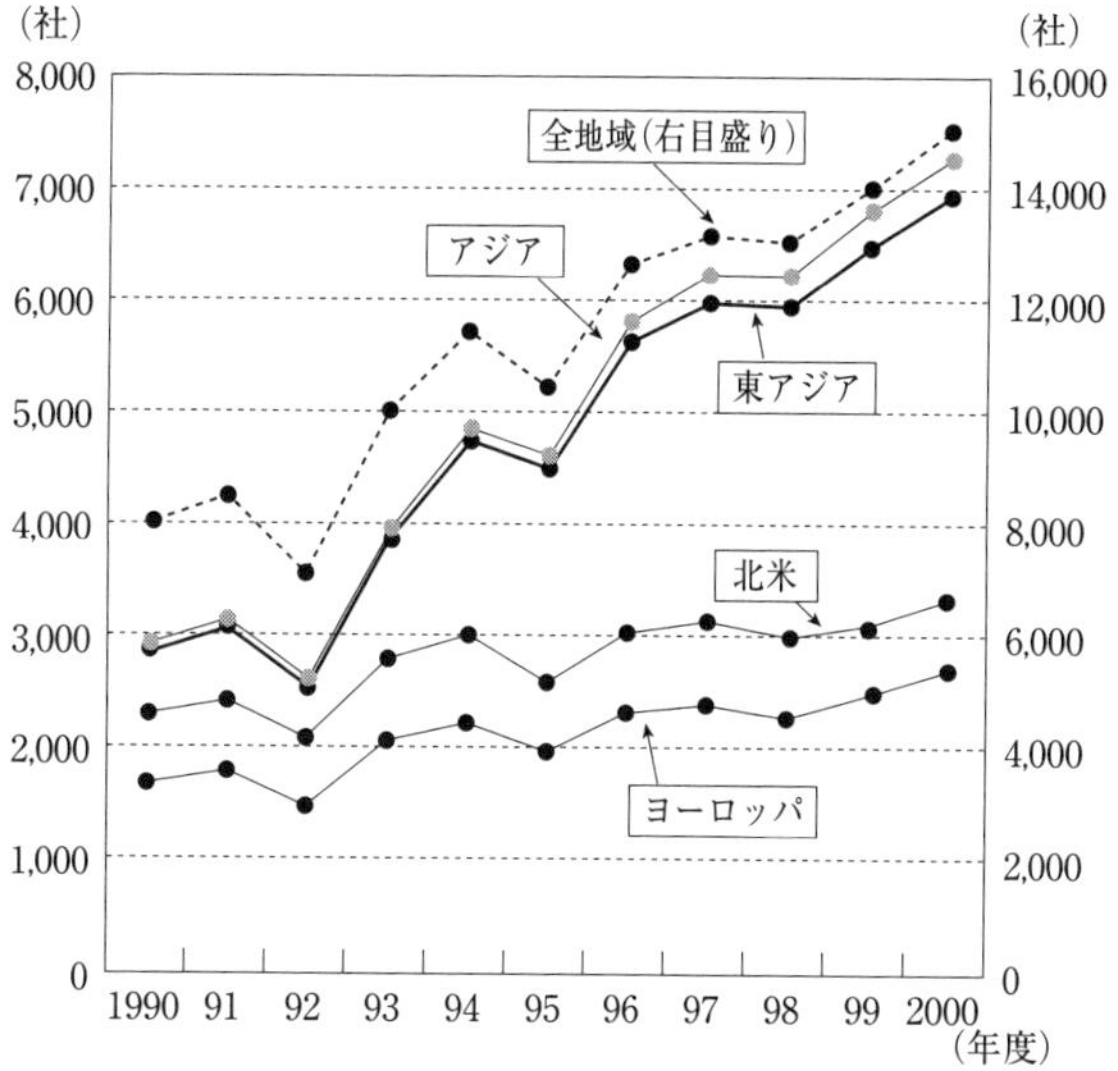

（資料）経済産業省「我が国企業の海外事業活動」から作成。

図4　日本企業の海外現地法人数の地域別推移

そもそも、日本の文化や伝統には中国や朝鮮を通じて伝播《でんぱ》してきたものも多く、東アジア各国における文化や宗教、芸術には、ルーツを共にするものが少なくありません。一つの文化が枝分かれしたものが、各国の文化であるとさえ言えるでしょう。

これらの国が互いの文化を尊重し、それを学びあうことは、自国の文化の背景や広がりを知る上で重要です。このような文化的・歴史的背景からしても、東アジア各国の協調と連帯は必然であり、最近の経済的・社会的な相互依存の強まりは、ますますその傾向を強めつつあります。図4は日本企業の海外現地法人数の地域別推移を示したものですが、東アジア地域での伸びが突出しています。

アジア周辺諸国との関係では、距離が近く歴史的にも結びつきの強い、日韓関係と

表4　中国・韓国との関係

1965年6月	「日韓基本条約」を締結し国交樹立。日本が総額8億ドル(無償3億ドル，政府借款2億ドル，民間借款3億ドル)を資金援助する代わりに，韓国は戦争の賠償金請求権を放棄。
1972年9月	「日中共同声明」を発表。日本は中国を唯一の合法政権と認めて国交を回復。台湾との「日華条約」を破棄して正式な外交関係を打ち切る。
1973年8月	金大中事件発生。元大統領候補の金大中氏が東京のホテルから韓国中央情報部(KCIA)に拉致され，6日後にソウルの自宅近くで放免。その後，11月に政治決着。
1978年8月	「日中平和友好条約」を締結。日中両国関係は平和5原則を基礎とし，領土の相互不可侵などを確認。
1982年6月	高校社会科教科書検定で「侵略」が「進出」に修正されたと報道。歴史教科書での植民地支配の記述が問題となり，日中・日韓関係悪化。
1992年4月	日中正常化20周年。江沢民中国共産党総書記が来日。天皇訪中を要請。10月に天皇・皇后初訪中。天皇は「不幸な一時期」と日中戦争に言及し，「私の深く悲しみとするところ」と表明。
1995年8月	戦後50年の終戦記念日にあたり，「植民地支配と侵略」に言及する村山首相の談話発表。
1998年10月	金大中大統領が訪日し，「日韓共同宣言」を発表。歴史認識の問題に決着をつけ，「日韓新時代」を強調。日本文化第1次開放。日韓共同作品など一部の映画・ビデオ，日本語版漫画・漫画雑誌など。
1998年11月	「日中共同宣言」を発表。江沢民国家主席が訪日し，両国の友好関係の深化を確認。
1999年1月	小渕首相訪中。江沢民国家主席・朱鎔基首相らと会談。
1999年9月	韓国，日本文化第2次開放。2000年6月に第3次開放。映画・ビデオは原則全て開放(劇場用アニメ除く)。歌謡公演も全面開放。
2001年8月	小泉首相，終戦の日を前に靖国神社を参拝。中国・韓国など強く反発。
2004年1月	韓国，日本文化第4次開放。日本語の音楽CD販売，日本製ゲームソフトの販売，アニメを除く日本映画の上映を全面解禁。
2004年7月	韓国の済州島で日韓首脳会談。12月には鹿児島県指宿市で会談。
2005年3月	島根県議会で「竹島の日」条例成立。韓国国内で対日感情悪化。
2006年10月	安倍晋三首相，関係改善のため訪中し日中首脳会談。「戦略的互恵関係」で一致。その後，ソウルを訪問して日韓首脳会談
2007年4月	温家宝中国首相，公賓として訪日し首脳会談と国会演説。
2007年12月	福田康雄首相，訪中して温家宝総理，胡錦濤国家主席と会談。
2008年4月	李明博韓国大統領，韓国大統領としては3年ぶりの訪日。
5月	胡錦濤中国国家主席，中国国家主席としては10年ぶりの訪日。
7月	胡錦濤主席，北海道洞爺湖サミット出席のため訪日。日中首脳会談。
12月	福岡で日中韓3国首脳会談開催。独立した形では初めて。

日中関係が最も重要です。日本と中国・韓国との関係については、表4を参照して下さい。

これに次いで、北朝鮮、ソ連極東部、台湾などを含めた北東アジアとしてのまとまりがあります。さらに、この周辺にはフィリピン、ベトナム、カンボジア、タイ、マレーシア、シンガポール、インドネシアなどのアセアン（ASEAN）諸国があり、これらの国々との「東アジア共同体」構想もあります。

このような同心円的な広がりを持った協調関係を構築することが必要です。これらの域内では、人、物、金、情報が自由に行き交うことができるようでなければなりません。ヨーロッパ同盟（EU）の東アジア版である東アジア同盟（EAU）がその目標になるでしょう。これが、二一世紀においてめざされるべき東アジアの未来像です。その中で日本は、経済・金融・交通・貿易・技術・教育・情報・文化などの集積・発信基地という「東アジアにおける**ハブ国家**」としての役割を担うべきでしょう。そのための条件は徐々にできつつあります。

ハブ国家　人、物、金、情報の発信と集積の要となるような国家。自転車の中心部をハブと言い、世界各地に延びる路線の要となる空港のことをハブ空港というが、それと同じように、地域的な要となるような国家をこう呼びたい。そうなるためには、どこの国とも交流できる開放性とこれらの行き来を可能とするようなインフラの整備が不可欠である。

軍事独裁国家　軍が直接統治機構を支配している国家。立法、行政、司法の各分野で、軍人や軍の組織が中枢を担っている。政治的に未成熟なアジアやアフリカの第三世界では、軍事組織が相対的に進んだ行政技術を持っているため、統治の組織としても活用された。しかし、物理的強制力をともない、国民の抑圧につながりやすいという問題がある。

第一に、かつてアジアに多かった**軍事独裁国家**が民主化され、対話と協調の条件が拡大してきています。韓国は一九八七年の労働者大闘争以来、急速に民主化が進み、今や政治的民主主義の確立という点では、日本をしのぐ勢いです。長年戒厳令下にあった台湾をはじめ、フィリピン、タイ、マレーシア、シンガポールなど、軒並み民主化が達成され、残るのはミャンマーくらいです。

第二に、「**東西冷戦**」の終焉《しゅうえん》による緊張緩和は東アジアでも顕著です。かつて「熱戦」が展開された朝鮮半島やベトナム、カンボジアではもはや戦争は過去のものとなっています。かつて戦い合ったベトナムとアメリカの間でも友好関係が樹立され、カンボジアの混乱は収まっています。「社会主義体制」をとる中国やベトナムも市場経済を導入し、周辺諸国からの資本導入と経済関係の強化に躍起となっています。

第三に、東アジア各国での「**経済的離陸（テイク・オフ）**」が進み、経済力における格差が次第に縮小してきています。この地域での日本の力は圧倒的でしたが、長期不況の下で弱体化し、逆に中国や台湾などが力を強めてきました。この傾向は今後も進み、東アジア各国の経済力の平準化が進展するでしょう。

このように、東アジアにおける画期的な転換のための条件が熟してきています。ただし、そのためには解決しなければならない、いくつかの問題が残されています。

その最大の問題は、北朝鮮の核開発疑惑であり、金正日《キムジョンイル》独裁体制の存在です。日本との関係では拉致問題も未解決のままです。とはいえ、そのための手がかりは二〇〇二年九月の「**日朝平壌宣言**」で与えられました。北朝鮮は、それまで否認していた拉致《らち》や不審船の問題について、自らの関与を認めて謝罪するという画期的な転換を行ったからです。その後明らかになった核開発問題にしても、**六カ国協議**の枠組みができており、解決に向けての手がかりが存在しています。

北朝鮮をめぐる問題は相手のあることであり、複雑な展開を示していますが、重要なことは、北東アジアの平和と安定にとって、これが残された最後の課題になっているということです。**日朝正常化交渉**の進展によって唯一最大のネックになっているこの問題が解決され、北朝鮮と日本との間で平和

東西冷戦　アメリカを中心とする資本主義陣営(西側陣営)とソ連を中心とする社会主義陣営(東側陣営)との間のイデオロギー的・軍事的緊張状態。第二次世界大戦後に始まり、ソ連・東欧の瓦解によって八〇年代末に終焉した。朝鮮戦争など局地的には「熱い戦争」もあったが、両陣営全体を巻き込むような武力衝突はなかったため、「冷たい戦争」(冷戦)と呼ばれた。

経済的離陸(テイク・オフ)　アメリカの経済史学者ロストウによって、マルクス主義への対抗を意図して用いられた概念。すべての国の経済発展は、①伝統的社会、②離陸のための先行条件期、③離陸、④成熟への前進、⑤高度大衆消費時代という段階を経るとされ、そのうち離陸は、投資率の著しい上昇と持続、工業部門の急速な拡大などを特徴とする。

日朝平壌宣言　二〇〇二年九月一七日に平壌で小泉首相と金正日総書記が署名した文書。①日本による過去の植民地支配への痛切な反省とおわび、②国交正常化後、日本が無償資金協力など経済協力を実施、③日本国民の生命と安全にかかわる懸案問題での再発防止、④核問題解決のための国際的合意の順守、⑤ミサイル発射凍結の延長などが柱。

六カ国協議　北朝鮮と日本、米、韓、中、露五カ国が顔をそろえた初めての多国間交渉。北朝鮮による核開発とNPT(核不拡散条約)からの脱退によって高まった北東アジアの緊張を鎮める目的で開始された。北朝鮮は当初、米国のみとの対話を求めていたが、中国やロシアの仲介で実現した。日本は核問題とともに拉致問題の解決につながることを望んでいる。

で友好的な関係が樹立されれば、安全保障をめぐる問題の多くは一挙に解決することになるでしょう。そのためには、北朝鮮に対して強い影響力を行使できる国との関係を改善し、強化しなければなりません。それは、中国とロシアです。とりわけ、中国との関係が重要です。

そして、この点でも解決しなければならない問題があります。それは、中国との両国関係に刺さったとげを抜くことです。つまり、過去の侵略戦争と植民地支配の過ちを認め、**南京大虐殺**や**従軍慰安婦**問題などの戦争犯罪についてきちんとした総括と謝罪を行い、必要な補償措置をとることです。

残留孤児問題や日本軍が製造・配備して中国内に放置してきた毒ガスの撤去などについても誠意を持って対処しなければなりません。首相など有力政治家の歴史認識を改め、侵略戦争の擁護や植民地支配を弁護するような発言は厳に慎むべきでしょう。

A級戦犯が合祀されている**靖国神社**への参拝などはもってのほかです。参拝する有力閣僚や首相は、個人的な心情を強調しますが、そのような行為がどのような政治的意味を持っているかを判断できないとしたら政治家失格です。靖国神社に参拝する機会は、政治家を辞めてからでもいくらでもあるでしょう。責任ある公人となったからには、近隣諸国に誤解を生んだり、不快感を持たせるような行為を慎むのは当然ではありませんか。このような政治的判断もできず、自己の心情を制御できないというのであれば、とっとと政治家を辞めるべきでしょう。

アジアとの関係を考える場合、日本の政治家にとって必要なことがもう一つあります。それは、万事についてアメリカの顔色をうかがうことをやめるべきだということです。東アジア諸国には、アメリカも経済的政治的に深い繋がりを持っています。しかし、そこにおける利害関係は、日本と同じで

日朝国交正常化交渉　日朝間の国交を回復し、両国関係を正常化するための交渉。九〇年の自民党・社会党・朝鮮労働党の三党による「日朝三党共同宣言」に基づいて九一年一月に第一回交渉が行われた。その後、中断と再開を繰り返し、二〇〇二年九月の日朝平壌宣言により一〇月に再開されたが、またも暗礁に乗り上げたままになっている。

南京大虐殺　一九三七年一二月の南京占領後、日本軍によって行われた大量虐殺。軍による組織的な捕虜の虐殺、敗残兵や一般人の殺害、陵辱、略奪、放火などによって、多数の人々が命を失った。その数については、中国側は三〇万人、日本側の研究では一〇数万人から二〇万人とされているが、民間人や非戦闘員を含む万を超える人々が殺されたことに変わりはない。

従軍慰安婦　戦時中、旧日本軍が中国各地や東南アジアなどに設置・管理した「慰安所」で、日本人軍人を対象に「売春」を強要された女性たち。その数は八万人ともいわれ、ほとんどが当時の植民地から強制的に連行された。一九九一年末に韓国の元従軍慰安婦らが提訴したことをきっかけに社会的関心を集め、九三年に日本政府は公式に謝罪した。

残留孤児　終戦直前のソ連参戦による混乱などで、肉親と引き離されて戦後も中国に残された日本人の当時の子どもたち。政府は、終戦時に一三歳以上だったり身元が分かっていた人は「残留婦人等」と別に区分し、八一年から始まった訪日調査の対象にはしていない。二〇〇二年一一月末までに永住帰国した残留孤児は二四五五人、残留婦人等は三七四六人。

A級戦犯　東京裁判で起訴され「侵略戦争を計画・遂行した」として「平和に対する罪」を問われた二八人の被告のこと。判決では免訴された三人を除く全員が有罪となり、東条英機元首相ら七人が絞首刑となった。七八年に靖国神社に合祀されたのは、この七人と病死した松岡洋右元外相ら七人の計一四人。

靖国神社　一八六九(明治二)年に戊辰戦争の戦死者慰霊のため東京招魂社として創設され、一八七九年に靖国神社と改称。戦没者ら「国事殉難者」を祭る神社として軍国主義の精神的支柱となり、戦没者二四六万六〇〇〇柱が祭神。一九七五年に三木武夫首相が初めて終戦記念日に私的に参拝し、七八年に東条英機元首相らA級戦犯一四人が合祀された。

はありません。東アジア諸国との間で、日本には日本独自の関係があり、利害が存在しています。別の国ですから、このような違いが生ずるのは当たり前です。

ところが、東アジアとの関係でも、日本の外交路線は必ずしも自立的なものではありません。アメリカの意向をおもんぱかって自主的な態度がとれないという問題があります。これでは、日本の国益を守れないばかりか、周辺諸国の信用を失うことにもなるでしょう。日本外交における自主性自立性の確保は、東アジア周辺諸国との友好関係確立にとっても不可欠の課題になっています。

†軍事同盟ではなく、真の日米友好関係を実現する

日本外交における自主性自立性の確保と真の安全保障の樹立にとって、対米関係は決定的に重要です。「日米同盟」と国際協調は日本外交の基本方針とされており、二本柱になっているからです。この両者が同一の方向を示していれば、問題はありません。問題は、両者の方向性が異なった場合に生じます。国際社会の中でアメリカが独自の行動をとり協調を乱したとき、日本はどうすべきなのでしょうか。

第二次世界大戦が終わったとき、日本を占領した連合国軍の主力はアメリカ軍でした。日本の占領中に、隣の中国で社会主義革命が勝利し、朝鮮半島では戦争が始まりました。このような国際環境の激変を背景に、日本は「東側」に対する「極東の防波堤」として位置づけられ、東アジアにおける「西側」の最前線に立つことになります。前線には、必然的に軍の配備が伴います。

一九五二年四月二八日、前年の九月にサンフランシスコで結ばれた条約(**サンフランシスコ講和条**

約）によって日本は「独立」しました。しかし、政治・外交・軍事・経済・金融などにおけるアメリカへの従属的関係は、完全には清算されませんでした。日米安保条約が結ばれ、占領が終わった後もアメリカ軍がそのまま日本にとどまったからです。

このために、戦後の日米関係は軍事同盟を機軸としたものになりました。このようなアメリカの軍事的庇護の下で、自民党内の保守本流勢力は国際政治や軍事問題への主体的なコミットメントを避け、ひたすら経済成長をめざします。

戦後の日本は中国大陸や朝鮮半島の領土を失ったものの、アメリカのドル経済圏に組み込まれました。その結果、**固定相場制**による相対的な円安の維持と**メジャー**と呼ばれる巨大石油会社によって供給された安価な石油、それにアメリカ大陸という膨大な市場を提供され、日本は高度経済成長を実現

サンフランシスコ講和条約　第二次世界大戦終結に関わる連合国四八カ国と日本との間の平和条約。ソ連など三カ国は調印を拒否した。一九五一年九月八日にアメリカ・サンフランシスコで調印され、日本は占領状態を脱して独立国となったが、同時に調印された日米安保条約によって米軍基地は残存し、日本はアメリカの冷戦戦略に組み込まれることになった。

固定相場制　為替相場の変動を固定する制度。日本では、一九四九年に一ドル＝三六〇円と定められた。七一年八月にニクソン・ショック（金とドルの交換停止）による混乱から一二月には対ドルで一ドル＝三〇八円（一六・八八％の切り上げ）となり、七三年の第一次オイル・ショックによって為替相場を固定しない変動相場制へと移行した。

メジャー　巨大な国際石油資本のこと。もとは米欧の七社（セブンシスターズ）を指し、七三年には原油供給量の六五％を占めた。その後、供給比率は下がったものの、世界の石油開発・販売で圧倒的な力を持つ。九八年以降の合併・再編で、現在はエクソンモービル、シェブロンテキサコ、ロイヤル・ダッチ・シェル、ＢＰ、トタールフィナエルフの五社となっている。

します。

こうして、成長する日本とベトナム戦争などで疲弊《ひへい》するアメリカとの間で、経済的摩擦《まさつ》が生ずることになります。最初の日米経済摩擦は繊維問題でした。それはやがて鉄鋼、家電製品、自動車、半導体、通信機器、農産物にまで拡大していきます。

他方で、植民地的な保護を嫌った日本政府は双務性《そうむせい》(互いに助け合うような関係)を強めようと一九六〇年に旧安保条約を改定し、自衛隊などの軍事力の強化に努めます。核持ち込みや緊急時におけるアメリカ軍の自由出撃の密約を結んで一九七二年には沖縄施政権返還も実現しました。やがて力を強めた自衛隊は、アメリカ軍のパートナーとして期待されるようになります。こうしてアメリカからの「防衛分担」要求が強まります。

一九九一年の湾岸危機に際して沸き上がった「**一国平和主義**」批判と北朝鮮問題によって、日本の防衛政策は劇的に転換していきます。一九九三年の北朝鮮の核開発疑惑やミサイル実験疑惑などを契機に、日米安保共同宣言、新ガイドライン(日米防衛協力の指針)の作成、周辺事態法や武力攻撃事態法など**有事関連三法**の制定が続きました。このような二〇〇三年までの日米安保条約をめぐる動きについては、表5(一七四頁)をご覧下さい。

二〇〇一年九月一一日に発生した「米同時多発テロ」は、さらに日米間の軍事協力を強めるきっかけになりました。「テロとの戦い」を名目に自衛隊は軍艦をインド洋に送り、米英軍支援のために武装した部隊を初めてイラクの「戦地」に派遣しました。こうして、「平和憲法」が全く想定していなかった事態が立ち現れます。

このように、戦後の日米関係は極めて特殊な歴史的背景の下で出発し、独特の歪みを持って推移してきました。それは、軍事と経済に傾斜した二国間同盟であり、極めて不平等な**日米地位協定**に象徴されているような、対等でも平等でもない従属的関係だったと言えるでしょう。

ところが、ここに大きな問題が持ち上がりました。アメリカの単独行動主義と孤立化という問題です。ひとことで言えば、「日米同盟」と国際協調の分裂です。アメリカのイラク侵略に対して、フランス、ドイツ、ロシア、中国が反対し、国連もアメリカには同調しませんでした。

日本外交のもう一つの基本方針は「国連第一主義」ですから、本来はアメリカではなく国連を選ぶべきだったでしょう。しかし、小泉首相は「日米同盟」を優先させ、イラク戦争を支持したばかりか、日米安保条約上の義務でもない武装自衛隊のイラク派兵という誤った決定を行いました。対米追随が身に染みこみ、習い性になってしまったと言うべきでしょうか。

一国平和主義　日本だけが平和なら他国はどうなっても良いという自分勝手な立場だとして否定的に用いられる。これによって国際紛争や他国での戦争に無関心で、国際貢献に消極的な態度が生みだされたと曲解され、日本国憲法の平和主義の見直しや戦争での人的貢献を主張する論拠となった。

有事関連三法　国外からの武力攻撃など有事に備えるとして提案された武力攻撃事態法、自衛隊法改正、安全保障会議設置法改正の三法。武力攻撃事態法には、首相による地方公共団体などへの指示、従わない場合の罰則や代執行できる権限などが盛り込まれている。

日米地位協定　日米安保条約六条に基づいて日本に駐留する米軍の法的地位などを定めた政府間協定。米兵の犯罪容疑者について起訴までの身柄は米国が拘束するとされており、沖縄県などは改善を求めてきた。九五年の沖縄での女児暴行事件後、起訴前の身柄引き渡しに米側が「好意的な考慮を払う」との運用改善合意が交わされた。

表5　日米安保条約をめぐる動き(2003年まで)

1951年9月	日米安保条約の調印。サンフランシスコ郊外の米第6軍司令部の下士官・兵士用クラブで，11人の講和全権団のうち，吉田茂首相一人が条約に署名。米軍による日本防衛義務は明記されず，米軍への基地貸与，内乱や騒擾への米軍の介入などが定められた。
1960年1月	新日米安保条約の調印。岸信介首相によってワシントンで調印され，歴史的な安保反対闘争のなかで，5月20日に強行可決，6月23日に発効した。米軍による日本防衛の義務づけ，内乱条項の削除，継続的な軍事力の増強と日米経済協力などが定められ，事前協議制や10年の固定期限が導入された。
1970年6月	新安保条約自動延長。6月23日に固定期限が終了したが，政府は自動延長を決定。
1972年5月	沖縄の施政権返還。返還交渉の中で，一時的な核の持ち込み・通過・貯蔵，緊急時における核の国内配備と米軍の自由出撃，基地の施設改善・移転費用等の肩代わりなどの密約が取り交わされた。
1978年11月	日米防衛協力のための指針(ガイドライン)決定。11月27日の第17回日米安全保障協議委員会で決定され，翌28日の国防会議と閣議で了承された。日米間における部隊の配置，共同訓練，情報作戦運用，後方支援態勢，作戦研究などについて規定され，日米安保体制は真に軍事同盟として機能することになった。
1996年4月	日米安保共同宣言署名。橋本龍太郎首相とクリントン米大統領との間で，東京で署名された。冷戦終結後の国際情勢に対応し，安保条約の適用範囲を拡大。
1997年9月	新ガイドライン策定で合意。同時に，軍事協力を緊密化するための日米物品役務相互提供協定(ACSA)を締結。
1999年5月	新ガイドライン関連法成立。周辺事態安全確保法(周辺事態法)，改正自衛隊法，改正日米物品役務相互提供協定の3本からなる。緊急時における自衛隊の米軍への協力がさらに強化された。
2001年10月	テロ対策特措法成立。9.11米同時多発テロの発生を受け，「対テロ戦争」を遂行する米軍を支援するためのもの。2年間の時限立法。米英海軍への燃料補給のため，自衛艦がインド洋に派遣された。
2003年6月	有事関連3法成立。武力攻撃事態対処法，改正自衛隊法，改正安全保障会議設置法の3法。日本が直接攻撃を受けた際の対処の仕方や手続きなどを定めたもの。地方自治体や国民の協力も明記。国民保護のための法制整備は先送りされた。
2003年7月	イラク復興支援特措法成立。米英の占領統治が行われているイラクに自衛隊を派遣するためのもの。「非戦闘地域」での活動に限定し，人道復興支援と米英軍などを後方支援する安全確保支援が軸。04年1月に航空自衛隊本隊が出発。

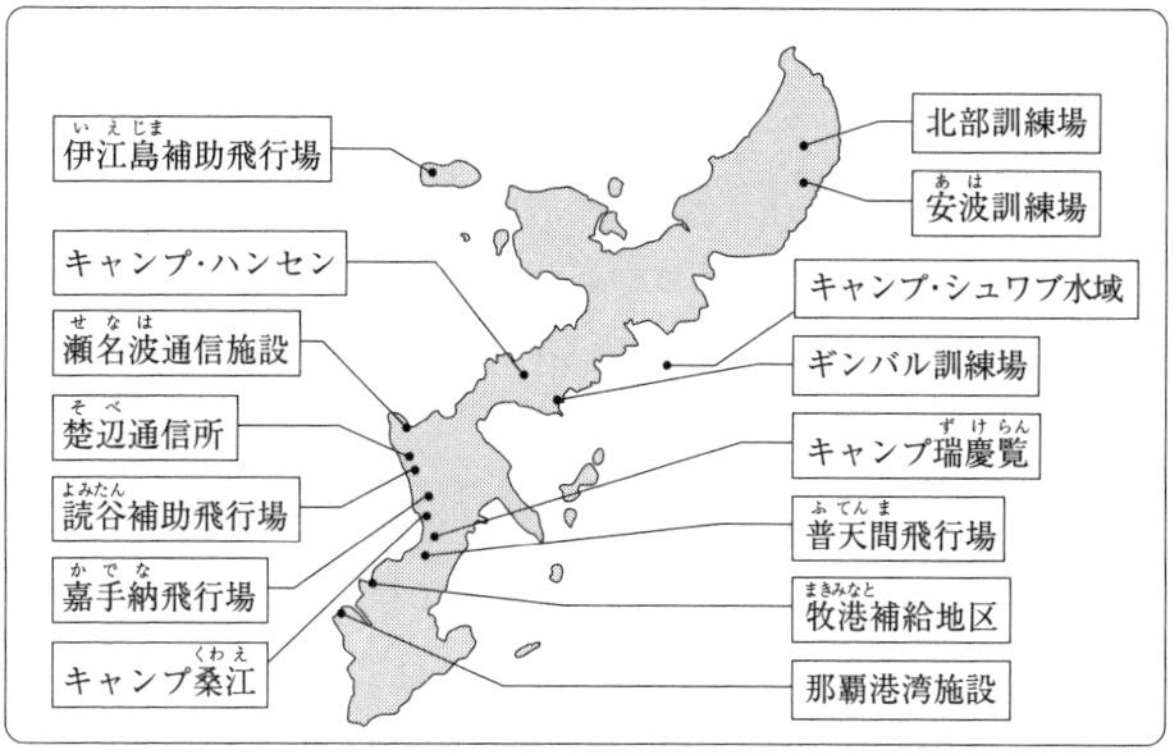

〔出所〕　上條末夫監修・瀧澤中著『政治のニュースが面白いほどわかる本』中経出版，2001年。

図５　沖縄の在日米軍基地

国際法を無視し、イラク国民にも支持されないような侵略を行ったブッシュ大統領に対しては、フランスやドイツのようにきちんとした忠告を行うべきだったでしょう。国連を中心にし、国際協調を重視するべきだと……。このような関係こそ、成熟した「大人の関係」であり、それはお互いの深い信頼関係がなければ実現できません。残念ながら、日米関係はそのようなところにまで成熟していないということになります。

軍事や経済に偏重した歪んだ日米関係を、もっと多面的で多角的な平和友好関係に変えなければなりません。当然、米軍基地は撤去するべきです。少なくとも、図5に示されるように、日本にある基地の七五%が集中する沖縄米軍基地の現状については、改善する方向性を示さなければなりません。周辺諸国との関係改善を進めつつ、沖縄米軍基地の撤去・縮小と首都圏周辺の基地の撤去を実現することは、今後の日米間の友好関係を維持する上で最低限の条件でしょう。

そのようにしてこそ、日米間における真の友好関係が実現できます。両国の関係は、追随したり、さげすまれ侮られたりするようなものであってはならず、対等平等で、率直に過ちを指摘しあうことのできるような関係に変えられなければなりません。

そのためには、日本独自の軍事・外交政策の樹立が必要です。これまでの日本政府は、いわばこれをアメリカに「丸投げ」し、アメリカの要請を値切りながらも、基本的にはその意に添うようなかたちで実行してきました。政策決定の基本にあるのは、日本の国益ではなくアメリカの意向です。

同様に、日本の国益に沿った金融・経済政策の立案も必要でしょう。**禿鷹《はげたか》ファンド**の好き勝手にさせてはなりません。アメリカ経済を救うために日本経済を犠牲にするというのでは、本末転倒ではないでしょうか。

アメリカに対して自主性自立性を確立し、対等平等な関係をうち立てることはできるのでしょうか。それは可能です。そのための指針は、第二次世界大戦後、荒廃の中から立ち上がって国際社会への復帰をめざした日本に最初からあったものです。あったにもかかわらず、これまでの政府によって一貫して無視され、省みられることのなかったものです。

そうです。日本独自の主体性を持った政策立案の基本に据えられるべきは、「平和・民主国家」としての日本国憲法の理念以外にはありません。

†憲法の理念を実現し、「平和・民主国家」として世界に貢献する

日本の政治や社会には、多くの遅れた面があります。警察官や消防士の組合の結成など、他の先進国では常識になっているようなことでも、日本では全く実現していません。

逆に、他の先進国では考えられないようなことでも、日本が目標にしていることがあります。戦争のない世界、軍隊のない国、軍事力によらない問題の解決という目標を掲げた日本国憲法の規定です。「他の先進国では考えられない」と書きましたが、本当は「他の国では考えられなかった」と過去形にするべきでしょう。今では、憲法第九条の掲げる目標は単なる夢や理想ではなく、実現可能な現実的目標になりつつあります。そのための条件が生まれてきているからです。

第一に、世界的規模で対立を引き起こしていた「東西冷戦」が終結しました。このため、イデオロギー的な対立によって戦争が起きる可能性は大きく低下しています。ソ連・東欧の崩壊によってヨーロッパでの緊張は急速に緩和し、新しい統合されたヨーロッパが生まれました。なお、冷戦の開始からその終焉にいたる経緯については、表6（次頁）をご覧下さい。

第二に、このような「東西冷戦」の終結は、日本周辺における緊張緩和の条件をもたらしました。ソ連はロシアとなり、「ソ連太平洋艦隊による北海道進攻」などは馬鹿げた冗談にすぎなくなっています。中国と台湾、北朝鮮と韓国の間のイデオロギー的な対立も緩和され、対話の進展と市場経済の浸透によって、二国間、多国間での関係改善が進展しています。

第三に、このような日本をめぐる国際環境の変化によって、正規軍による着上陸型の日本侵攻は、

禿鷹ファンド　大がかりな投機などで会社を倒産させ、それを買収し再生させて利益を追求するヘッジ・ファンドのこと。死体（倒産会社）に群がって利益をむさぼるので「禿鷹」にたとえられる。ヘッジ・ファンドとは、金融派生商品などを使ってハイ・リスク、ハイ・リターンを追求する投資信託のこと。ジョージ・ソロスのクォンタム・ファンドが有名。

表6　冷戦の経緯

1946年	英チャーチル首相,「鉄のカーテン」演説でソ連を批判
1947年	東欧で次々に社会主義国誕生(～48年)
	米トルーマン大統領,「社会主義封じ込め政策」実行
	共産党・労働者党の連絡・情報機関としてコミンフォルム結成
1948年	米,西欧の経済復興を援助するマーシャル・プラン実行
	朝鮮分断
1949年	北大西洋条約機構(NATO)結成
	中華人民共和国誕生
	ドイツ分断
1950年	朝鮮戦争勃発
1951年	日米安保条約調印
1954年	ジュネーブ極東平和会議
1955年	4大国首脳会議(米・ソ・英・仏)
	ソ連,東欧諸国とワルシャワ条約機構結成
1962年	キューバ危機
1965年	ベトナム戦争への米軍の介入本格化(～75年)
1968年	チェコスロバキアで自由化・民主化を求める「プラハの春」
1969年	米ソ両国,戦略兵器削減交渉(SALT)開始。
1972年	弾道ミサイル迎撃ミサイル(ABM)制限条約と戦略的攻撃兵器制限暫定協定(SALT I)に調印
1979年	ソ連,アフガニスタンに侵攻
1985年	ソ連ゴルバチョフ書記長,「ペレストロイカ(改革)」を開始
1987年	レーガンとゴルバチョフ,中距離核戦力全廃条約に署名
1989年	ブッシュとゴルバチョフ,マルタ会談で「東西冷戦終結宣言」
	ベルリンの壁崩壊
1990年	東西ドイツ,統一
1991年	ソ連邦消滅宣言

現実的な脅威として考えられなくなりました。そもそも、第二次世界大戦後、先進国に対して正規軍が侵攻するという戦争は一つもありません。アメリカやフランス、イギリスは戦争に巻き込まれることがありましたが、いずれも自国の領土外であり、これらの国が着上陸による侵攻を受けたわけではありません。

なお、表7（次頁）は第二次世界大戦後のアメリカによる主な軍事介入の例を示したものです。日本が軍事同盟を結び、軍事協力を強めつつあるアメリカが、いかに他国の内政に干渉し続けてきたかという事実を直視することが必要でしょう。

今後もこのような事情は変わるとは思われません。それどころか、**九・一一米同時多発テロ**以降、「テロとの戦い」を口実に、他国の内政に干渉する傾向はますます強まっています。日本が同盟している相手がこのような国であるということは、十分に知っておく必要があります。

ただし、テロ組織による攻撃はあるかもしれません。日本への現実的脅威として語られている北朝鮮による攻撃も、正規軍による侵攻ではなく特殊部隊やゲリラによる軍事行動として想定されています。その場合でも、正規軍による着上陸型侵攻はあり得ないでしょう。

しかも、第四に、このような地域紛争やテロの脅威は、紛争解決の手段としての軍事力の役割を低

九・一一米同時多発テロ　二〇〇一年九月一一日に、アメリカの中枢部で発生したテロ。ニューヨークの世界貿易センタービル二棟に民間航空機二機が激突し倒壊した。一方、ワシントンの米国防総省ビルにも航空機が突入。さらにピッツバーグ近郊で一機が墜落した。三現場で犠牲になった死者は、三〇二五人。犯人はアラブ系乗客一九人とされている。

表7　第2次世界大戦後のアメリカによる主な軍事介入

1941-45年：第2次世界大戦	枢軸国と戦争。最初の核戦争。
1946年：ユーゴスラビア	米国機撃墜への対応。
1947年：ウルグアイ	力の誇示のため爆撃機を配備。
1947-49年：ギリシャ	内戦時に米国が極右を指揮。
1948年：ドイツ	核兵器搭載可能爆撃機による，ベルリン空輸の護衛。
1948-54年：フィリピン	CIAがフク団(Huk)の反乱との戦闘を指揮。
1950年：プエルトリコ	独立暴動をポンセで鎮圧。
1950-53年：朝鮮	「国連軍」の一員として参戦。いまだに基地を所有。
1953年：イラン	CIAが民主主義を転覆し，シャーを擁立。
1954年：グアテマラ	CIAが亡命者の侵入を指揮。爆撃機をニカラグアに配備。
1956年：エジプト	スエズ危機に際し，海兵隊による外国人退避。
1958年：レバノン	反乱に対し海兵隊が占領。
1960-75年：ベトナム	米国最長の戦争で100～200万人が死亡。
1961年：キューバ	CIAが指揮した亡命者の侵入が失敗。
1961年：ドイツ	ベルリンの壁の危機に際し核で警告。
1962年：キューバ	ミサイル危機の間海上封鎖。ソ連との戦争の一歩手前。
1964年：パナマ	運河返還を主張したためにパナマ人を射殺。
1965年：インドネシア	CIAに支援された軍事クーデターで100万人殺害。
1965-66年：ドミニカ共和国	海兵隊が選挙運動中に上陸。
1966-67年：グアテマラ	グリーンベレーが反乱に対して干渉。
1969-75年：カンボジア	爆撃，飢餓および政治的混乱の10年間で，最高200万人死亡。
1971-73年：ラオス	南ベトナムの侵入を指揮。農村に「絨毯爆撃。」
1973年：サウスダコタ	陸軍がラコタ族のウンデッド・ニー包囲を指揮。
1973年：チリ	CIAが支持したクーデターが選挙で選ばれた大統領を排除。
1976-92年：アンゴラ	CIAが南アフリカの支持する反乱軍を支援。
1980年：イラン	大使館の人質救出作戦失敗。8つの部隊がヘリ墜落で死亡。
1981年：リビア	リビアの2機のジェット機が演習中に撃墜。
1981-92年：エルサルバドル	軍事顧問，反乱に対する戦争を支援。
1981-90年：ニカラグア	CIAが亡命者(コントラ)の侵入を支援，港に機雷を敷設。
1982-84年：レバノン	海兵隊がPLO追放，ファランジストを支援。海軍が爆撃砲撃。
1983-89年：ホンジュラス	演習で国境近くの基地建設を支援。
1983-84年：グレナダ	革命4年後に侵略。
1984年：イラン	イランの2機のジェット機がペルシャ湾上で撃墜。
1986年：リビア	民族主義者の政府を倒すため空爆。
1986年：ボリビア	陸軍がコカイン栽培地域への襲撃を支援。
1989年：リビア	リビアのジェット機2機を撃墜。
1989年：バージン諸島	急襲後の聖Croix Black動乱。

1989年：フィリピン	クーデターに対し，空中から政府を援護。民族主義政府が排除され，指導者は逮捕，2000人以上を殺害。
1989-90年：パナマ	
1990-91年：イラク	湾岸戦争。クウェートに侵入後反撃。イラク軍を大規模破壊。
1992-94年：ソマリア	内戦の間，米国主導の国連が占領。モガディシオ派に対する急襲。
1992-94年：ユーゴスラビア	NATOがセルビアとモンテネグロを封鎖。
1993-95年：ボスニア	飛行禁止区域をパトロール。ジェット機撃墜，セルビア人を爆撃。
1994-96年：ハイチ	軍政に対する封鎖。アリスティド大統領を官邸に戻す。
1996-97年：ザイール(コンゴ)	海兵隊がルワンダのフツ族難民キャンプに駐留。
1997年：リベリア	外国人の避難中，兵士を砲火にさらす。
1997年：アルバニア	外国人の避難中，兵士を砲火にさらす。
1998年：スーダン	製薬工場を「テロリスト」の神経ガス工場だとして攻撃。
1998年：アフガニスタン	アルカイダが使用する，かつてのCIAの訓練キャンプを攻撃。
1998年：イラク	武器査察官がイラクの妨害を主張した後，4日間の集中的な空爆。
1999年：ユーゴスラビア	セルビアがコソボからの撤退を拒否した後，NATOの激しい空爆。
2001年：マケドニア	NATO軍は交替し，部分的にアルバニアの反乱軍を武装解除。
2001年：アフガニスタン	タリバン，ビンラディンを攻撃するため大量の動員と空爆。
2002年：イラク	「大量破壊兵器」の廃棄，フセイン政権打倒のために軍事侵攻。

〔出所〕「アメリカの軍事介入の１世紀」
http://www.jca.ax.apc.org/stopUSwar/Databank/interventions.htmより作成。

下させ、非軍事的解決の必要性を高めています。地域紛争やテロの根本原因は民族的宗教的な対立や貧困などにあります。このような原因は軍事力では除去できず、かえって紛争の原因を作り出してしまうでしょう。アメリカ軍による「テロとの戦い」は逆に憎悪を煽り、問題の解決を複雑化し遅らせるものです。

このように、二〇世紀末以降の国際政治における情勢変化は、憲法の平和理念を生かすことのできる現実的条件を拡大しています。それは直ちに実現できるものではないかもしれませんが、今すぐに実現できないからといって諦めるのではなく、どうしたらそれが実現できるのか、その条件は何か、そのためには何が必要なのかを考え、一つひとつ着実に実行していくことが必要でしょう。そのような緊張緩和と平和構築のための構想こそが真の安全保障構想であり、その指針が外交方針だということになります。

そのためには、第一に、軍事費の大幅な削減が必要です。ソ連崩壊を機に、世界のほとんどの国は軍事費を減らしてきましたが、日本だけはほぼ一貫して年平均三億ドル強の増加を続け、〇二年にはアメリカに次ぐ世界第二位の軍事費をもつに至りました。サミット参加国で八五年より軍事費を増やしているのは日本だけで、四四％も増加していました。もし日本が、イギリスなみに軍事支出を一三％削減していたら、一兆円規模の資金を捻出することができたでしょう。

第二に、防衛構想と自衛隊の装備の転換が必要です。もはや、戦車などの重装備は役に立ちません。ハイテク型装備と警察機能の強化が現実的な選択だと思われます。軍事費を削減しつつ、着上陸阻止用の重装備は廃棄し、対テロ型軽武装国家をめざすべきです。

ただし、**ミサイル防衛（ＭＤ）構想**はそのような選択肢にはなりません。この構想は、短時間で到達するミサイルに命中するかどうかが不確定だという点で実効性に乏しく、最終的には六兆円とも言われる膨大な費用がかかります。費用対効果の点で大きな問題があるということです。それに、日米共同での対処という点で**集団的自衛権**に踏み込むことになり、中国など周辺諸国に不必要な警戒心を抱かせることにもなります。

第三に、何よりも現実的で効率的な安全保障政策は国際関係の改善であり、多角的友好関係の構築こそが目標とされなければなりません。特に北朝鮮との関係改善が重要です。力づくで圧力をかけるというやり方は効果がないだけでなく、逆効果になるということは、これまでの経験からして明らかです。拉致問題の解決を前提にして膠着《こうちゃく》状態に陥ったやり方は、北方領土問題の解決を前提にして膠着状態に陥っている対ロ関係と同様の誤りです。関係改善と国交正常化のなかで、これらの懸案を解決するという多角的で柔軟な対応が必要なのではないでしょうか。

第四に、日本は軍事面ではなく、非軍事面での人的国際貢献に力を入れるべきでしょう。**「国境なき医師団」**のような組織を国家として編成するべきです。自衛隊の非軍事化によって要員を確保し、地震や自然災害、大規模な事故などへの国際救助隊を充実することも必要でしょう。特に、東アジア地域を対象にした緊急援助隊を編成し、国内はもとより、いつでも周辺諸国に派遣できるようにすべきです。

周辺諸国からの留学生を積極的に受け入れ、教育・研究面での人材育成に協力することも必要でし

ミサイル防衛（ＭＤ）構想　国外から飛来する弾道ミサイルを打ち落とそうという構想。まず日本海のイージス艦がＳＭ３で大気圏外で撃ち落とし、撃ち漏らした場合は地対空誘導弾パトリオット（ＰＡＣ３）で迎撃する。完全に打ち落とせる保障はない、莫大な費用がかかる、米国向けミサイルを撃てば集団的自衛権の行使になる、などの問題がある。

集団的自衛権　同盟国への攻撃を自国への攻撃と見なして武力を行使する権利。国連憲章第五一条で初めて認められた。政府の憲法解釈では、集団的自衛権の行使は憲法違反とされているが、日米安保条約第五条には共同防衛の規定があり、日本国の施政権下での「いずれか一方に対する武力攻撃」に対して、「共通の危険に対処するように行動する」ことが「宣言」されている。

国境なき医師団（ＭＳＦ）　生命の危険をかえりみず、四八時間以内に駆けつけて緊急医療援助を行う世界最大の民間団体。「人種、宗教、思想などの違いを越えた、中立公正な立場に立つ」ことを基本理念に、一九七一年フランスで結成。日本事務所は九二年に開設された。年間約二五〇〇人が八〇カ国で活動している。九九年にノーベル平和賞を受賞。

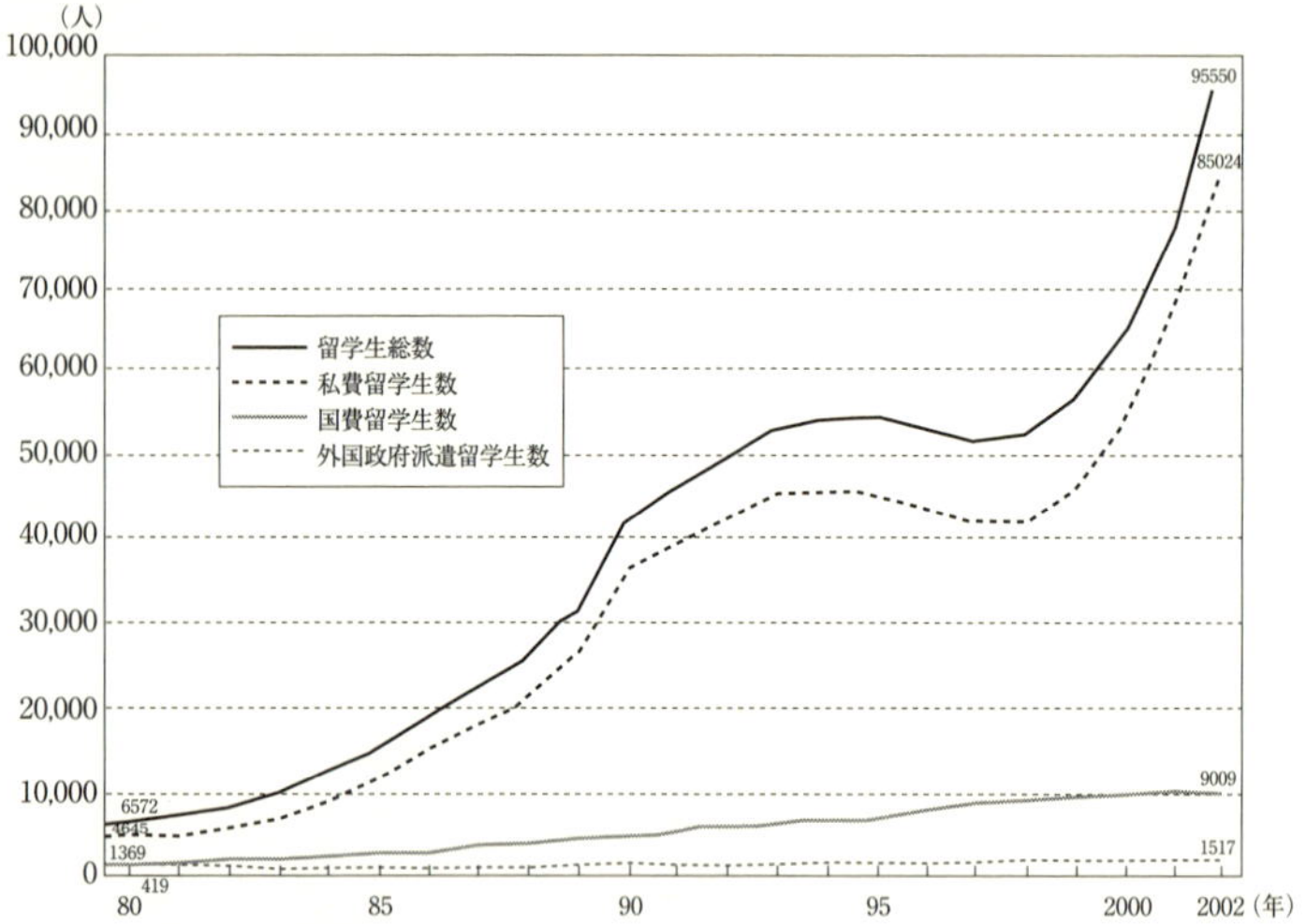

（注） 外国政府派遣留学生は，マレーシア，インドネシア，タイ，シンガポール，アラブ首長国連邦，クウェート，ウズベキスタン，ラオス，ベトナム，カンボジア，及び大韓民国の各国政府派遣留学生である。
資料：文部科学省調べ。

図６　外国人留学生数の推移（各年５月１日現在）

ょう。図6に示されているように、留学生数は二〇〇〇年に入ってから急速に伸びています。

このような人的交流をさらに進め、日本の実状をよく知り好感を持つ「知日派」を多く生みだしていかなければなりません。「この国に生まれてきて良かった」と子どもたちが思えるような国、世界に誇ることのできるような国にする必要があります。日本で学び生活した外国人によって好かれ憧れるような国にしなければなりません。そのためには、どうすればよいのでしょうか。

第一に、日本という国の個性を明らかにし強めることが必要です。日本の強烈なイメージをアピールするということでもあります。日本という国の持つ個性やイメージは、「平和な文化国家」とするべきでしょう。いかなる場合や状況においても、軍事的手段を拒否し、軍事へのコミットメントを避けるという非軍事的平和国家としてのあり方を「日本イズム」として世界にアピールすることが必要です。「経済大国」というイメージはもはや過去のものであり、エコノミックアニマルという捉え方と結びついたこのようなイメージは払拭されなければなりません。

第二に、そのためには非軍事面で、日常的に顕著な国際貢献を行うことが必要です。**地球温暖化**の防止、エイズやサーズなどの予防薬の開発、水問題や食糧問題の打開など、人類が直面している地球規模の問題を解決するために、日本が果たすべき役割には大きなものがあるでしょう。また、発展途上国への経済援助、文化・学術、教育、工業・農業技術、医療・衛生などの面での資金や人間による援助の体制を強化するべきです。それは経済分野だけでなく社会の多方面にわたるものであり、そのような技術を日本はたくさん持っています。

第三に、文化的な発信に努めることが必要です。文化や歴史は一朝一夕では手に入らず、しかも日本には他国に誇るべきユニークで優れた文化があります。それはアニメやコンピュータ・グラフィックス、ポップスなどの現代文化にも受け継がれています。生かせるものがあるのですから、どんどん

地球温暖化　温室効果ガスの増加などにより地球の気温が上昇する現象。国連の「気候変動に関する政府間パネル（ＩＰＣＣ）」は、二一世紀末には最大で五・八度上昇するとの予測値を明らかにした。南極の氷山の融解などによって海面が上昇して島国が水没したり、農業生産量の減少、マラリアなど熱帯性感染症の拡大などの悪影響が予想されている。

発信して文化的イメージの向上を図るべきでしょう。

第四に、治安の良い、安全で平和な国、どのような人も分け隔てなく尊重され、最低限の文化的な生活が保障されるような国であって欲しいと思います。憲法で保障された国民の権利が、在日外国人を含めて誰に対しても保障されるような国を実現したいものです。

最後に、どのような「国のかたち」をめざすのかについても、一言しておきましょう。第二章の冒頭に述べたように、それもまた憲法によって与えられています。それを、私なりに解釈すれば次のような国になります。

第一に、「平和・民主国家」を「日本イズム」とする、世界から尊敬され尊重される国です。第二に、例外なしに、あらゆる国とも友好関係を確立できる国です。どの国とも敵対せず、「テロリスト」によって目の敵にされないような国をめざすべきでしょう。そして第三に、あこがれを持って語られるような国です。あの国に行ってみたいとあこがれ、先進国をめざして発展しつつある国の目標や手本とされるような国になりたいと思います。

いつの日か、世界の誰もが、死ぬまでに一度は訪れてみたい美しい夢の国として、この日本の名をあげるようになって欲しいものです。日本をそのような国にするために、共に力を尽くそうではありませんか。

終章　「知力革命」の時代――「辺境」から「中枢」へと攻めのぼる

†地方自治を強めて分権化社会の実現を

日本の政治・社会構造における大きな問題点は、あまりにも中央集権的だという点にあります。このような傾向は従来から強くありましたが、一九五〇年代から六〇年代を通じての高度経済成長期に大都市圏への人口集中と農山村の過疎化が進行し、七〇年代には鈍化したものの八〇年代以降再び「東京一極集中」の傾向が続きました。地方でも、県庁所在地などの中心的な都市部に人口が集中する傾向が見られます。図1は過疎地域の全国に占める割合を示したものですが、人口で六％未満の過疎地域が市町村数の四割弱、面積の半分近くを占めています。

地方への分権化と地方の活性化によって、このような歪んだ構造を変えることが必要です。そのためには、まず、中央政府に対する地方自治体の権限を強め、地方政府としての実質を高めなければなりません。つまり、団体自治の側面を強めるということです。

地域や地方は生活と労働の場であり、地方自治体は住民の一番身近に存在している

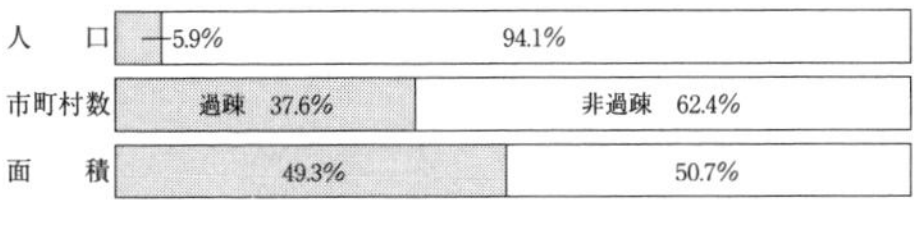

図１　全国に占める過疎地域の割合

わけですから、住民要求に即したきめ細かい行政サービスが期待できます。そのための財政や権限を可能な限り自治体に移管し、地方の発言権を強め、地方のことは独自に処理できるようにしなければなりません。

もちろん、自治体間の行政サービスに顕著な不平等が生ずることになっては困ります。自治体財政や能力の格差に対しては、最低基準を設けて極端な不利益が生じないようにしなければなりません。その上で生ずる格差は、各自治体の実状に応じた行政サービスの特色ということであり、そこまで画一的に規制する必要はないでしょう。

このような団体自治の強化と同時に、住民自治も強められる必要があります。自治体が行う行政サービスに対して、住民の参加と発言の機会を増やさなければなりません。自治体政策の策定や各種の計画、自治体行政への住民参加を制度的に保障すること、**オンブズマン**制度などによって住民の自発的な参加を呼び起こすこと、NPOやNGOなど、地域で活動する各種の社会運動団体の参加や提案を求めること、情報公開を進め、行政の実態についての情報伝達に努めることなどの措置が必要でしょう。

なかでも住民による直接民主主義的な手段として注目されてきているのが、住民投票です。これは、東北電力の原発建設をめぐって九六年八月四日に新潟県巻町《まきまち》で行われたものが最初で、その後、様々な課題で各地で取り組まれるようになりました。住民投票が行われたテーマ、投票率とその結果は、図2に見るとおりです。

このようにして地方行政に住民が積極的に参加すれば、住民要求の内容についても適時・的確に把

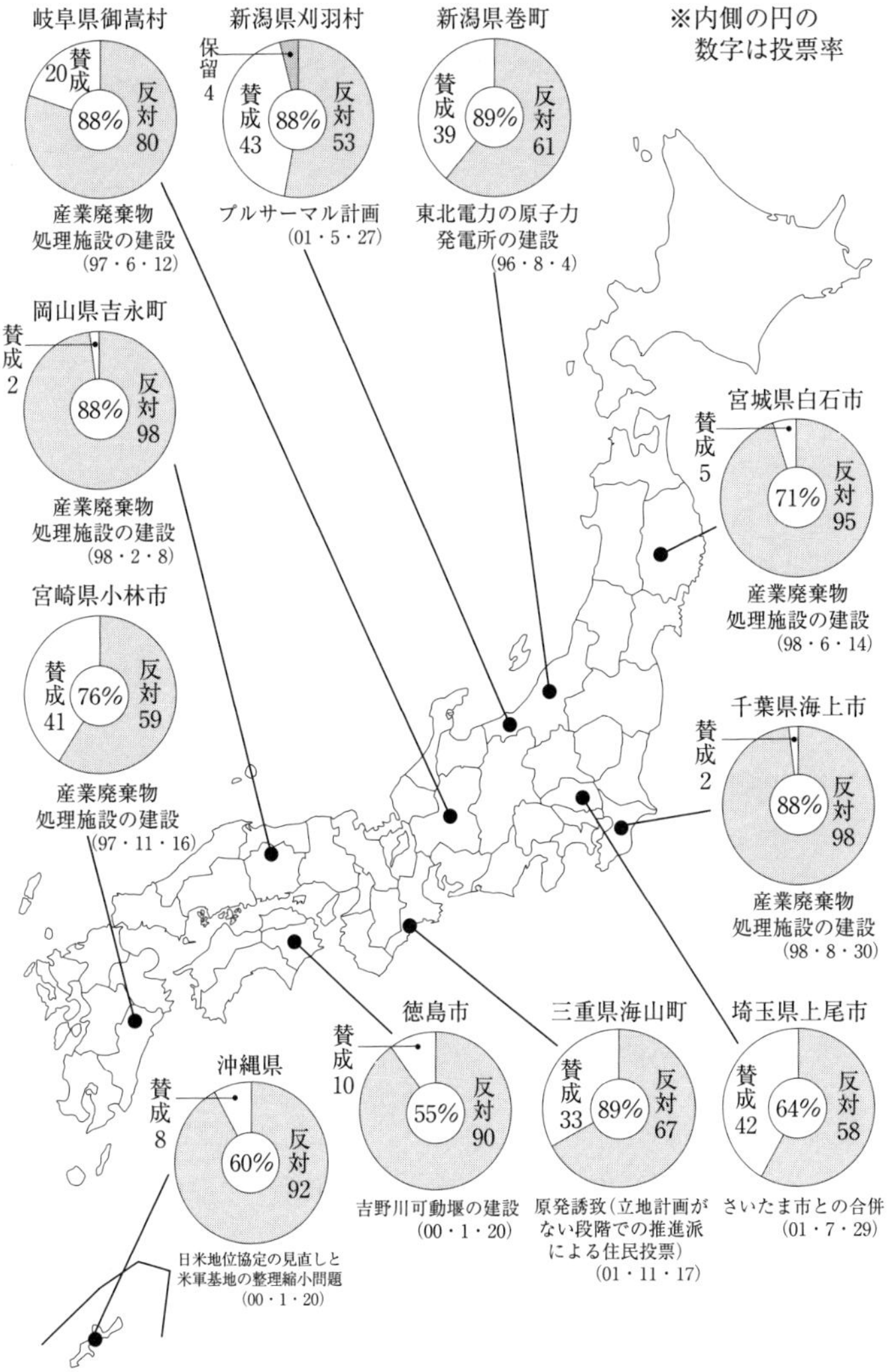

〔出所〕 福岡政行編著『手にとるように政治のことがわかる本〔第3版〕』かんき出版，2002年。

図2　主な住民投票のテーマ，投票率とその結果

長の権限

① 地方税の徴収

② 議会に提出する議案や予算の作成

③ 住宅・道路・河川などの建設・整備

④ 保健衛生・社会保障の仕事

⑤ 警察・消防の管理

⑥ 国の委任事務（伝染病予防、生活保護、児童福祉）の実施

⑦ 議会の解散

議会の権限

① 条例の制定・改廃

② 地方税・公共施設等の使用料などの徴収の決定

③ 予算の決定

④ 議長・副議長・選挙管理委員の選挙

⑤ 副知事・助役・公安委員などの選任に対する同意

⑥ 長の不信任議決権

⑦ 住民の請願の受理

表1　地方議会と首長の権限

握できるでしょう。そうすれば、具体的な要求に基づいて自治体の施策を実施することができ、行政当局の独りよがりな施策を避けることができます。具体的な住民要求を背景にすれば、中央政府に対する地方政府の発言力も強まることでしょう。

地方自治体の組織は、意思決定機関である議会、執行機関である首長（知事、市町村長）、それに教育委員会や公安委員会などの行政委員会からなっています。議会と首長の関係は対等で、議会には首長に対する不信任決議権、首長には議会の議決に対する拒否権と議会解散権が与えられています。このような議会と首長の権限は、表1のとおりです。

地方自治体をめぐる状況は、一九九九年の**地方分権一括法**の制定と**機関委任事務**の撤廃によって大きく変わりました。「地方の時代」にしても「分権の推進」にしても、全体としては、地方政府としての実質の強化の方向が打ち出されています。**三位一体の改革**構想も、基本的にはこのような方向に

オンブズマン　語源はombudsmanで、この制度は一八〇九年にスウェーデンで生まれた。本来は、国民の行政機関に対する苦情処理や行政活動の監視・告発などを行うことを職務とする者をいうが、広くは、行政の不正行為や税金のムダ遣いなどを正し改善させるために様々な活動をする個人や団体のこと。

地方分権一括法　地方分権推進計画に基づいて地方自治法など関連する法律四七五本を一括して改正した法律。国と地方公共団体の関係を従来の主従関係から対等な協力関係に改めるため、機関委任事務の廃止と事務区分の再構成、国の関与等の見直し、事務権限の委譲などを導入した。これによって、地方自治体に対する国の関与は大幅に制限された。

機関委任事務　住民によって選ばれた知事や市町村長を国の機関とみなし、国の事務を委任して執行させるもの。国はその事務に対する一般的指揮監督権を有しており、地方に細かく関与することができた。五六一項目もあって、都道府県では事務の七割から八割が、市町村では三割から四割が機関委任事務であると言われた。

基づくものです。問題は、それが自治体の自主性や主体性の強化、財政の確立に十分結びついていないという点にあります。

第一に、**「平成の大合併」**と言われる自治体の合併が、中央政府の国策としてうち出されているという問題があります。自治体の主体的な選択としてではなく、補助金などをエサに政府によって上から半強制的に行われているという点に、この合併問題の大きな矛盾があると言えるでしょう。自治体が合併するかどうかは、その必要性を自主的に判断して、自治体自身の主体的な選択として行われるべきです。国や県から指導されたり強制されたりするようなものであってはなりません。

第二に、地域の政治的リーダーも、本来は地域の中から発掘されるべきでしょう。「天下り」のような形で、地域とはあまり繋《つな》がりのない中央官僚などが首長となるのは好ましくありません。また、首長選挙にあたって、国政で与野党に分かれている政党が「相乗り」という形で一緒に与党になる場合も多くあります。これも好ましいものではありません。例外的にそのような場合もないとは言えませんが、各政党には住民にきちんとした説明ができるような対応をとって欲しいものです。

第三に、地域の活性化を目指した「地域おこし」でも、「外から」ではなく、「内から」の力を重視する必要があるでしょう。外来的ではなく、内発的な地域おこしの方が重要だということです。

これまでも、公共事業、民間企業の誘致、特産品の開発や地場産業の育成、都市と農村の交流、地域住民の生活の充実と活性化などの取り組みが行われてきました。公共事業や民間企業の誘致は一時的なカンフル剤になりますが、持続的な地域おこしという点では限界があります。

地域の個性を大切にし、内から沸き上がってくる力を強めるような方策を工夫すべきでしょう。派手さはなくとも、そこに住む人々が幸せで充実した生活を送ることができればそれで良しとする発想の転換が必要なのではないでしょうか。

†女性の力を生かすための政治・社会進出の支援を

これまでの歴史は男の歴史でした。これからは違います。二一世紀は「女の世紀」です。それは、一つには、男女の不平等を是正し、本格的に**男女共同参画**社会を実現するという意味であり、もう一つには、これからの社会には女性の力を生かす必要があり、そのための条件と潜在力を女性は持っているという意味でもあります。

しかし、このような「女の世紀」を実現するためには、政治と社会のあらゆる面での女性の進出を

三位一体の改革　国と地方の行財政改革によって、①国から地方への補助金、②地方交付税、③国から地方への税源移譲という三種類の改革を同時に進めること。これによって自主財源比率を高め、地方自治を強化するとされているが、実際には国から地方への歳出総額を減らすだけで、かえって財政基盤を弱めるのではないかとの指摘もある。

平成の大合併　一九九五年の合併特例法改正を契機に、財政上の優遇措置として二〇〇五年三月までの合併特例債の発行などを認めたために始まった自治体合併のブーム。大合併は一八八九年の市制町村制施行が最初で、二回目は一九五三年で三九七五に統合された。今回は三度目で、二〇〇二年一二月末現在、三八八市町村で合併の動きがある。

男女共同参画　「男女平等」という言葉に代わるものとして、一九九〇年代以降、女性の意思決定過程への参加に重点を置くという意味で、政府などによって「共同参画」が用いられた。男女共同参画社会基本法は「男女が性別による差別的取り扱いを受けない」などを基本理念とし、これに基づく自治体の条例は三六都道府県七〇市区町村でつくられている。

表2　女性の政治的・社会的進出状況

項　　目	総数(人)	女性(人)	比率(%)
女性の国会議員(2003年)(衆議院と参議院の合計)	723	72	10.0
地方議会の女性議員(都道府県・市・特別区・町村議会議員)	60,788	4,231	7.0
国の審議会等(国家行政組織法・内閣府設置法に基づく)における女性委員	1,715	429	25.0
国家公務員指定職および行政職(一)9級以上	9,806	136	1.4
女性の首長(知事・市長・区長・町村長の合計)	3,294	10	0.3
都道府県管理職への登用(本庁・支庁・地方事務所の課長相当職以上)	40,328	1,824	4.5
指定都市管理職への登用(同上)	14,152	841	5.9
女性裁判官	3,094	376	12.2
女性検察官	2,343	180	7.7
日本弁護士会登録会員	18,838	2,063	11.0
管理的職業従事者数	1,830,000	180,000	9.8
労働組合の女性執行委員(1労働組合当たり平均執行委員数)	9.7	1.6	16.5
大学教員に占める女性の割合	−	−	14.8
役職別管理職(部長・課長・係長)に占める女性の割合(2001年)	部長 1.8%	課長 3.6%	係長 8.3%

(注)　年次の示されていないデータは2002年のもの。
〔出所〕　内閣府編『平成15年版　男女共同参画白書』，日本婦人団体連合会編『女性白書　2003』より作成。

支援しなければなりません。すでに指摘したように、先進国の中でも日本は、女性の政治家が極めて少ないという点で際だっています。これほど政治的な過少代表が顕著な先進国は多くありません。政治家だけでなく、官僚、法曹《ほうそう》、民間企業の役職者、労働組合の幹部にも女性はほとんどいないか、その割合は微々たるものです。表2に示されているように、日本における女性の政治的・社会的進出は多くの面で極めて遅れており、それを是正することは急務です。

そのためには、まず、社会のあらゆる領域を**ジェンダー**視点で見直し、少なくとも法的制度的差別を是正するための具体的な措置がとられなければなりません。一九八五年における男女雇用機会均等法の制定はその第一歩でした。その後、均等的取り扱いについての努力規定が差別禁止規定となって実効性が強められていますが、さらに、性的差別禁止法を制定するべきでしょう。これは雇用の場だけでなく、社会のあらゆる場で性による差別や不利な取り扱いを禁止するものです。

また、このような法律の制定だけでなく、男女の性的差別を解消するための具体的な措置も必要でしょう。家庭での家事、育児、介護の分担や協力は不可欠です。地域や職場での差別解消のための努力も求められます。もちろん、セクシャル・ハラスメントなどはとんでもありません。

この点では子どもに対する教育も重要です。男女差別は意識の問題にも深く関わっていますから、早くから男女の違いと共に、相互の尊重と平等の意識を育てる必要があります。家庭科教育も男女別ではなく、料理のできる男性、簡単な電気の配線などを自分で直せる女性を育てるようなものでなければなりません。自分のことは自分でできる市民の育成が、その目標です。

男女差別の是正のためには、一定のアファーマティブ・アクション（積極的差別是正措置）を導入することも必要でしょう。これまで何かと不利な立場に置かれてきた女性の地位を改善するために、一

ジェンダー　社会的・文化的に形成される男らしさ、女らしさとしての性別・性差。生物学的・解剖学的な男女（雌雄）の違いを意味する性（sex）とは異なる概念。社会や人間の諸活動のあらゆる領域を、歴史的に形成されてきた性差別や役割分業の観点から再検討するための視点として大きな意味を持っている。

表 3　各国の男女の主な参画状況と制度の充実度

	日本	韓国	フィリピン	アメリカ	スウェーデン	ドイツ	イギリス
GEM 順位(2002年)	32位	61位	35位	11位	3位	8位	16位
女性労働力率(2001年)(%)	49.2	48.8	52.8	60.1	76.2	48.8	55.0
育児期にある夫婦の 仕事時間(時間) 家事時間(時間)	夫　妻 7.7　3.7 0.4　3.8	—　—	—　—	夫　妻 6.2　4.9 2.0　3.3	夫　妻 6.4　3.9 2.5　3.9	夫　妻 6.1　4.1 2.5　4.2	夫　妻 6.3　3.5 1.7　5.4
クォーター制(政治)	導入していない	導入している	導入している	導入していない	導入している	導入している	導入している
育児休業制度	やや充実している	やや充実している	制度なし	充実していない	充実している	充実している	充実していない
男女の平等意識	不平等感が非常に強い	不平等感が非常に強い	平等感が強い	不平等感が強い	不平等感が強い	不平等感が強い	不平等感が強い
役割分担意識	強い	やや薄れている	強い	薄れている	ほとんどない	薄れている	薄れている

(注)　1.　GEM(ジェンダー・エンパワーメント指数：女性が積極的に経済界や政治生活に参加し，意思決定に参加できるかどうかを測る指数)は国連開発計画「人間開発報告書」(2002年版)より作成。
2.　国民負担率は財務省資料より作成。
3.　国会議員数はIPU(列国議会同盟)資料より作成。
4.　労働力率と企業の管理的職業従事者に占める女性割合はILO「Yearbook of Labour Statistics」(2002年)より作成。
5.　育児期にある夫婦の仕事時間，家事時間はOECD「Employment Outlook」(2001年)，総務省「社会生活基本調査」より作成。
6.　その他は内閣府「男女共同参画諸外国制度等調査研究報告書」(平成13，14年度)，「男女共同参画社会に関する国際比較調査」(平成14年度)及び「男女共同参画社会に関する世論調査」(平成14年7月)より作成。

定の期間、ある程度の優遇措置をとるということです。そのために「逆差別」になることがあっても、ある程度はやむを得ないと思います。

特に政治の分野では、議員選挙へのクォーター制の導入が考えられます。候補者の一定割合を女性にすることを義務づけることです。政党が候補者の名簿を提出する比例代表制なら、このような措置をとることは容易でしょう。小選挙区制よりも比例代表制の方が好ましいということは、この点からも言えます。

また、首長選挙などに女性候補者を積極的に擁立することも必要でしょう。女性候補の擁立は、無党派層や女性票目当てという面もありますが、それでもかまいません。女性の目を気にし、その票をあてにするようになってきたということは、それだけでも前進です。各国の男女の主な参画状況と制度の充実度については、表3をご覧下さい。

このような女性の政治・社会的な進出を実現する上で、家庭生活や家事をめぐる技術的な進歩と**家事労働の社会化・外部化**は大きな助けとなるに違いありません。炊事や洗濯、育児や介護が機械化されたり外部化されれば、それだけ家事労働の負担は軽減され、男女間で分担するのも容易になります。

家事労働の社会化・外部化　人間の生命の維持、再生産や家庭生活の管理・運営のための雑多な労働を家事という。炊事、洗濯、掃除、育児、看護、介護、家政などの仕事がこれに含まれる。これらについては、外食や配食サービス、クリーニング、保育所、病院、看護・介護サービスなど、資本主義的商品化や社会政策的社会化が進行している。

池子米軍住宅問題　神奈川県逗子市にある米軍池子弾薬庫跡地への米軍住宅建設をめぐる政府と住民との争い。住民は、弾薬庫だったために貴重な自然が多く残る跡地を返還するよう求め、計画を受け入れた市長のリコール、反対派市長の選出、市議選での反対派市議の応援などで抵抗した。

こうして、女性が政治的・社会的な活動に参加するための時間的な余裕が増えてきます。厳しい経済状況の中で、企業に押し込められている男性正社員より、「専業主婦」や短期臨時社員である女性の方が自由時間が多く、政治的・社会的関心を持ち、社会的活動への参加意欲が高いという面も少なくありません。**池子《いけご》米軍住宅問題**で弾薬庫跡地に米軍住宅を建設しようとする政府と、池子の森を残すことを求めた地域住民、特に主婦との対決（オカミとオカミサンとの対決）は、その先駆的な例でした。

新しい市民社会は、女性によって担われるのではないでしょうか。社会的なしがらみの少ない女性の、自由で斬新な感覚が新しい政治の世界を切り拓くことになるかもしれません。このような女性の政治的・社会的進出と発言力の増大によって政治の歪みが正され、政治が活性化することを望みたいものです。それはもちろん女性の利益になるでしょうが、結局は男性の利益にもなり、社会全体の活性化と民主化に繋がるに違いありません。

†高齢者と若者の力で活力ある超高齢社会を

「団塊《だんかい》の世代」という言葉があります。作家の堺屋太一氏の造語で、一九四七年から四九年の間に生まれた人々を指しています。この世代の出生人口は約八一〇万人もおり、それ以前・以後と比べて約二〇%も多くなっています。

この団塊の世代に属する人々は、二〇〇七年から九年にかけて六〇歳になり、一斉に退職年齢を迎えます。最近になって、厚生労働省が六五歳までの雇用維持の義務づけという案を持ち出してきたのは、この団塊の世代の定年と職業世界からの退出を遅らせたいからです。

国連の基準では、六五歳以上人口が総人口の七%を上回ると「高齢化社会」だとされます。これからすれば、二倍の一四%を上回れば「高齢社会」、三倍の二一%以上になれば「超高齢社会」だということになるでしょう。

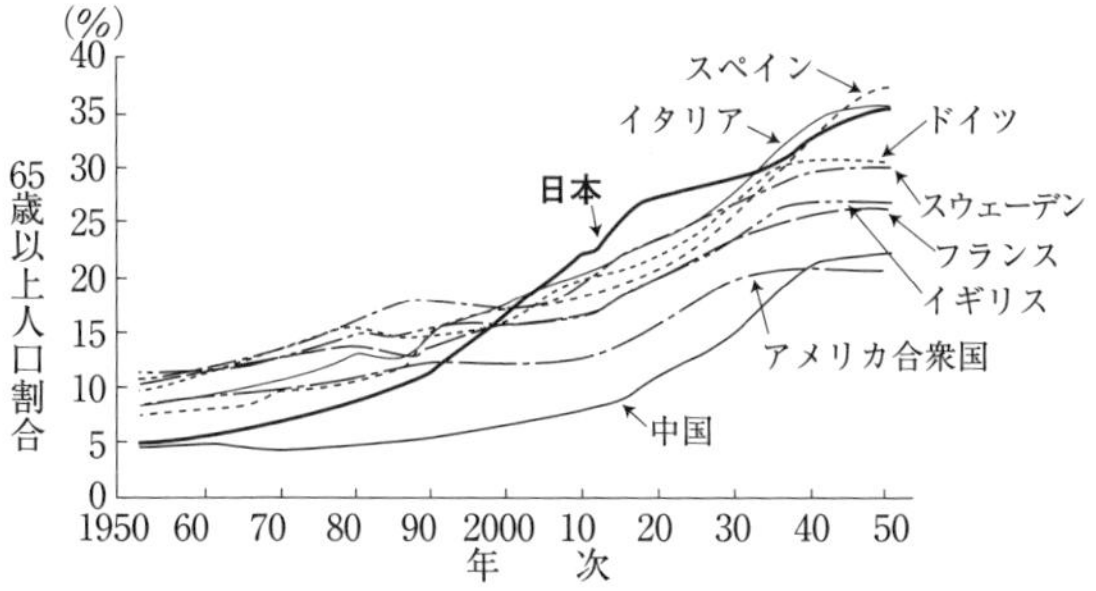

資料：UN, World Population Prospects : 2000による
日本は，総務省統計局『国勢調査』および国立社会保障・人口問題研究所『日本の将来推計人口』(2002年1月)による。

図3　主要国の65歳以上人口割合：1950～2050年

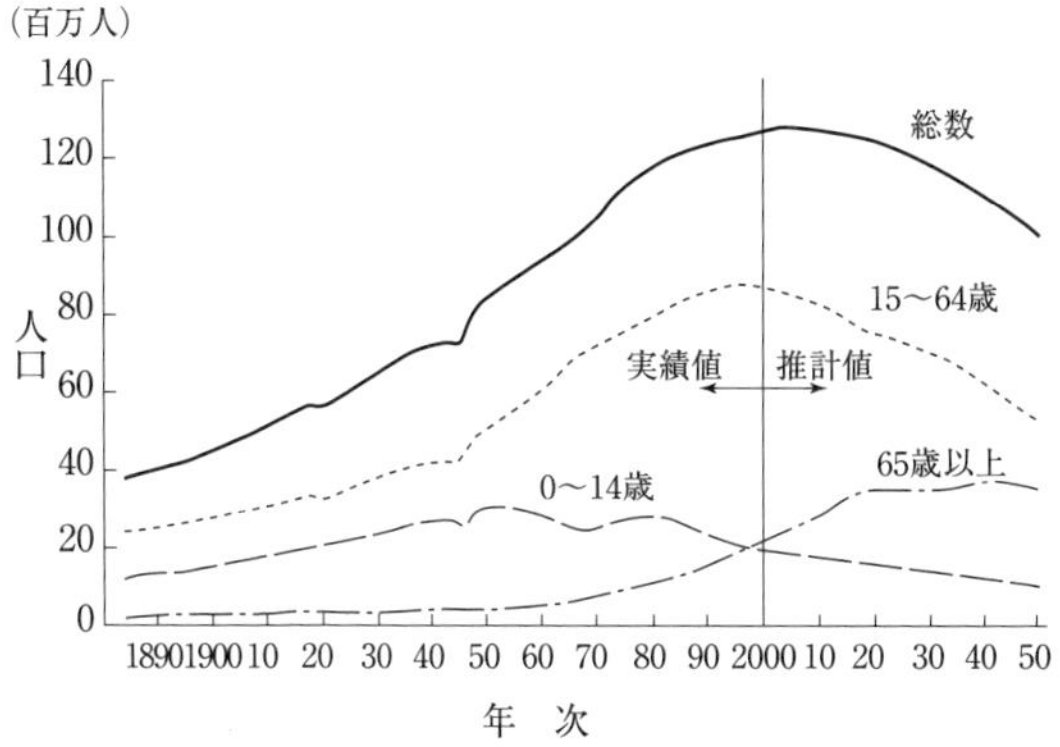

図4　年齢3区分別人口の推移：1884～2050年

図3で示されるように、主要国のなかでも、日本は急速な勢いで六五歳以上人口の割合が高まると予測されています。

図4のように、日本の人口は、二〇〇六～七年頃にピークに達し、その後減少に転じ、一五歳から六四歳までの労働年齢の人口も減少すると見られています。日本という国がで

きてから、人口減になるのは初めてです。少子・高齢化と人口減によって生ずる急激な社会変容が、これからの日本を待ち受けており、これへの対応もまた、政治の大きな課題となるにちがいありません。

人口減と急速な高齢化の裏側には少子化という問題が存在しています。独身者の増大と晩婚化によって、産まれてくる子どもの数が急速に減少しています。このままでは、社会の維持と再生産が困難になるかもしれません。少子化問題の解決もまた、政治が取り組むべき課題になってきています。

しかし、結婚するかどうか、何人の子どもを産むかは、本来は各人の自由であり、私的な問題にすぎません。乳幼児死亡率が高い時代には、子孫を残すためにたくさんの子どもを産まなければなりませんでした。今はそのようなこともなく、無理してたくさんの子どもを産む必要はありません。自己の自由な選択で子どもを産めるのは、基本的には幸せな時代だと言えるでしょう。子どもの出産と子育てを公共政策で直接的に左右しようと考えるのは誤りです。

ただし、間接的な支援策は必要でしょう。子どもをつくってもそれによって生活が苦しくなったり、単身者より不利になったりすることのないような施策を整備しなければなりません。こうすることで、子どもを産みたくなるような社会を作ることです。子どもを産んで育てることに喜びと生き甲斐を持てるような社会にしなければなりません。

残念ながら、今の社会は必ずしもこのような方向に向かっているとは言えないでしょう。戦争やテロの不安があり、殺伐《さつばつ》とした雰囲気が漂っています。子どもが生まれてきても、健やかに育って幸せになるとの確信は持てず、子育てが難しくなってきています。子育てへの支援策も十分だとは言えま

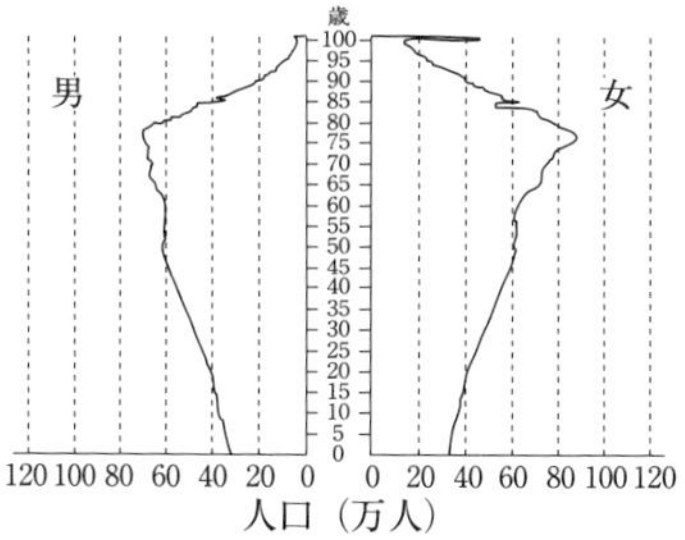

図5　2050年の「壺型」人口ピラミッド

せん。これは個人の責任ではなく、政治の責任です。

このように、産む子どもの数を減らし、高齢者の寿命が延びるのは、社会の成熟の結果であり、基本的には問題とするべきものではありません。無理して子どもを産む必要がなく、長く生きることができるというのは、本来、喜ぶべき事柄ではないでしょうか。これらが問題になるのは、このような社会変容に対応した適切な公共政策が実施されていないからです。

少子高齢化の結果、社会の世代別年齢構成が歪み、平均年齢が高まります。二〇一五年頃には、六五歳以上人口が総人口の二五・二%となり、四人に一人が六五歳以上という「超高齢社会」になります。図5のように、二〇五〇年には七〇代が最も多い「壺型」の人口ピラミッドになるでしょう。

このような高齢者の力を生かし、社会の活性化を維持していくことができるかどうかが大きな課題になります。高齢者医療・介護などの充実、生活の安定とともに、生き甲斐を持てるような老後生活の実現も重要です。秋の紅葉と同じように、「人生の秋」も美しくなければなりません。

育児休業制度　一九九二年から施行され、九五年の改正で介護休業も追加された。二〇〇二年には小学校就学前の子どもの病気のための看護休暇制度なども盛り込まれた。一歳未満の子どもを育てる勤労者は男女を問わず休業できる。男性の場合、少なくとも産後八週間までは取得でき、これを理由とした解雇や不利な取り扱いなどは禁止されている。

社会の活性化という点では、若者人口の減少を抑え、そのエネルギーを高めることも必要です。子どもを産み育てるための直接的な子育て支援だけでなく、そのための環境づくりが大切です。この点では、一九八〇年代後半に、育児休業中の所得保障や育児休暇の弾力的運用などの施策によって、一時的にではあれ出生率の上昇に成功したスウェーデンの経験に学び、**育児休業制度**や保育施設など、子育て支援策を充実する必要があるでしょう。少子化は成熟社会の宿命ではないということを、スウェーデンの例は示しています。

また、子どもを持つ親だけでなく、若者に対する支援策も重要でしょう。この点で、若者の中でのフリーターや無業者・失業者の増大は深刻な問題です。二〇〇三年五月に発表された『国民生活白書』によると、フリーターは九〇年の一八三万人から二〇〇一年には四一七万人に増加しています。安定した職に就き、社会の中核としての資質や技能を身につけていくことができるかどうかは、将来の社会のあり方を左右するでしょう。

二〇〇四年一月一一日に内閣府が発表した「世界青年意識調査」では、社会に不満を持つ若者が六割に上り、就職難が諸外国に比べて深刻であるという結果が明らかになりました。このような若者の不満や就職難に対しても、政治は積極的な対応を迫られています。

これらの問題は、基本的には、公共政策の策定によって解決されなければなりません。しかし同時に、そのような問題解決に、当事者である高齢者や若者自身が率先して取り組む必要があります。それは第一に、問題が社会化しなければ政策はアジェンダ（議題）とならないからであり、第二に、解決する方策もまた、官僚の頭の中からではなく、社会的な実践や経験の中から生み出されるのが望ましいからであり、第三に、このような運動や活動それ自体が、生き甲斐や雇用を生むという現実的な効果があるからです。

このような形で高齢者や若者の社会参加が増大し、高齢者支援や若者支援を目指す様々な社会運動が展開されることが望まれます。それは、「超高齢社会」ではあっても活力を失わない、成熟した平和で民主的な新しい社会を生み出すに違いありません。

†「辺境」からの「知力革命」を

山口県萩市は明治維新の揺籃《ようらん》の地として知られています。維新の志士の多くはこの地の出身ですが、なかでも高杉晋作《たかすぎしんさく》、久坂玄瑞《くさかげんずい》、伊藤博文《いとうひろふみ》、山県有朋《やまがたありとも》らを育てたのが、吉田《よしだ》松陰《しょういん》の松下村塾《しょうかそんじゅく》でした。JR山陰本線東萩駅から徒歩一五分のところに松陰神社があります。その境内に今も残る小さな木造瓦葺き平屋建ての小屋が、その松下村塾です。

吉田松陰は二五歳の時、国禁を犯して海外渡航を企てて失敗し、安政の大獄で刑死する三〇歳までのほとんどを獄中か幽閉生活を送ります。その幽閉中に住んだのが、実父の杉百合之助《すぎゆりのすけ》の家でした。幽囚《ゆうしゅう》室に閉じこめられた松陰は近所から門下生を集めて塾を始めます。その部屋の広さは、わずか三畳半しかありません。後に増築して松下村塾としますが、それでも八畳と一〇畳半の部屋に土間付きの簡素な小屋です。この小さな小屋のわずか三畳半の部屋から明治維新は始まります。近代日本の夜明けを切り拓いたのは、この小さな部屋に集まったごく一握りの人々だったのです。

民主主義は多数者の意見に従って政治を動かすことです。しかし、すでに第一章で書いたとおり、多数であることは正しいということを意味しません。同様に、少数であることは誤っていることを意味していません。

それどころか、未来に向けての新しい芽は、最初は常に少数です。少数だから新しいとさえ言えます。多数になれば、それはすでに主流であり、古くなるからです。少数であるということは、未だ社会に受け入れられない新しさがあるということを意味しています。

多数派は現実であり、少数派にこそ未来があります。少数であることは問題ではありません。いつまでも少数であり続けることこそが問題なのです。未来への芽は、やがて多数になりうる可能性を宿していなければなりません。

少数でも政治は変えられますが、それはやがて多数派になりうる発展性と将来性があるからです。松下村塾に集まったほんの一握りの志士たちの卵が、やがて孵化《ふか》して明治維新を先導し、新しい日本を作っていくことになったのは、このような条件を満たしていたからです。

その第一は、変化の胎動をつかむ先見性です。吉田松陰は時代が変わるということを知っていました。彼が海外渡航を志して米軍艦に乗り込もうとしたのは、それがどのように変わるのかを確かめるためでした。このような時代の変化を予兆するタイミングをつかむことが大切です。

第二に、そのためには、世界の潮流を読み、時代の流れをつかむことが必要です。世界では常識となっていることや、すでに多数派になっている勢力が、日本では未だに特殊なこととされ、少数派に甘んじているということがあります。吉田松陰のように、海外の先進例に学ぶことが大切です。

第三に、変革への情熱、意欲、行動力が必要です。現状に甘んずることのできない人々が多くなれば、変革へのエネルギーが高まります。それは人々の意識を変え、世論を変えていくでしょう。そのための情熱や意欲、行動力が大切であり、基本的には、これは若者にあって高齢者にはないものです。

第四に、思慮、判断力、経験が必要です。変革への渇望は、時として自暴自棄の暴発という形をとることがあります。既存のシステムに対する異議申し立ては、現状を破壊するだけでなく建設にも結びつくものでなければなりません。そのための思慮、判断力、経験が大切であり、一般的には、これは高齢者にあって若者にはないものです。

このような若者の行動力と高齢者の思慮の結合によって未来社会の設計図が描かれ、それを望む声が多数者となっていったとき、政治や社会が変わっていきます。そのための「武器」は情報です。現代社会は「情報革命」の時代だと言われますが、その意味はいくつかあります。

ひとつに、情報手段の「革命」、つまり情報媒体の急速な発展と革新です。コンピュータや携帯電話などの移動体通信は、凄まじいスピードで技術革新が進み、誰でも安い情報媒体を容易に手にすることができるようになりました。つまり、誰でも簡単に「武器」を手に入れることができます。

二つに、情報内容の「革命」、つまり情報の量の爆発的な増大であり、情報の質やコンテンツ(内容)の持つ威力の急速な拡大です。インターネットの普及によって、必要な情報を必要なときに必要な形で入手することが容易になりました。地球の片隅で起きた小さな事件や運動が、瞬く間に世界中に拡大するような事例も生まれています。情報の伝播《でんぱ》力と世論形成への影響力は、従来にない威力を発揮するようになっています。つまり、我々が手にする「武器」は、かなりの破壊力を持っているということになります。

三つに、こうして「情報による革命」が可能になりつつあります。「知らしむべからず、依らしむべし」という受動的な統治スタイルは、もはや不可能になっています。情報は短期間秘匿《ひとく》できても、やがては露見するでしょう。情報を一時的に操作することができても、それを長期にわたって持続することは困難でしょう。

しかし、それは可能性にすぎません。情報という「武器」を手にし、それを生かすことができるかどうかは、個々人のあり方にかかってきます。知ることは力を生みますが、そのための努力が必要です。個人でできることには限界がありますから、ネットワークを作らなければなりません。バーチャルな世界でのネットワークが世の中を動かす具体的な力を発揮するためには、リアルな世界での組織によって補強されなければならないでしょう。

こうして、情報の発信と伝播による多数派の形成が目指されることになります。それは知恵と知識、情報を駆使して世の中を変えていくことです。私はこれを「知力《ちりょく》革命」と呼びたいと思います。二一世紀の世界は「知力革命」の時代を迎えました。現代日本政治の未来もまた、このような「知力革命」によって切り拓かれるにちがいありません。

近代日本を拓く「革命」は、本州の西の外れにある萩郊外の三畳半の小部屋から始まりました。まさに「辺境」から「中枢」を変える烽火《のろし》が上がったといえるでしょう。現代日本における政治的「辺境」は、地方であり、女性であり、高齢者であり、若者です。

ここから「中枢」に向けての進撃を開始してもらいたいものです。「辺境」から「中枢」を撃つ

—これが目標です。知恵と知識、情報を駆使した「知力革命」によって、「辺境」から「中枢」へと攻めのぼっていこうではありませんか。

補論：政治研究の流れ

†政治学はどのように変遷してきたのか

政治学は、もともと哲学の一部でした。政治学だけではありません。ギリシア・ローマ時代には、あらゆる学問は哲学として論じられ、未分化の状態にありました。古典・古代の政治を論じたプラトンやアリストテレスらは政治学者というよりも哲学者として知られているのはそのためです。

中世においても、この未分化状態は続きました。政治学は学問として独立していません。しかし、それは哲学ではなく、今度は神学の一部として論じられ、人間に奉仕するというより神が作りたもうた秩序の維持に奉仕するものでした。

このような神の呪縛《じゅばく》を解き放ち、政治学を「神の学」から「人間の学」へと転換させたのは、ルネサンス期に活躍したマキャベリです。彼が、近代政治学の祖とされるのは、そのためです。ただし、マキャベリは政治を人間の能動的な活動としてとらえたものの、その主体は統治者であり、王様でした。彼の著した政治学の書が『君主論』であったのは、このことを象徴的に示しています。

政治学を「君主の学」から「市民の学」へと転換させたのは、イギリスやフランスの近代市民革命の**イデオローグ**たちでした。トマス・ホッブス、ジョン・ロック、ジャン・ジャック・ルソーらは、自然権思想や**社会契約論**などによって市民革命を正当化し、市民政治理論の形成に先鞭《せんべん》を付けます。これが、今日に至る政治学の直接の起源になります。

新しい学としての政治学の成立は、それを教育する機関の設立を要請しました。こうして、一八五七年にアメリカのコロンビア大学で「歴史および政治学」の科目が設けられ、一八八〇年には政治学部が設置されます。フランスでも一八七二年に政治学自由学院が設立されます。

このような動きとは独自に、社会主義の潮流の中からも社会主義革命の実現を目指した政治研究の新しい試みが始まります。それがマルクス主義政治学です。社会を経済的構造の土台と法的政治的上部構造からなる**経済的社会構成体**としてとらえ、政治や国家を経済的土台による規定とそれへの反作用という関係の中に位置づけようというものです。

二〇世紀に入ると、大学などアカデミズムでの政治学研究は一般化します。同時に、その研究方法も、さまざまな特色を示すことになりました。一九世紀から二〇世紀前半にかけて試みられた政治学研究の方法としては、哲学的アプローチ、歴史的アプローチ、制度的アプローチ、国家学的アプローチなどを挙げることができます。

哲学的アプローチとは、政治社会や国家がどのような考えを背景に成立し、どのような政治や国家のあり方が望ましいものであるのか、政治の原理を追究する方法です。主に、政治哲学や政治思想の研究が中心になります。

歴史的アプローチは、過去の歴史の中に政治の理想の姿や教訓を探ろうとするもので、主にアメリカで発展しました。当初、政治学は歴史学の一部として捉えられ、政治史、政党史、外交史、政治思想史などとして分化していきます。政治・社会現象は実験ができません。いわば、これに代わるものが過去の実例です。したがって、歴史的アプローチは、政治学のみならず社会科学全体の研究において、今もなお重要な一部を構成することになります。

制度的アプローチは、政治の考え方や原理だけではなく、それを具体化する政治制度、機構、権限や役割などに関心を注ぐ研究方法です。これも、新しい国家の建設を急ぐアメリカなどで発達しました。

国家学的アプローチは、このような制度的アプローチの対象を主として国家の制度に集中するものです。政治を市民の自治行為としてよりも国家の統治行為としてとらえ、統治のための法の運用や統治機構の研究を行いました。このような方法はプロイセンなどドイツで発展し(ドイツ国法学)、戦前の日本にも強い影響を及ぼしました。

イデオローグ　ある特定の理論や思想を主張し、人々の思考や行動に影響を与え、あるいは与えようとする理論的指導者や思想家のこと。特定の階級や党派の立場から、社会の解釈や観念(イデオロギー)を理論化したり体系的に説明したりし、その行動や主張を裏付けて正当化する理論的思想的支柱となる。

社会契約論　政治社会(国家)形成の原理を自由で平等な個人間の契約に求め、それによって政治権力の正統性を説明する理論。ホッブス、ロック、ルソーらによって唱えられた。まず、政治権力の存在しない自然状態を想定し、各人に自己保存の自然権を認め、これらの個人が相互に契約することによって近代国家が成立したとする。

経済的社会構成体　マルクス主義の史的唯物論における基本概念の一つで、経済構造が基本をなすという観点からとらえた社会の概念。経済的構造を土台とし、その上に一定の政治的・法的上部構造やイデオロギーが形成され、土台は上部構造への最終的規定性を持ち、上部構造は土台に反作用するというもの。

†行動論的政治学とは何か、それはどのような特徴を持っているのか

これらの政治学研究はいわば伝統的政治学の方法であり、どちらかといえば静態的な色彩の強いものでした。また、社会や自治よりも国家や統治を強く意識しており、政治とは主として国家に関わる現象であるとする国家現象説的な捉え方を背景にしています。

これに対して、二〇世紀に入って以降、新しい政治の捉え方や政治研究の方法が現れてきました。政治とは主として社会に関わる現象であるとする社会現象説的色彩を帯び、動態的で実証的な政治研究を目指す「科学としての政治学」の登場です。これらの研究方法はアメリカやイギリスで発展し、現代日本の政治研究にも大きな影響を及ぼしています。

このような新しい研究方法が登場したのにはわけがあります。すでに述べたように、二〇世紀に入って社会が変化し、大衆社会的な状況が生まれたからです。多くの無名の人々が政治の舞台に登場し、次々と社会集団が結成され、政治に関わるようになっていきます。これらの人々や集団が、政治においてどのような意味を持ち、どのような役割を演ずるのか。従来の方法はその解明に役立たず、新しい学問的方法が必要になりました。こうして生まれていった新しい方法は、行動論的アプローチ、心理学的アプローチ、**多元主義**的アプローチ、政治・社会学的アプローチなどです。

行動論的アプローチとは、政治における人間性や人間の行動を客観的に分析しようとする方法で、実証的な政治分析や科学としての政治学の確立に向けて新境地を拓きました。このような方法は行動主義と呼ばれ、一九五〇年代のアメリカ政治学会で主流を占めるようになります。

心理学的アプローチとは、この行動論的アプローチの一部で、人間性や人間の行動の背後にある潜

在意識や衝動、本能などに注目するものです。フロイトなどの精神分析学の成果をも取り入れ、シカゴ大学を中心に隆盛を極めてシカゴ学派と呼ばれました。

多元主義的アプローチとは、社会集団や自治体などの政治的機能に注目するもので、圧力団体の活動などを解明する集団理論として発展します。国家を相対化し、その一元性と絶対性を否定する民主主義理論の一種だと見ることもできます。

政治・社会学的アプローチも、社会集団や圧力団体に注目するもので、**構造・機能分析**や**機能主義**などの社会学理論と接合しながら、選挙や投票行動、市民運動や圧力団体の活動の分析などで成果を上げました。

以上のような新しい方法は、行動主義あるいは行動論的政治学と総称され、それまでの伝統的政治学において経験的洞察を通じて直感的に把握されてきた理論を科学的に検証し、実証する上で大きな

多元主義　相互に独立した多くの要素や原理から世界が成り立っているとする考え方。政治学では、国家も社会の一部にすぎず、自治権を持つ他の様々な集団（労働組合・職能団体・教会など）と同等の一集団にすぎないというとらえ方になる。

構造・機能分析　社会学者パーソンズによって定式化された理論。ここでいう構造とは社会の骨組み（社会システム）で、機能とは構造が果たしている貢献ないしは作用のことをいう。AGIL図式が有名だが、適応機能（A）、目標達成機能（G）、統合機能（I）、パターン維持機能（L）という四つの機能要件のうち、Aは経済でGが政治だとされる。

機能主義　そのはたらき（機能）や役割、作用を重視して、ものごとをとらえようとする立場。何らかの実体として静的・固定的にではなく、動的・相関的・過程的にとらえようとする。社会の構成要素や部分が社会全体にどのような貢献をしているのか、これらの要素や部分が相互にどのような関係にあるのかを分析する。

成果を上げました。しかし、同時に、いくつかの弱点もありました。たとえば、数値化できず計量不可能な現象は無視されがちであること、社会集団に注目するあまり国家の位置づけや国家論が抜け落ちてしまったこと、政治において重要な意味を持っている価値観やイデオロギーの問題が捨象《しゃしょう》されてしまいがちだということなどです。これらの弱点は行動主義の立場に立つ人々にも自覚されており、その克服が目指されます。そこからまた、新しい方法が登場しますが、それは、次項の日本における政治研究との関連で述べることにしましょう。

†日本における政治研究の流れはどのようなものか

日本の場合、戦前において科学的な政治研究は未確立に終わりました。明治維新で成立した絶対主義的天皇制は近代的政治制度の導入に努めましたが、そのモデルとなったのはプロイセン(ドイツ)です。したがって、統治の学であり国家制度を主たる研究対象とするドイツ国家学が、政治研究においても大きな影響力を持ちました。

同時に、戦前の天皇は「神」であり、天皇制は正統性確立の手段として神話や神道《しんとう》を利用したため、神秘性のベールに包まれ神がかり的な色彩を強く帯びていました。このような天皇制のあり方と科学的な学問研究とは両立するはずがありません。

強いて言えば、戦前における政治研究の主たる方法は、国家学的・制度論的アプローチだったということができます。しかし、これも天皇制の神秘性と衝突しない限りでのことでした。基本的には、政治学は天皇制のしもべとして体制維持に奉仕することを強いられ、自由な学問として確立されることはなかったと言えます。

このような戦前における政治学研究の反省の上に立ち、戦後は、国家権力から独立した自由な学問としての政治学の確立が目指され、客観的な科学としての政治学のあり方が模索されることになります。同時に、戦前の日本で、何故、多くの国民が天皇制や侵略戦争に巻き込まれていったのかを解明する作業が丸山真男《まるやままさお》らによって取り組まれます。

戦後最初に展開された政治学研究の方法は、歴史・思想的アプローチとも言えるものでした。ここで課題とされたのは、戦前天皇制の分析だけでなく、戦前と戦後の継続と断絶、占領改革の意義、戦後民主主義の評価などでした。戦後日本の政治が直面したこれらの重要な問題を日本固有の歴史や思想的文脈において解明しようとしたわけです。

しかし、このようなアプローチは、日本独自の事情や特殊性を重視しすぎたのではないかとの批判を招き、より一般性の高い、他の国とも比較可能な分析枠組みが模索されることになります。これに応えたのが、第二次世界大戦後、堰《せき》を切ったように入り込んできた欧米の政治理論でした。

その一つは、マルクス主義政治学でした。マルクス主義は、前述のような経済的社会構成体論や**史的唯物論**の立場からイデオロギー形態や法的政治的上部構造と経済的土台との関連を問題にし、政治経済学的アプローチを発展させます。

史的唯物論　マルクス主義の歴史観で唯物史観ともいう。社会の構造や発展のあり方を生産を基礎に把握しようとする立場。生産をめぐる人々の関係（生産関係）の発展は生産力を高めるが、さらに生産力が発展すると生産関係との矛盾を来たし、新しい生産関係を求めるようになる。こうして革命が起き、歴史は発展していくとされる。

第二に、政治社会学の立場からアメリカの社会学者パーソンズは構造機能主義を唱えます。この理論は、社会全体をシステムとしてとらえ、政治などの部分システムはこの全体システムを維持する機能を果たしているという巨視的な理論を展開します。

第三に、行動主義の影響を受けたアメリカの政治学者イーストンも政治システム論を展開します。これは政治過程を、要求や批判などの「入力」を政策などの「出力」へと変換する回路であるととらえ、その過程に議会や行政を位置づけようという全体理論でした。

これらの理論はいずれも、個々の政治現象の解明よりも、それらを相互に関連づけて何らかの全体性の中に位置づけるという特徴を持っています。また、政治とそれ以外の経済や社会との関わりを重視するという点でも共通しています。その意味では、これら三つの方法は構造分析的アプローチとして一括して把握することも可能だと言えるでしょう。

また、このような構造分析的アプローチは、一面では、それぞれの国の全体社会の特徴や構造の形成における歴史文化的背景を考慮に入れる点で、歴史・思想的アプローチとの接点を持っています。しかし、他面では、このような歴史的文化的背景を持った全体社会を構造やシステムとしてとらえ直し、他国の政治システムとも比較可能にするという点で、次の多元主義的アプローチとの共通性を持っています。いわば、この構造主義的アプローチは、歴史・思想的アプローチと多元主義的アプローチとの中間に位置するものだと言えるでしょう。

戦後日本の政治がその背後にある何らかのマクロな構造を反映していると考え、経済社会構造や歴史、文化、イデオロギー的な対立構造を分析した構造分析的アプローチがマクロ理論であるとすれば、その対極にあるミクロ理論が、政党や圧力団体、政治家、有権者など政治的行動主体（アクター）の分析に焦点を合わせる多元主義的アプローチです。

この多元主義的アプローチによって、政策形成における官僚優位モデルの是正、議会と政党・圧力団体の役割の評価、なかでも族議員の研究、労使間の協調に注目する**ネオ・コーポラティズム**論、戦後民主主義における民主化の程度などの点で、新たな研究の発展がもたらされました。また、これらの問題をめぐる論争の過程で多くの事例研究が蓄積され、日本の政治研究において実証主義的研究態度が定着したことも評価すべき点でしょう。

このような政治的アクターへの注目をさらに徹底させたのが、合理的選択アプローチだといえます。合理的選択とは与えられた制約の中で個々の政治的アクターが自らの効用を最大にするために行動することであり、このような選択の結果として政治現象を解明しようというのがこの方法です。

政治的アクターの行動原理の理論化から出発し、各国に現れる一般的な枠組みの中でそれを理解しようとするこの方法は、他国と比較可能な分析枠組みのなかで日本の政治を捉えるという点での利点を持っています。しかし、同時に、日本政治の特徴や特殊性が捨象され、歴史的文化的な脈絡を無視して都合の良い事例だけを取り上げて自己の方法の正しさを実証しようとする傾向もあります。

ネオ・コーポラティズム　利益集団政治をめぐる政治理論。コーポラティズムとは、中世の身分制国家やイタリアのファシズムなどの団体統合原理を指していたが、それとは異なるリベラルな社会コーポラティズムを意味するものとして「ネオ（新）」とされる。利益集団の多元的構造は限定されているとして、政労使をめぐる協調関係に注目した。

何よりも、政治における合理性とは何か、何をもってその選択が合理的であると言えるのかという根本的な問題を抱えています。個々の政治的行動が効用を最大化したかどうかは、主観的選択とは無関係に事後的に判明する場合が多く、しかも、その効用の捉え方についても、それぞれのアクターの価値観やイデオロギーによって様々であり変化します。

また、個々の政治的アクターが合理的選択を行うのは与えられた制約の下でですが、この制約は「与件《よけん》」として与えられたものであって、さし当たり分析の対象とはされません。しかし、アクターの選択や行動がこのような「与件」によって左右され、それらの行動によって「与件」の方が変化することも少なくありません。したがって、これをも分析の対象とするべきだという主張が出てくるのは自然なことでしょう。

こうして登場するのが、新制度論的アプローチです。政治的アクターの行動に対する制度の影響力や相互関係を重視する考え方になります。伝統的政治学における制度的アプローチの部分的復活と言えるかもしれません。結局、一九世紀から二一世紀にかけて、政治研究は、制度から行動へ、そして再び制度に注目する方向へという大きな変化の弧を描いたことになります。

政治学文献年表

紀元前4世紀	プラトン『国家』
	アリストテレス『政治学』『ニコマコス倫理学』
1516	トマス・モア『ユートピア』
1532	ニコロ・マキャベリ『君主論』
1651	トマス・ホッブズ『リヴァイアサン』
1690	ジョン・ロック『統治論』
1748	モンテスキュー『法の精神』
1755	ジャン・ジャック・ルソー『人間不平等起源論』
1762	同『社会契約論』
1789	シェイエス『第3身分とは何か』
1790	エドモンド・バーク『フランス革命についての諸考察』
1792	トマス・ペイン『人間の権利』
1795	エマヌエル・カント『永遠の平和のために』
1821	ヘーゲル『法の哲学』
1835	トクヴィル『アメリカにおける民主主義』
1848	マルクス＝エンゲルス『共産党宣言』
1859	ミル『自由について』
1861	同『代議制統治論』
1867	カール・マルクス『資本論』第1巻
1884	フリードリッヒ・エンゲルス『家族、私有財産および国家の起源』
1887	テンニエス『ゲマインシャフトとゲゼルシャフト』
1900	イェリネク『一般国家学』
1904	マックス・ウェーバー『社会科学方法論』
1908	ベントレー『政治過程論』
	ウォーラス『政治における人間性』
1916	レーニン『帝国主義論』
1918	同『国家と革命』
1919	マックス・ウェーバー『職業としての政治』
1920	ハンス・ケルゼン『デモクラシーの本質と価値』
1921	ブライス『近代民主政治』
1925	ラスキ『政治学大綱』
	ミヘルス『現代民主主義における政党の社会学』
1927	シュミット『政治的なものの概念』
1934	ヘルマン・ヘラー『国家学』
	メリアム『政治権力』
1936	ラスウェル『政治』
1941	エーリッヒ・フロム『自由からの逃走』
1942	フランツ・ノイマン『ビヒモス』
1953	イーストン『政治体系』
1971	ロバート・A・ダール『ポリアーキー』

【参考文献】

AERA Mook 87『新版・政治学がわかる。』朝日新聞社、二〇〇三年
浅井基文『集団的自衛権と日本国憲法』集英社新書、二〇〇二年
浅野一郎・河野久編著『新・国会事典―用語による国会法解説』有斐閣、二〇〇三年
浅野一郎編『国会入門』信山社、二〇〇三年
朝日新聞社編『新版・朝日キーワード別冊―政治・憲法』朝日新聞社、二〇〇〇年
阿部斉・新藤宗幸・川人貞史『概説 現代日本の政治』東京大学出版会、一九九〇年
阿部斉『概説 現代政治の理論』東京大学出版会、一九九一年
阿部斉『政治学入門』岩波書店、一九九六年
飯島勲『代議士と秘書―永田町、笑っちゃうけどホントの話』講談社文庫、二〇〇一年
五百旗頭真編『戦後日本外交史』有斐閣、一九九九年
五十嵐仁『戦後保守政治の転換―「八六年体制」とは何か』ゆぴてる社、一九八七年
五十嵐仁『一目でわかる小選挙区比例代表並立制』労働旬報社、一九九三年
五十嵐仁『保守政治リストラ戦略』新日本出版社、一九九五年
五十嵐仁『徹底検証 政治改革神話』労働旬報社、一九九七年
五十嵐仁『概説 現代政治―その動態と理論〔第三版〕』法律文化社、一九九九年
五十嵐仁『政党政治と労働組合運動―戦後日本の到達点と二一世紀への課題』御茶の水書房、一九九八年
五十嵐仁『戦後政治の実像―舞台裏で何が決められたのか』小学館、二〇〇三年
石川捷治・平井一臣編『自分からの政治学・改訂版』法律文化社、一九九九年
石川捷治編『終わらない20世紀―東アジア政治史1894～』法律文化社、二〇〇三年
石川真澄『戦後政治史』岩波新書、一九九五年

石川真澄・田中秀征・山口二郎『どうする日本の政治』岩波ブックレット、二〇〇〇年
石澤靖治『総理大臣とメディア』文春文庫、二〇〇二年
伊藤惇夫『政党崩壊―永田町の失われた十年』新潮新書、二〇〇三年
伊藤光利編『ポリティカル・サイエンス事始め〔新版〕』有斐閣ブックス、二〇〇三年
伊藤光利・馬渕勝・田中愛治『政治過程論』有斐閣、二〇〇〇年
猪瀬直樹『構造改革とは何か―新編日本国の研究』小学館、二〇〇一年
今井一『住民投票―観客民主主義を超えて』岩波新書、二〇〇〇年
老川祥一編『やさしい選挙のはなし』法学書院、一九九六年
大嶽秀夫『政界再編の研究―新選挙制度による総選挙』有斐閣、一九九七年
大嶽秀夫『日本政治の対立軸―九三年以降の政界再編の中で』中公新書、一九九九年
大嶽秀夫『日本型ポピュリズム―政治への期待と幻滅』中公新書、二〇〇三年
大森彌・大和田建太郎『どう乗り切るか市町村合併―地域自治を充実させるために』岩波ブックレット、二〇〇二年
大山礼子『国会学入門』三省堂、一九九七年
岡田憲治監修『図解 政治制度のしくみ』ナツメ社、二〇〇二年
岡田憲治『はじめてのデモクラシー講義』柏書房、二〇〇三年
加来健輔・丸山仁編著『ニュー・ポリティクスの政治学』ミネルヴァ書房、二〇〇〇年
加藤周一・井上ひさし・樋口陽一『暴力の連鎖を超えて―同時テロ、報復戦争、そして私たち』岩波ブックレット、二〇〇二年
加藤秀治郎『日本の選挙―何を変えれば政治が変わるか』中公新書、二〇〇三年
加藤哲郎『二〇世紀を超えて―再審される社会主義』花伝社、二〇〇一年
我部政明『日米安保を考え直す』講談社現代新書、二〇〇二年
加茂利男・大西仁・石田徹・伊藤恭彦『現代政治学〔新版〕』有斐閣、二〇〇三年
上条末夫監修・瀧澤中著『政治のニュースが面白いほどわかる本』中経出版、二〇〇一年

川人貞史・平野浩・吉野孝・加藤淳子『現代の政党と選挙』有斐閣、二〇〇一年
姜尚中『暮らしから考える政治―女性・戦争・食』岩波書店、二〇〇二年
クリック、バーナード『現代政治学入門』講談社文庫、二〇〇三年
現代用語検定協会編・土屋和穂監修『図解でわかる日本の政治』自由国民社、二〇〇三年
憲法研究所編『図解 いま日本政治は！』大阪経済法科大学出版部、二〇〇三年
古関彰一『「平和国家」日本の再検討』岩波書店、二〇〇二年
後藤道夫『反「構造改革」』青木書店、二〇〇二年
佐々木毅『政治学講義』東京大学出版会、一九九九年
佐々木信夫『市町村合併』ちくま新書、二〇〇二年
佐高信編『さらば おまかせ民主主義』岩波ブックレット、一九九七年
嶌信彦監修・花井宏尹『こっそり読んで強くなる政治のしくみ』ダイヤモンド社、一九九六年
新藤宗幸『行政って何だろう』岩波ジュニア新書、一九九八年
新藤宗幸『日本の政治をどうするのか』岩波書店、一九九八年
新藤宗幸『選挙しかない政治家 選挙もしない国民』岩波書店、二〇〇〇年
杉田敦『デモクラシーの論じ方―論争の政治』ちくま新書、二〇〇一年
杉田敦『思考のフロンティア 権力』岩波書店、二〇〇〇年
『世界』編集部編『二一世紀のマニフェスト―日本をどのように変えるか』岩波書店、二〇〇一年
瀬地山角『お笑いジェンダー論』勁草書房、二〇〇一年
田口富久治『戦後日本政治学史』東京大学出版会、二〇〇一年
田中宇『イラク』光文社新書、二〇〇三年
田原総一朗『日本の政治―田中角栄・角栄以後』講談社、二〇〇二年
田原総一朗『日本政治の表と裏がわかる本』幻冬舎文庫、二〇〇三年

千葉真『思考のフロンティア　デモクラシー』岩波書店、二〇〇〇年
筑紫哲也編『「政治参加」する七つの方法』講談社現代新書、二〇〇一年
土屋大洋『ネット・ポリティックス—九・一一以降の世界の情報戦略』岩波書店、二〇〇三年
鳥羽賢『政治家のしくみ』ソフトマジック、二〇〇三年
仲衛『国会がもっと身近にわかる本』日本実業出版社、一九九四年
中沢孝夫『「地域人」とまちづくり』講談社新書、二〇〇三年
長島昭久『日米同盟の新しい設計図—変貌するアジアの米軍を見据えて』日本評論社、二〇〇二年
中西寛『国際政治とは何か—地球における人間と秩序』中公新書、二〇〇三年
永久寿夫『スラスラ読める「日本政治原論」』PHP文庫、二〇〇二年
並河信乃『図解　行政改革の仕組み—「霞ヶ関」改革から地方分権まで、日本の論点四八』東洋経済新報社、一九九七年
西村健『霞が関残酷物語—さまよえる官僚たち』中公新書、二〇〇二年
橋爪大三郎『政治の教室』PHP新書、二〇〇一年
畑山敏夫・平井一臣『実践の政治学』法律文化社、二〇〇一年
早野透『日本政治の決算—角栄vs小泉』講談社現代新書、二〇〇三年
樋口美智子編著『政治の仕組みが三時間でわかる本』飛鳥出版社、一九九七年
樋口陽一編『先人たちの「憲法」観—〝個人〟と〝国体〟の間』岩波ブックレット、二〇〇〇年
樋口陽一『個人と国家—今なぜ立憲主義か』集英社新書、二〇〇〇年
平野浩・河野勝編『アクセス　日本政治論』日本経済評論社、二〇〇三年
広井良典『生命の政治学—福祉国家・エコロジー・生命倫理』岩波書店、二〇〇三年
広瀬隆『私物国家—日本の黒幕の系図』光文社文庫、二〇〇〇年
福岡政行監修・堀内伸浩著『［図解］わかる!政治のしくみ』ダイヤモンド社、二〇〇一年
福岡政行編著『手にとるように政治のことがわかる本〔第三版〕』かんき出版、二〇〇二年

蛇口健一・岡部比呂美『国会ってどんなとこ?』ローカス、二〇〇〇年
保母武彦『市町村合併と地域のゆくえ』岩波ブックレット、二〇〇二年
牧野雅彦『共存のための技術―政治学入門』日本評論社、二〇〇二年
牧野雅彦『はじめての政治学―子どもと語る政治とのつきあい方』平凡社新書、二〇〇三年
松本正生『政治意識図説―「政党支持世代」の退場』中公新書、二〇〇一年
松本正生『「世論調査」のゆくえ』中央公論新社、二〇〇三年
的場敏博『政治機構論講義―現代の議会制と政党・圧力団体』有斐閣、一九九八年
的場敏博『現代政党システムの変容―九〇年代における危機の深化』有斐閣、二〇〇三年
堀江湛・岡沢憲芙編『現代政治学(第二版)』法学書院、二〇〇二年
馬淵勝・久米郁男・北山俊哉『はじめて出会う政治学―フリー・ライダーを超えて』有斐閣、二〇〇三年
水島広子『国会議員を精神分析する―「ヘンな人たち」が生き残る理由』朝日新聞社、二〇〇三年
宮川隆義『選挙の仕組み―制度改革で何がどう変わるのか』日本実業出版社、一九九五年
山口二郎・生活経済政策研究所編『連立政治―同時代の検証』朝日新聞社、一九九七年
山口二郎編著『日本政治　再生の条件』岩波新書、二〇〇一年
山口定・神野直彦編著『二〇二五年日本の構想』岩波書店、二〇〇〇年
依田博『新版政治』有斐閣、一九九三年
読売新聞政治部編『政治超勉強術』読売新聞社、一九九六年
読売新聞政治部『法律はこうして生まれた―ドキュメント立法国家』中公新書、二〇〇三年
渡辺治『「構造改革」で日本は幸せになるのか?』萌文社、二〇〇一年

あとがき

本書を書いていて、ある種のもどかしさを感じました。この本は「現代日本政治」についてのテキストですから、基本的な事柄についてバランス良く記述しなければならないという制約があったからです。ただし、このような「約束」がちゃんと守られて、基本的事項についてバランス良く解説されているかどうかは、別のことになりますが……。

それはともかく、このようなもどかしさは、「現代日本政治」があまりにも多くの、そして大きな問題を抱えているからです。それについて書きたいことはたくさんありますが、一応、本文では自制しました。その自制を解き、異例かもしれませんが、この「あとがき」でいくつかの問題について書かせていただくことにします。

本文中で書ききれず、ここで触れたいと思っているテーマは、自衛隊のイラク派兵、「日の丸」「君が代」問題、北朝鮮の「脅威」と有事関連立法、そして最後に、憲法の問題です。これらについての私の意見を、以下に書かせていただきます。

第一に、自衛隊のイラク派兵の問題です。二〇〇三年暮れから〇四年にかけて、イラクの戦後復興支援を旗印に、自衛隊がイラクに派遣されました。しかし、それは名目にすぎず、実際にはアメリカによるイラク占領への加担にほかなりません。

宮崎県の一人の女子高生が「武力によらないイラク復興支援を」という請願署名を提出したとき、「なかなか国際政治は複雑だなという点を先生がね、もっと生徒に教えるべきですね」と、小泉純一郎首相は述べたそうです。しかし、この「国際政治の複雑さ」に対して最も無知なのは、こう述べている小泉首相自身でしょう。

アメリカ主導でフセイン政権が倒され、その後の占領行政もアメリカ主導で行われています。このような枠組みの下では、どのような「復興への支援」も、結局は「占領への加担」になってしまいます。それが「国際政治の複雑さ」というものです。

いや、小泉首相は、実際にはそのことを知っているはずです。だから、安全確保支援をもう一つの任務とし、自衛隊がアメリカ軍の兵器など戦略物資を輸送できるようにしました。知らない振りをしているのは、自衛隊がイラクに行くのは復興支援を隠れ蓑《みの》にした占領統治への加担だということを、国民に知られたくないからです。

ことほど左様に、イラク戦争は嘘と欺瞞《ぎまん》に満ちています。そもそも、戦争の大義であった大量破壊兵器の開発疑惑自体が偽りに満ちたものでした。ニジェールからのウラン輸入疑惑や米兵ジェシカ・リンチさんの英雄譚《たん》も真っ赤な嘘です。

百万人もの人が命を落としたベトナム戦争も、偽りの「トンキン湾事件」が発端でした。今ではその誤りが明らかになり、戦争の責任者の一人であったマクナマラ元国防長官は、アカデミー賞をとったドキュメント映画『フォグ・オブ・ウォー（戦争の霧）』（エロール・モリス監督）で謝罪しています。

しかし、謝罪したからといって、戦争で命を落とした百万人の人が生き返るでしょうか。人の生死に関わるような誤りは取り返しがつきません。それを防ぐためにも、そうなる前に政治が有効に機能しなければならないでしょう。

第二に、「日の丸」「君が代」の押しつけの問題です。特に、公立学校の入学式や卒業式で、この問題は深刻の度を増してきています。なぜ、今になってから深刻化しているかというと、これまでより押しつけの度合いが強まっているからです。押しつけなければ生じないはずの問題が、文部科学省や教育委員会、校長など、学校教育に責任を負うべき人々の誤りによって、拡散し、拡大しています。

ここには、いくつかの問題があります。その一つは、押しつけられようとしているのが、「日の丸」「君が代」だということです。

今、私の手元に一枚の写真があります。一九四〇年九月の日独伊三国同盟の成立を祝う式典の写真です。真ん中に日章旗、その左にドイツのハーケンクロイツ(鉤十字)、右側にはムッソリーニのイタリア国旗です。つまり、この写真は、日の丸がナチスのハーケンクロイツと同じものだったということを示しています。戦後、ドイツとイタリアの国旗は変わりましたが、日の丸は変わっていません。

君が代も同様です。そもそもこの歌の歌詞は天皇を賛美するもので、民主国家のシンボルとしてはふさわしくありません。その上、戦前からの歌詞は変わらず、この点でも、「世界に冠たるドイツ」という歌詞を戦後歌わなくなったドイツなどとは異なっています。

「日の丸」「君が代」を押しつけようとする人たちは、このような歴史的経緯を知っているのでしょうか。このような経緯からすれば、民主教育を志向する教育者が、なぜ、「日の丸」「君が代」を批判するのか、容易に理解できるでしょう。かつて植民地だった台湾・韓国・中国などの国々や天皇の名によって戦争に動員され命を落とした肉親を持つ人々が、「日の丸」「君が代」に対して複雑な感情を抱くのも、十分理解できるはずです。

押しつけの理由として、「国旗や国歌は尊重されるべきだ」という主張があります。私も国旗や国歌が尊重されなくて良いとは思いません。問題は、尊重できるような国旗や国歌ではないという点にあります。

侵略戦争と植民地支配のシンボルとして「日の丸」「君が代」を血塗られたものにしてしまったのは誰でしょうか。その血塗られたシンボルをそのまま戦後まで持ち越し、それを国旗・国歌として存続させたのは誰なのでしょうか。

戦前・戦中・戦後と日本の政治を担当してきた政治家たちに、その責任があります。彼らは、「日の丸」「君が代」を侵略戦争のシンボルとして汚した第一の罪、それをそのまま戦後の平和・民主国家のシンボルとして流用してしまった第二の罪に加え、今、それを教育現場に無理やり押しつける第三の罪を犯しています。まことに、罪深いことと言わざるを得ないでしょう。

「日の丸」や「君が代」がこのようなものだからこそ、それに対して様々な考え方や立場が生じてくるのは当然です。問題が生じているのは、国旗や国歌一般についてではありません。あくまでも、「日の丸」「君が代」だからこそ、異論や反発が生ずるのです。

これは、各人の思想や信条、良心や信念の問題に深く関わっています。したがって、通達や業務命令によって無理やり従わせようとするのは大きな間違いです。人権侵害の暴挙だと言うべきでしょう。文科省の学習指導要領にあるじゃないか、という人がいますが、間違っているのは指導要領のほうです。憲法や教育基本法はもとより、強制することを定めていない国旗・国歌法にさえ反しているからです。指導要領よりも法律、法律よりも憲法の方が優先することは、ここでいちいち書くまでもないことでしょう。

第三に、北朝鮮の「脅威」と有事関連立法などの問題です。この問題については、二つの点を指摘しておきたいと思います。

ひとつは、有事立法は日本を守るためのものではなく、アメリカが行う戦争に日本の自衛隊や国民を協力させるためのものだということです。

このような日米軍事協力に向けての体制作りが本格化するのは、一九九三〜九四年の北朝鮮の核危機からです。このとき、アメリカは北朝鮮の核施設を爆撃しようとしました。しかし、それはすんでのところで断念されます。

その理由の一つはカーター元大統領の仲介がうまくいったからですが、もう一つの理由は戦争を始めるには日本の体制があまりに不備だったからです。ここから、日本に対する戦争準備の圧力が強まります。

その結果、九六年の日米安保共同宣言の署名、九七年の新ガイドライン策定合意と日米物品役務相互提供協定(ACSA)の締結、改正駐留軍用地特措法、九九年の周辺事態法など新ガイドライン関連法、〇一年の改正ＰＫＯ法、〇三年の武力攻撃事態法など有事関連三法と、着々と体制整備が進んできました。途中、テロ対策特措法やイラク復興支援特措法の成立という「追い風」もあり、今回の「国民保護」法など関連七法案の提出によって、有事体制作りは完成することになります。

このような体制整備の結果、戦争は防止されるのではなく、始まる可能性が高まるというのが、もう一つ指摘しておきたい点です。九四年以来、アメリカが狙っていた日米共同の軍事作戦行動がこれで可能になるからです。この戦争で、日本は攻められるのではなく、攻める側になるでしょう。

今日、日本を軍事的に侵攻できる国は一つしかありません。それは、北朝鮮ではなくアメリカです。北朝鮮も中国も、日本を攻めることはできません。

第一に、大規模な軍事侵攻を可能にするような船舶がなく、制海権・制空権もありません。大きな輸送船がなければ多くの兵員や武器・弾薬を運ぶことは不可能であり、制海権・制空権がなければ日本海を渡ることはできません。第二に、日本とこれら両国との間には韓国や台湾があります。これらの国々を迂回して日本を攻めてくることは考えにくく、これらの国々を平定してから攻めてくるということはもっと考えにくいでしょう。

つまり、北朝鮮も中国も日本を攻めることはできません。その意図も能力もありませんから、現実的な「脅威」にはなりません。従って、これら両国を想定した軍事強化論は、幻の「脅威」を相手にした「空想的軍国主義」だというべきです。

最もありそうなシナリオは、日本の自衛隊や国民がアメリカの手足や弾よけとなって、他国への軍事介入のお手伝いをするということです。つまり、今のイラク派兵のような形であり、それが日常化しバージョンアップされるということになります。

もっと堂々と、国をあげてアメリカの世界戦略や地域紛争への介入に協力する。必要なら、北朝鮮攻撃のお手伝いもする。これが、九四年以来狙われてきた有事体制の本当の目的です。そのためには、最後の障害を突破しなければなりません。それが自衛隊を軍隊として公認すること、集団的自衛権を確立して米軍と一体化することであり、そのための憲法「改正」です。


こうして、いよいよ明文改憲が浮上することになります。憲法「改正」問題に関わるいくつかの論点についても、私見を述べておきましょう。

まず、「押しつけ憲法論」についてです。現行憲法は占領軍によって押しつけられたものだという、広く信じられている俗説があります。これは間違いです。

「押しつけ」とは何でしょうか。それは、相手の意に反して、嫌がるものを無理やり与えることを意味しています。日本国憲法は、そのようにして国民に与えられたのでしょうか。

この点では、戦後の新憲法制定は、最初は日本政府の仕事であったという事実が重要です。このとき、幣原喜重郎内閣が平和・民主憲法の原案を出していれば、占領軍がしゃしゃり出る必要はなかったでしょう。問題は、旧態依然たる天皇主権の憲法草案でお茶を濁そうとした点にあります。当時の政治担当者は、平和・民主憲法を作る能力を持ちませんでした。これは占領軍の責任ではなく、当時の政治家たちの責任です。

このために、新しい憲法の草案は占領軍のイニシアチブで作成されます。ただし、これも議会で討論され、たくさんの修正の上、可決・成立しているという事実を無視するわけにはいきません。国会で正規の手続きを経ていることは明らかで、占領軍が勝手に決めたわけではないからです。

もっと重要なのは、このようにして制定された憲法が国民によってどのように受け入れられたのかということです。それは、「意に反して、嫌がるものを無理やり与え」られたのでしょうか。国民の大多数がこの憲法に反対だったというデータでもあるのでしょうか。これに反対する集会やデモが起きたのでしょうか。そんなものはありません。国民はこぞってこの憲法を歓迎しました。喜んで受け入れたものを、「押しつけ」とは言いません。

これとは逆に、戦後史においてはっきりと押しつけられたものがあります。国民の多くが反対意見を表明し、全国で活発な反対集会やデモが展開され、激しい抵抗を押しきって国会で強行採決された実例を、私たちは知っています。そうです。あの六〇年安保闘争です。あれこそ、典型的な「押しつけ」の例でしょう。

歴史を振り返って確認できることは、アメリカによって「押しつけられた」のは安保条約であって、日本国憲法ではなかったということです。「押しつけられたから変えるべきだ」というのであれば、日本国憲法ではなく、安保条約をこそ変えるべきではないでしょうか。

さて、こうして国民によって受け入れられた憲法ではありますが、しかし、現実は憲法の予定したようにはなっておりません。非武装・戦争放棄を掲げながら自衛隊が存在し、戦闘が続く「戦地」に派兵され、事実上、占領軍の一部として「参戦」しています。だから、現実にあわせて憲法を変えるべきだというのが、今日の改憲論の主張です。

これは本末転倒しています。憲法を守らず、それを破壊するような憲法違反の政治をやってきたから、現状にあわなくなっているのです。その責任は憲法にはなく、その規定を守らなかった政治家やそれを放置してきた裁判官にあります。したがって、憲法を変えるのではなく、憲法にあわせて現状を変えるというのが本筋でしょう。

憲法の条文をねじ曲げて解釈する〝解釈改憲〟、憲法の趣旨に反する法律を作る〝実質改憲〟が、長きにわたって積み重ねられてきました。これ自体、明らかな憲法違反です。憲法第九九条では「天皇又は摂政及び国務大臣、国会議員、裁判官その他の公務員は、この憲法を尊重し擁護する義務を負ふ」という「憲法尊重擁護の義務」が定められていますが、解釈改憲は「国務大臣、国会議員、裁判官その他の公務員」が、憲法の趣旨を尊重も擁護もしてこなかったという事実を明瞭に示すものです。

また、憲法第九八条には、「この憲法は、国の最高法規であって、その条規に反する法律、命令、詔勅及び国務に関するその他の行為の全部又は一部は、その効力を有しない」という「最高法規の遵守」が規定されています。憲法の「条規に反する法律」は、「その効力を有しない」とされているにもかかわらず、自衛隊法など防衛三法、有事関連諸法が次々と制定されてきました。本来なら、「効力を有しない」はずのこれらの法律は堂々とまかり通っています。それなのに裁判所は何も言いません。これで「憲法の番人」とは、聞いて呆れます。

そしていよいよ、国民投票による〝明文改憲〟が日程に上ろうとしています。実は、これについても、平和主義と主権在民の原理を明らかにした上で、憲法は前文で、次のようにはっきりと書いています。「この憲法は、かかる原理に基くものである。われらは、これに反する一切の憲法、法令及び詔勅を排除する」と……。つまり、平和・民主国家の原理に反する憲法を制定してはならないと、釘を差しているのです。

これらを見ると、日本国憲法の制定者は、政治エリートたちをほとんど信用していなかったことが分かります。ちゃんと憲法を尊重してこれを守りなさい、憲法の規定に反するような法律などを制定してはいけません、憲法の原理に反するような新しい憲法を作ってはなりません。これが憲法制定者達によって要請されていたことですが、それらはことごとく無視されてきています。

戦争ができるようにするための憲法改正など、これらの要請からすれば、明白な憲法違反で許されるものではありません。「改正」するなら、平和・民主国家としての原理を破壊するものではなく、それを強めるものでなければなりません。

したがって、これから出されてくる改憲案がどのようなものであれ、少なくともそれは、平和主義・国民主権・基本的人権の保障という基本原理に反するものではないということを明示しなければならないでしょう。つまり、憲法原理の「改悪」に対する最大の武器は、憲法そのものによって与えられているということになります。

以上で、現代日本が直面している重要な問題について、私が何を批判し、何を主張しているか、お分かりいただけたと思います。しかし、私の一番の批判は、「現代日本政治」が取り組むべきもっと大きな課題があるにもかかわらず、このような不急・不要な問題によって政治のエネルギーが無駄遣いされているという点にあります。

それでは、「現代日本政治」が取り組むべきもっと大きな課題とは何でしょうか。それは、国民の生活を守り、安全で安心できる安定した日常を保障するということです。政治は、将来への不安や現状への不満と真正面から向き合い、そのような不安や不満を解消するために全力を尽くすべきでしょう。「空想的軍国主義」によって時間を空費するようなことはやめ、国民の生活を守るという本来の政治の役割を発揮してほしいと思います。

日本は長い間、世界の中でも貯蓄が多い国として知られていました。しかし、賃下げや収入減、公的負担の増大などによって蓄えが減り、今や、貯蓄ゼロ世帯は二一・八％になっています。一時は平均一四〇〇万円もの貯蓄があったのに、とうとう四〇年前の水準に戻ってしまいました。

世論調査では、生活が苦しくなったと答える人が増え、将来は良くなると見る人が減っています。内閣府の『平成一四年度国民生活選好度調査』では、生活の満足度(四一・三％)は調査開始以来最低となり、不満(二六・六％)は最高になっています。「次第に暮らしよい方向に向かっている」とする人は一四・七％と九〇年(四六・二％)の三分の一以下になりました。

若者も将来に希望が持てず、内閣府が〇四年一月に発表した「世界青年意識調査」では六割近くが社会への不満を持っており、調査開始以来最高になっています。若者の失業率は一〇％を越え、不安定な仕事に就いているフリーターは四〇〇万人を上回っています。女性は安心して子供を生むことができず、お年寄りは年金不安を抱えています。リストラで雇用不安にさらされている中高年も安心して働けず、〇三年の個人の自己破産件数は二四万件を超えて過去最悪となり、〇二年の自殺者の数は五年連続で三万人以上になっています。

これがまともな社会だと言えるでしょうか。このような歪んだ現状を一歩でも改善すること――ここにこそ、政治が真正面から取り組むべき課題があるのではないでしょうか。

有事法制を整備し、「日の丸」「君が代」が徹底され、憲法が変わって日米軍事同盟が強化されたからといって、これらの問題が解決するのでしょうか。生活が豊かになり将来への希望が生まれるのでしょうか。

政治の要諦は、国民の生命と財産を守ることにあります。「空想的軍国主義」に惑わされている政治家の皆さんには、早く目を覚まして「正業」に戻って欲しいものです。幻の「侵略」に振り回されて本来の政治を忘れ、国民を不安に陥れ生活を破壊するというのでは、愚かきわまりないと言うべきでしょう。それとも、これらの困難な課題にとりくむのを避けるために、「空想的軍国主義」に逃げ込んでいるのでしょうか。

政治に誤りは付き物です。問題はいかに早く、そこから抜け出すかということでしょう。本文にも書きましたように、「よい政治とは間違わない政治ではなく、間違っても被害を最小限にとどめ、できるだけ速やかに方向転換して是正できるような仕組みが組み込まれた政治」のことです。このような「よい政治」を、現代日本において実現できるかどうか。今まさに、このことが問われているのではないでしょうか。

本書執筆にあたっては、様々な方にお世話になりました。いちいちお名前を挙げませんが、この場をかりてお礼申し上げます。また、職場である法政大学大原社会問題研究所の同僚、スタッフの皆さんには、いつも支えられ、励まされています。いつに変わらぬ皆さんのバックアップとご厚情に感謝いたします。

本書には、私のウェッブ・サイト「五十嵐仁の転成仁語」http：//sp.mt.tama.hosei.ac.jp/users/igajin/home 2.htm に書かれた内容が、随所に反映されています。また、このウェッブ・サイトは本書の続編という性格も持っています。機会があれば、ご訪問ください。

最後に、八朔社の田島純夫さんにお礼申し上げます。ある日突然、田島さんからいただいた一通の手紙から、本書の構想は始まりました。このような形で執筆の機会を与えていただいたことに感謝いたします。お約束を果たすことができて、今はホッとしております。

二〇〇四年三月末日　　桜の花の咲く季節に

五十嵐　仁

五十嵐仁（いがらし　じん）
1951年　新潟県生まれ
法政大学大原社会問題研究所所長・教授
専攻：政治学，現代日本政治，戦後政治史，選挙制度，労働問題
著書：『労働再規制—反転の構図を読みとく』ちくま新書，2008年
『労働政策』日本経済評論社，2008年
『活憲—「特上の国」づくりをめざして』績文堂・山吹書店，2005年
『この目で見てきた世界のレイバー・アーカイヴス—地球一周：労働組合と労働資料館を訪ねる旅』法律文化社，2004年
『戦後政治の実像—舞台裏で何が決められたのか』小学館，2003年
『日本20世紀館』(共編著) 小学館，1999年
『概説 現代政治—その動態と理論〔第三版〕』法律文化社，1999年
『政党政治と労働組合運動—戦後日本の到達点と21世紀への課題』御茶の水書房，1998年
『徹底検証 政治改革神話』労働旬報社，1997年
『保守政治リストラ戦略』新日本出版社，1995年
『一目でわかる小選挙区比例代表並立制』労働旬報社，1993年など。

21世紀の若者たちへ 1
現代日本政治—「知力革命」の時代

2004年 5 月20日　第 1 刷発行
2009年 3 月24日　第 2 刷発行

著　者　　五十嵐　仁
発行者　　片倉和夫

発行所　株式会社 八《はっ》朔《さく》社《しゃ》
東京都新宿区神楽坂 2 -19　銀鈴会館内
〒162-0825 振替口座00120-0-111135番
Tel.03(3235)1533　Fax.03(3235)5910

印刷・製本　平文社

ISBN978-4-86014-100-4